本书得到中国青年政治学院出版基金资助

中/青/文/库

科学发展观视野下的社会性弱势群体研究

秦国伟◎著

中国社会科学出版社

图书在版编目(CIP)数据

科学发展观视野下的社会性弱势群体研究/秦国伟著.—北京:
中国社会科学出版社,2016.5
ISBN 978 - 7 - 5161 - 8039 - 6

Ⅰ.①科… Ⅱ.①秦… Ⅲ.①边缘群体—研究—中国
Ⅳ.①D632.1

中国版本图书馆 CIP 数据核字(2016)第 084326 号

出 版 人	赵剑英	
责任编辑	李炳青	
责任校对	王 影	
责任印制	李寡寡	

出 版	中国社会科学出版社	
社 址	北京鼓楼西大街甲 158 号	
邮 编	100720	
网 址	http://www.csspw.cn	
发 行 部	010 - 84083685	
门 市 部	010 - 84029450	
经 销	新华书店及其他书店	

印 刷	北京君升印刷有限公司	
装 订	廊坊市广阳区广增装订厂	
版 次	2016 年 5 月第 1 版	
印 次	2016 年 5 月第 1 次印刷	

开 本	710×1000 1/16	
印 张	13.25	
插 页	2	
字 数	238 千字	
定 价	52.00 元	

《中青文库》编辑说明

　　《中青文库》，是由中国青年政治学院着力打造的学术著作出版品牌。

　　中国青年政治学院的前身是1948年9月成立的中国共产主义青年团中央团校（简称"中央团校"）。为加速团干部队伍革命化、年轻化、知识化、专业化建设，提高青少年工作水平，为党培养更多的后备干部和思想政治工作专门人才，在党中央的关怀和支持下，1985年9月，国家批准成立中国青年政治学院，同时继续保留中央团校的校名，承担普通高等教育与共青团干部教育培训的双重职能。学校自成立以来，坚持"实事求是，朝气蓬勃"的优良传统和作风，秉持"质量立校、特色兴校"的办学理念，不断开拓创新，教育质量和办学水平不断提高，为国家经济、社会发展和共青团事业培养了大批高素质人才。目前，学校是由教育部和共青团中央共建的高等学校，也是共青团中央直属的唯一一所普通高等学校。学校还是教育部批准的国家大学生文化素质教育基地、全国高校创业教育实践基地，是中华全国青年联合会和国际劳工组织命名的大学生KAB创业教育基地，是民政部批准的首批社会工作人才培训基地。学校与中央编译局共建青年政治人才培养研究基地，与国家图书馆共建国家图书馆团中央分馆，与北京市共建社会工作人才发展研究院和青少年生命教育基地。2006年接受教育部本科教学工作水平评估，评估结论为"优秀"。2012年获批为首批卓越法律人才教育培养基地。学校已建立起包括本科教育、研究生教育、留学生教育、继续教育和团干部培训在内的多形式、多层次的教育格局。设有中国马克思主义学院、青少年工作系、社会工作学院、法学院、经济管理学院、新闻传播学院、公共管理系、中国语言文学系、外国语言文学系9个教学院系，文化基础部、外语教学研究中心、计算机教学与应用中心、体育教学中心4个教学中心（部），中央团校教育培训学院、继续教育学院、国际教育交流学院3个教育培训机构。

学校现有专业以人文社会科学为主，涵盖哲学、经济学、法学、文学、管理学、教育学6个学科门类，拥有哲学、马克思主义理论、法学、社会学、新闻传播学和应用经济学6个一级学科硕士授权点、1个二级学科授权点和3个类别的专业型硕士授权点。设有马克思主义哲学、马克思主义基本原理、外国哲学、思想政治教育、青年与国际政治、少年儿童与思想意识教育、刑法学、经济法学、诉讼法学、民商法学、国际法学、社会学、世界经济、金融学、数量经济学、新闻学、传播学、文化哲学、社会管理19个学术型硕士学位专业，法律（法学）、法律（非法学）、教育管理、学科教学（思政）、社会工作5个专业型硕士学位专业。设有思想政治教育、法学、社会工作、劳动与社会保障、社会学、经济学、财务管理、国际经济与贸易、新闻学、广播电视学、政治学与行政学、汉语言文学和英语13个学士学位专业，同时设有中国马克思主义研究中心、青少年研究院、共青团工作理论研究院、新农村发展研究院、中国志愿服务信息资料研究中心、青少年研究信息资料中心等科研机构。

在学校的跨越式发展中，科研工作一直作为体现学校质量和特色的重要内容而被予以高度重视。2002年，学校制定了教师学术著作出版基金资助条例，旨在鼓励教师的个性化研究与著述，更期之以兼具人文精神与思想智慧的精品的涌现。出版基金创设之初，有学术丛书和学术译丛两个系列，意在开掘本校资源与迻译域外精华。随着年轻教师的增加和学校科研支持力度的加大，2007年又增设了博士论文文库系列，用以鼓励新人，成就学术。三个系列共同构成了对教师学术研究成果的多层次支持体系。

十几年来，学校共资助教师出版学术著作百余部，内容涉及哲学、政治学、法学、社会学、经济学、文学艺术、历史学、管理学、新闻与传播等学科。学校资助出版的初具规模，激励了教师的科研热情，活跃了校内的学术气氛，也获得了很好的社会影响。在特色化办学愈益成为当下各高校发展之路的共识中，2010 年，校学术委员会将遴选出的一批学术著作，辑为《中青文库》，予以资助出版。《中青文库》第一批（15 本）、第二批（6 本）、第三批（6 本）、第四批（10本）陆续出版后，有效展示了学校的科研水平和实力，在学术界和社会上产生了很好的反响。本辑作为第五批共推出 13 本著作，并希冀通过这项工作的陆续展开而更加突出学校特色，形成自身的学术风格与学术品牌。

在《中青文库》的编辑、审校过程中，中国社会科学出版社的编辑人员认真负责，用力颇勤，在此一并予以感谢！

目　　录

绪　言

一　选题意义

伴随着我国改革开放的深入和社会转型的加快，弱势群体问题也日益凸显出来。弱势群体问题既是一个老问题和世界性的问题，也是一个新问题和中国性的问题。一方面，任何时代、任何国家的发展过程中都会伴随失业问题、贫困问题和某些群体的发展困境；另一方面，改革开放以来，我国从计划经济进入市场经济，从封闭半封闭社会走向开放社会，除了传统意义上的"困难群众"外，下岗失业问题和农民工问题成为令人关注的新问题。随着经济的发展，贫富分化也呈逐渐扩大趋势，城乡之间、区域之间、不同社会阶层之间的贫富分化令人瞩目。农村贫困人口、农民工群体、下岗失业者、城市低收入者等群体身上集中体现了我国改革发展中面临的问题，这些问题带有中国当前改革发展的鲜明特点。

弱势群体包括生理性的弱势群体和社会性的弱势群体。所谓"生理性弱势群体"，是指因为年老、疾病、残疾等生理性的原因而导致的弱势群体。"社会性弱势群体"排除了生理性弱势群体，是指那些有劳动能力但是因为自身能力不足或社会机会缺乏等因素而导致的弱势群体。本书选取"社会性弱势群体"为研究对象，以科学发展观为指导，旨在通过对社会性弱势群体问题的研究，厘清社会性弱势群体对于我国改革开放和科学发展的重要意义，分析社会性弱势群体产生的背景和原因，提出着眼提高社会性弱势群体发展能力和提供发展机会为基本点的对策思路。

社会性弱势群体问题关系到社会的发展和稳定，关系到改革开放的顺利进行，解决社会性弱势群体问题是以人为本的重要体现，是建设社会主义和谐社会的落脚点，社会性弱势群体问题研究具有极其重要的理论意义和现实意义。

从理论角度而言，社会性弱势群体问题包含了许多需要在理论上进行解答的问题。首先，对于弱势群体的概念而言，存在两种倾向，一种倾向是强调弱势群体之绝对性，把弱势群体基本等同于"贫困人口"，另一种倾向是强调弱势群体之相对性，把弱势群体等同于"被剥夺者"，这两种倾向都是不全面的，应该在理论上加以澄清。其次，如何看待社会性弱势群体的价值？有四种代表性的思路：一种思路是社会达尔文主义的思路，强调市场经济就是要优胜劣汰，对社会性弱势群体采取的是漠然置之的态度；二是人道主义的思路，强调对社会弱者要无条件救助；三是个人责任论，把社会性弱势群体的困境归结为其能力的低下；四是改革代价论，认为改革总会付出代价，是发展中的问题。这四种思路体现了把人作为工具和作为目的两者之间的张力，应该在以人为本理念的指引下，把人的目的性和人的工具性辩证统一起来。再次，社会性弱势群体产生的原因是什么？一种观点认为是因为其能力的低下，而另一种观点认为社会性弱势群体的产生主要是制度的不合理，对该群体不够公平所致。到底如何看待这两方面的观点，需要在理论上进行澄清。最后，对于社会性弱势群体的对策建议。这些对策建议，相关方面的文献讨论很多，但是缺乏有机的统一，许多对策大而全、小而全，没有为社会性弱势群体的脱困提供清晰的思路。本书从宏观与微观相结合的角度出发，以科学发展观为指导，深入贯彻落实"以人为本"的理念，力求厘清阻碍社会性弱势群体脱困的主要原因，夯实促进社会性弱势群体问题解决的理论基础。

从现实角度而言，社会性弱势群体问题具有很强的现实意义。解决社会性弱势群体问题是科学发展观的必然要求，是以人为本理念的重要体现，是构建社会主义和谐社会的需要。我国当前正处于社会转型期，社会性弱势群体问题相当严重，甚至一定程度上影响到改革发展的顺利进行。首先，社会性弱势群体关系到社会的稳定。该群体具有一定的劳动能力，但是却处于社会的底层，他们的处境艰难，往往会对改革开放产生怀疑，进而某些极端分子由此怨恨和报复社会。其次，社会性弱势群体关系到经济的可持续发展。社会性弱势群体规模庞大，而其劳动收入和消费水平都非常低下，这就影响到国内需求的扩大，影响到经济的良性循环。最后，社会性弱势群体问题集中反映了我们在发展中对公民的"权利"保护不足的弊端。解决社会性弱势群体问题的过程，也是我国政治文明进步和人的实质自由扩展的过程。社会性弱势群体问题是中国在转型期出现的突出问题的一个缩影，解决这个问题现实意义十分重大。

二　概念界定

（一）"弱势群体"概念界定

弱势群体（vulnerable groups）是社会学、经济学、政治学、社会政策研究领域的重要概念。对于"弱势群体"概念的界定，我国学术界还尚未形成明确的看法。

1. "弱势群体"概念的内涵和外延

从语意学的角度看，"弱势"（vulnerable）的内涵和外延比较明确，主要是指脆弱的人或事。在欧美文献中，弱势群体（vulnerable groups）主要是指社会上易受伤害和比较脆弱的群体。这种群体的基本特征是丧失或缺乏劳动能力，缺乏基本的经济收入，基本生活面临困境。因此，他们应当获得国家和社会的救助、保护和支持。

在我国学术界，对于弱势群体这一特定人群有着不同的称谓，如脆弱者群体、弱者群体、边缘人群等。不管称谓如何，弱势群体是任何社会、任何时代都普遍存在的社会现象，我国学者根据自己的研究，从不同角度对弱势群体概念进行了各自的界定。

从经济学角度，陈成文认为，社会弱者是一个在社会性资源分配上具有经济利益的贫困性、生活质量的低层次性和承受力的脆弱性的特殊社会群体。[①] 张友琴从资源配置的角度分析，认为"弱势群体是指在资源配置上处于劣势地位且有困难的各类群体，含有两方面的意义：第一，弱势群体在社会资源配置上的不公体现为经济利益的贫困性；第二，这一群体存在生活困难且自身无法解决，需要外部的帮助"。[②]

---

① 陈成文：《社会学视野中的社会弱者》，《湖南师范大学社会科学学报》1999 年第 2 期。

② 张友琴：《社会支持与社会支持网——弱势群体社会支持的工作模式初探》，《厦门大学学报》2002 年第 3 期。

从社会学角度，郑杭生、李迎生认为，弱势群体是指那些依靠自身的力量或能力无法保持个人及其家庭成员最基本的生活水准、需要国家和社会给予支持和帮助的社会群体。[①] 钱再见认为，弱势群体是由于社会结构急剧转型和社会关系失调或由于一部分社会成员自身的某种原因（竞争失败、失业、年老体弱、残疾等）而造成对于现实社会的不适应，并且出现了生活障碍和生活困难的人群共同体。[②] 张敏杰认为，弱势群体是指由于自然、经济、社会和文化方面的低下状态而难以像正常人那样去化解社会问题造成的压力，导致其陷入困境，处于不利社会地位的人群或阶层。[③]

从政治角度，刘书林认为，"弱势"并不是指人的主观方面的条件有什么低下和缺陷，而是指在权力和权利方面、发展的机遇方面、生活的物质条件方面不具有任何优势的人们。[④]

综上所述，弱势群体表现为以下两个特点：其一，它是相对于"强势群体"而使用的，弱势群体获取资源的能力不足。其二，弱势群体具有脆弱性，抵御生活风险的能力不足。

从字面意思来说，vulnerable groups 译成"弱势群体"并不十分恰当，vulnerable 表示的是"脆弱的"意思，只要生活困难，容易被伤害就可称为 vulnerable groups，而"弱势群体"却表达了一种相对性，所谓"势"是相比较而存在的。当然，我们没有必要拘泥于英文表达，"弱势群体"这个概念还是相当到位的，其既表达了"困苦"的意味，也表达了社会底层的意味。

应该把"弱势群体"和"贫困群体"区别开来。弱势群体不等于贫困群体，弱势群体的外延要大于贫困群体。[⑤] 贫困只是表达经济状况上的困境，并没有表达出弱势群体概念的内涵。弱势群体既有生存条件和状况上的弱，又有政治势力、社会地位上的弱，这是一种"弱权"。

---

① 郑杭生、李迎生：《全面建设小康社会与弱势群体的社会救助》，《中国人民大学学报》2003 年第 1 期。

② 钱再见：《中国社会弱势群体及其社会支持政策》，《江海学刊》2002 年第 3 期。

③ 张敏杰：《社会经济发展中的弱势群体及其社会支持》，《浙江学刊》2003 年第 3 期。

④ 刘书林：《注重做好弱势群体的思想政治工作》，《前线》2001 年第 5 期。

⑤ 郑杭生：《转型中的中国社会和中国社会的转型》，首都师范大学出版社 1996 年版，第 320 页。

应该把"弱势群体"和"特殊群体"区别开来。① 所谓特殊群体，是指公民中因生理体能的原因而需要受到特殊保护的一群人，包括妇女、老年人、未成年人、残疾人等。应该说，弱势群体包括一部分特殊群体，但是不等于特殊群体。如果把弱势群体等同于特殊群体，则会掩盖了弱势群体问题的实质。特殊群体的生理体能特征可能是他们沦为弱势群体的原因，但是弱势群体的概念更强调他们所受到的社会排斥。

因此，弱势群体概念的界定应该从相对和绝对两个方面来考虑。一方面，弱势是一个相对概念。相对于非农户口人群来说，农民处于弱势地位。相对于男性，女性处于弱势地位。相对于健全人，残疾人处于弱势地位。但是，弱势群体这个概念不能一味"相对"，社会人群总是存在差别的，我国实行的是"强政府，弱社会"的管理体制，与政府机关相比，似乎每个人都是弱势群体，这样的一味"相对"容易使该项研究失去确定的研究对象，弱势群体必须有确定的标准，弱势群体必须是比较贫困、脆弱、地位低下的群体。弱势群体是"弱势"加"弱权"。

另一方面，我们也要注意，弱势群体也是一个历史性的概念，弱势群体会随着社会的变迁而出现变化。比如，工人阶层在计划经济时期是社会的强势群体，无论在政治地位、经济地位和社会地位上都是强势，但是改革开放以来，工人阶层的社会地位普遍下降，如今一些困难企业的工人以及一些下岗失业工人更是成为明显的弱势群体。再如，农民阶层在封建社会是弱势群体，在新中国成立后，农民的处境得到了极大改善，但是当前农民由于身份的限制，仍然有相当大一部分是弱势群体，尤其是进城务工的农民工更是弱势群体，但是随着社会转型的完成，城乡二元体制破除，"农民工"这个称谓终将走入历史舞台，农民工群体作为弱势群体的一部分也将出现变化。

概言之，弱势群体就是由于个体生理、心理或基本素质的缺陷和外在条件包括自然资源、社会权利、文化观念等因素而导致的部分人群的困境，他们缺乏通过自己的力量摆脱困境的机会。从发展的角度看，他们只是维持当前状态甚至不断恶化，他们缺乏发展的能力和机会。弱势

---

① 余少祥：《弱者的权利——社会弱势群体保护的法理研究》，社会科学文献出版社2008年版，第12—13页。

群体是发展乏力和被社会排斥的一群人。

弱势群体的弱势主要表现为：第一，生理和心理弱势，如年老、伤病、残疾等，他们因为生理和心理因素而缺乏劳动能力，生活来源缺乏切实保障。第二，经济资源的弱势，个体家庭往往缺乏稳定可靠的经济来源，或者收入较低，只能维持家庭简单生计，一般较为贫困。第三，个人能力低下或缺乏人力资本投入。个人能力是现代社会竞争的关键因素，人力资本的投入是人获得广阔发展空间的必需，而弱势群体往往陷入恶性循环，因能力低下而弱势，因弱势而更加缺乏人力资本投入，因缺乏人力资本投入造成个体就业空间或后代发展空间进一步萎缩。第四，社会权利和权力资源弱势。个体的权利往往得不到基本保障，即使获得保障也无实质实现的能力。同时，远离权力中心，缺乏参与利益博弈的条件，处于权力的边缘地带，缺乏话语权。第五，社会声望和职业地位弱势。他们的社会地位不高，各种舆论信息对他们的处境反映较少，他们社会表达能力微弱，没有得到社会的有效援助和广泛关注。[1]

现阶段，我国的弱势群体可以分为生活弱势群体、就业弱势群体、生理弱势群体、年龄弱势群体等类型，[2] 主要有以下十类人员：下岗职工、困难企业职工、城乡贫困人口、贫困地区群众、受灾地区群众、体弱多病的离退休人员、孤寡老人、特困户、未成年人、伤残病人。[3]

2. 弱势群体的分类

根据研究角度的不同，弱势群体的分类有以下几种。

第一种，生理性弱势群体与社会性弱势群体。

学者朱力根据弱者群体的成因将其分为生理性脆弱群体与社会性脆弱群体两大类。生理性脆弱群体主要由残疾人、病患者、退休者等构成，是由于生理上的缺陷或生理的衰老引起的，他们在社会竞争中自然地处于不利地位。社会性脆弱群体由贫困者和失业、半失业者构成，其成因比较复杂，有恶劣的地理环境等自然因素，有产业结构调整、企业经营机制转换等经济因素，也有个人素质低、能力差等个人因素。深层

---

① 周长明：《中国城市弱势群体思想意识研究》，四川大学出版社 2005 年版，第 13 页。

② 钱再见、高晓霞：《弱势群体社会保护中政府责任的理论求证》，《社会学》2003 年第 3 期。

③ 李斌：《市场推进下的中国城市弱势群体及其利益受损分析》，《求实》2002 年第 5 期。

的原因是社会结构转型中，计划体制和机制与市场体制和机制的摩擦、不协调所引发的诸多问题。①

第二种，初级脆弱群体和次级脆弱群体。

郑杭生、李迎生把社会脆弱群体分为初级脆弱群体和次级脆弱群体两个层次。初级脆弱群体是指由于成员基本生活需要未能得到满足而形成的社会生活有困难者，包括：无依无靠的鳏寡孤独者、残疾人和其他因丧失、缺乏劳动能力而无生活来源者；遭受自然灾害难以维持基本生活需要的个人和家庭；无固定职业或失业造成的生活低于基本标准的个人和家庭；由于其他原因造成的生活水平低于标准的个人和家庭。次级脆弱群体则是指在其基本物质需要得到满足的前提下，由于自身生理和心理上的病障或社会失调的影响造成其心理上的受挫感或剥夺感，从而难以适应社会甚至形成越轨行为的社会成员的集合。②

第三种，结构性弱势群体和功能性弱势群体。

学者吴鹏森认为，弱势群体大体上可以分为两类：一类是结构性弱势群体，另一类是功能性弱势群体。所谓结构性弱势群体主要是指在社会结构中处于不利地位的社会群体。功能性弱势群体主要是指由于社会成员自身的素质较差而导致他们处于弱势，他们无法正常地与其他社会成员进行公平竞争，这类人群包括残疾人、退休者、文化程度过低和年龄较大的失业者、某些非正规途径的就业者，等等。③

第四种，城市弱势群体和乡村弱势群体。

学者孙迪亮提出，从地域分布上看，社会转型期的弱势群体包括城市弱势群体和乡村弱势群体，城市弱势群体主要指下岗职工、失业人员、停产或半停产企业、早退休或被拖欠退休金人员以及因疾病、年老、孤寡伤残而领取最低生活保障金的人员，其形成和凸显的最直接表现是大批下岗职工和失业人员加入进来并构成其主体部分。④

第五种，新生弱势群体和传统弱势群体。

①　朱力：《脆弱群体与社会支持》，《江苏社会科学》1995 年第 6 期。
②　郑杭生、李迎生：《全面建设小康社会与弱势群体的社会救助》，《中国人民大学学报》2003 年第 1 期。
③　吴鹏森：《论弱势群体的"社会报复"》，《江苏行政学院学报》2003 年第 1 期。
④　孙迪亮：《社会转型期城市弱势群体的特征、成因及扶助》，《理论研究》2003 年第 1 期。

学者张富良认为,当前我国的弱势群体大致包括以下几部分人:第一是市场经济条件下的城镇新生贫困群体,主要包括城镇失业者、下岗无业者、效益欠佳企业的职工及部分离退休职工以及他们的赡养人口;第二是残疾人群体,这是传统的弱势群体;第三是边缘群体中的城市农民工,他们没有享受到城里劳动者的同等待遇,劳动权益得不到保护,他们有活干,但受歧视;第四是老年人群体;第五是高校贫困生。此外,还有一些正在形成中的弱势群体。①

学者张敏杰认为,在传统意义上,弱势群体主要指老弱病残者等无劳动能力的依赖人群(主要是儿童),但是随着农村改革和城市国有企业改革的不断深入,那些在劳动市场和生活机会分配中竞争力较弱、综合性能力较低而受到不平等对待的群体,如女性、非城市人口、农村贫困人口和失业、下岗人员等便成了这一群体的新成员。②

(二)"社会性弱势群体"概念界定

所谓社会性弱势群体,即由于社会发展和变迁等外在结构性因素和制度性安排而导致的弱势群体。这部分人群没有明显的生理缺陷,具有基本的劳动能力,但是这部分人群的素质普遍不高。

值得注意的是,在欧美文献中,还存在一个与弱势(vulnerable)类似的核心词汇——劣势(disadvantaged)。劣势主要是指长期存在的、普遍存在于就业和生活的各个领域的不利处境。这种不利处境主要是结构性因素和制度性安排造成的。劣势意味着生活机会和社会财富分配中长时间和系统性的不公平待遇。社会劣势意味着在日常生活、追求职业生涯,以及为自己及其家庭成员维持一个适意家庭,过一种健康、舒适和有益生活过程中存在的失能状况。③ 劣势群体(disadvantaged groups)主要是指那些长期处于系统性和结构性不利状况的群体,这种不利状况主要表现在社会不平等程度上。

从概念的分析可以看出,社会性弱势群体大体相当于欧美国家的"劣势群体"(disadvantaged groups)。社会性弱势群体是一个规模庞大、

---

① 张富良:《构建对弱势群体的社会关怀新探》,《求实》2002 年第 1 期。
② 张敏杰:《社会经济发展中的弱势群体及其社会支持》,《浙江学刊》2003 年第 3 期。
③ 刘继同:《弱势群体与劣势群体:中国社会福利对象的政策研究》,载阎青春主编《社会福利与弱势群体》,中国社会科学出版社 2002 年版,第 25—36 页。

结构复杂、分布广泛的群体。当前，我国社会性弱势群体大体由以下几部分人组成。

一是下岗失业人群，即城市中以下岗失业者为主的贫困人群。在计划经济时代，中国实行了城市全面保障就业的政策，通过政府把城市劳动力配置到相应的部门。随着经济体制改革的深入，20 世纪 90 年代以来，为了深化国有企业改革，国有企业靠大锅饭而维持的"隐性失业"显性化，大批下岗工人出现。同时，我国新增就业人口每年平均有 1000 万，其中有一部分不能找到工作，从而成为失业者。在城市中，失去职业意味着基本生活来源的断绝，他们是社会性弱势群体的重要部分。

二是"体制外"人员，是指那些在城市工作而又不占人员编制的招聘人员，相对"单位人"而言，又称"体制外人员"、"非在编人员"、"临时人员"等。体制外人员的工作与单位人并没有明显区别，但是他们之所以没有被纳入"体制内"，是因为体制内的劳动和社会保障待遇并没有覆盖到全社会。

三是城市务工的农民工。进入 20 世纪 80 年代，随着中国城市化进程加快和东部地区经济的迅速崛起，第三产业也蓬勃发展，就业机会增多，生活水平提高，经济杠杆发挥了前所未有的巨大作用，农村人口、西部边远地区的人口开始向城市和沿海地区流动，"民工潮"成为我国改革开放以来一道独特的风景线。以 2004 年为例，国家统计局在全国 31 个省（区、市）对 6.8 万个农村住户和 7100 多个行政村抽样调查，推算出当年外出就业农民工约为 1.18 亿人，占农村劳动力的 23.8%。国家统计局的数据显示，2005 年年末我国常年进城务工人数约达 1.4 亿人，占全国 9 亿农民的 15.5%。① 农民工主要填补城市"剩余"的劳动岗位，他们虽然不从事农业劳动，但是仍然打着"农民"的烙印，他们没有享受到城市的同等待遇，在养老、医疗、工伤、失业保险等方面没有得到切实保障，他们基本工资偏低，工资拖欠现象严重，劳动条件差，工作不稳定，子女入学、住宿、吃饭等基本生活方面面临诸多困难。

---

① 中国国家统计局网站：国家数据（http：//data.stats.gov.cn/workspace/index？m=hg-nd）。

四是较早退休的"体制内"人员。这部分人主要是从集体企业较早退休,当时退休时工资水平非常低。许多人原来的单位要么破产,要么效益不好,难以为继,没人为他们缴纳社会保险费用。这部分人群虽然属于"老年人",表面看是生理性的弱势群体,其实他们反映的问题实质是他们的劳动没有得到合理的报偿,因此仍然属于社会性弱势群体。

五是收入较低的贫困农民。2008 年年底,我国农村贫困人口仍有2000 多万。农村中另有一部分失地农民,这部分农民往往得到的补偿偏低,"据统计,1987—2001 年,全国非农建设占用耕地 2395 万亩,按人均耕地不足 0.7 亩计算,至少 3400 万农民因征地失去或减少土地。有关方面资料显示,现在全国起码有 4000 万失地农民,60% 的失地农民生计困难,其中相当一部分成了'三无农民'(无地、无业、无保障)。某省调查分析,若征地成本价为 100%,其收益分配格局是:地方政府占二成至三成,企业占四成至五成,村级组织占近三成,农民仅占 5%—10%。有专家测算,近 20 年有关方面通过各种形式征用耕地的价格'剪刀差',从农民身上至少拿走 50000 亿元"[①]。失地农民虽然不一定必然贫困,但是他们当中大部分人生活面临困境。

这五类人群有相互交叉重叠的部分,把重叠部分(如下岗失业工人和农民工当中有自强自立而致富者)扣除,大致推算,我国社会性弱势群体的规模为 1.4 亿—1.8 亿,占我国总人口的比例为 11%—14%,[②]这个群体规模庞大,而且这个群体仅仅是"弱势"者中最贫困的一部分,如果发展和转型过程中的社会排斥得不到遏制,社会性弱势群体仍有进一步扩大的趋势。

(三)"社会性弱势群体"的基本特征

社会性弱势群体是一个特殊的群体,表现出与强势群体明显不同的特征,主要表现为以下几个方面。

第一,经济上的贫困性。贫困性是社会性弱势群体的基本特征,2002 年"弱势群体"概念被广泛应用以前,我国对弱势群体的称谓一

---

① 刘维佳:《中国"四农"问题数据解析》,《农民工作通讯》2005 年 8 月 23 日。
② 郑杭生主编:《中国人民大学中国社会发展研究报告 2002:弱势群体与社会支持》,中国人民大学出版社 2003 年版。

般为"困难群众"、"贫困群体"等，可见弱势群体与贫困有着紧密的联系。社会性弱势群体的贫困表现为：收入水平低于社会人均收入水平，对食物、健康、住房、衣着、教育等基本需要得不到适度的满足，用于食品方面的消费支出所占比重较大，恩格尔系数高，食品消费量少质差，营养不足。社会性弱势群体因为贫困往往导致营养不良、疾病折磨、教育投资少等问题，因病致贫、因贫致病形成恶性循环，损害社会弱者的自尊、自信，社会行动能力不足，进而可能导致社会性弱势群体对自己的政治权利维护无力，政治参与不足，在社会的博弈中处于弱势。

第二，生活水平的低层次。从消费支出看，在社会性弱势群体的消费结构中，绝大部分收入用于食品，恩格尔系数超过60％，低于国际贫困线，入不敷出。"有限的收入决定了他们尽可能在吃的方面省钱，省钱，再省钱，而根本不考虑营养问题。吃荤菜（尤其是吃肉）和吃水果，对于他们来说，还是属于'高消费'。然而即便如此，贫困家庭的恩格尔系数仍然高达50％—60％，甚至70％以上，国际通用的典型的贫困一族之特征，在这方面表现得很突出。"[1] 为了节省，弱势群体家庭平时都以素食为主，很少考虑营养问题。据社会保障部2000年的调查资料，贫困群体成员的其他主要消费项支出也低于社会平均水平。例如：医疗保健支出141元，为平均水准的44％；教育文化娱乐支出258元，为平均水准的41％；衣着支出166元，为平均水平的33％。[2]

第三，政治影响力弱。社会性弱势群体处于社会底层，低下的经济地位决定了他们政治影响力也是十分微弱的。同时，政治影响力的微弱也是社会性弱势群体形成的重要因素。社会性弱势群体具有劳动能力，而他们之所以处于社会底层，往往是因为他们的"权利弱势"，他们的政治影响力微弱。社会性弱势群体政治影响力的微弱表现为：一是参与政治的机会缺乏，"在影响他们命运的决策之处，根本听不到他们的声音"[3]。例如：我国的选举制度当前还不够完善，在农民的选举权方面就存在与非农户口不一致的情况，在2010年3月14日《中华人民共和

---

① 唐钧：《城市贫困家庭的食品消费实录》，《中国党政干部论坛》2002年第3期。

② 赵忆宁：《关注1400万城市贫困人口》，《瞭望》2002年第15期。

③ ［英］克莱尔·肖特：《消除贫困与社会整合：英国的立场》，《国际社会科学杂志》第17卷第4期。

国全国人民代表大会和地方各级人民代表大会选举法》修正案通过之前，农民选举人大代表的权利相当于非农户口人群的 1/4。从全国人大历年的代表构成看，第一届农民代表有 63 人，占 5.14%；第二届农民代表有 67 人，占 5.46%；第三届农民代表有 209 人，占 6.87%；第四届农民代表有 662 人，占 29.4%；第五届农民代表有 720 人，占 20.9%；第六届农民代表有 348 人，占 11.7%；第七届农民代表与工人代表合占 23%；第八届农民代表 280 人，占 9.4%；第九届 240 人，占 8%。① 农民人口数与农民代表在全国人大代表总人数中的比例形成了巨大反差。在关系群众利益的重大事项上，如各种税费的调整，社会性弱势群体缺乏表达意见的机会。二是社会性弱势群体维护自己权利的能力不够。他们往往对维护自己的权利存有畏惧心理，又缺乏强有力的组织，他们尽管规模庞大，但是却往往陷入"集体行动"的困境，规模大而力量反而微弱。

第四，社会地位低下，受到歧视。在现实生活中，社会性弱势群体地位比较低下，受到比较严重的多方面的歧视。一是人格歧视，部分中间阶层或强势阶层往往认为农民工、穷人等是天生的犯罪嫌疑人，用侮辱性的称谓指称他们。二是权利保护歧视。比如，在劳动保障方面，农民工往往无法与用人单位签订劳动合同，从事的工作时间长、工资低、条件差、受虐待。他们由于有关法律知识和经济条件的制约，无法利用法律维护自己的权益。农民工养老、医疗、工伤、失业保险、子女入学等方面受到不公正待遇。

第五，风险承受的脆弱性。一方面，社会性弱势群体长期挣扎在生存线上，缺乏稳定的生活条件，生活积蓄很少，他们在遭遇意外灾害和其他困难时，承受力就显得非常微弱，缺乏自我修复的能力，只能等待社会和政府的救济；另一方面，该群体的脆弱不仅表现为经济、生活上的脆弱，而且表现为心理承受能力上的脆弱，他们可能因为一些外人看来微小的生活挫折而产生极端行为。他们心理压力大，失落感强，对外界的反应极为敏感，在社会生活中缺乏支持感和认同感，出现自卑，有一种深切的相对剥夺意识。有学者认为："这一群体恰恰是社会的各个

---

① 周忠学、周艳云：《浅析我国户籍制度与公民平等权利》，《新疆社科论坛》2005 年第 6 期。

群体中经济承受力和心理承受力较弱的群体，成为社会结构的薄弱带，一旦各种社会矛盾激化，经济压力和心理负荷累积到相当程度，影响到他们的生存，社会风险将首先从这一最脆弱的群体身上爆发。"①

第六，社会竞争的低能。社会性弱势群体文化程度较低，缺乏技术特长，视野相对局限以及性格方面的缺陷，他们在社会竞争尤其是就业竞争中处于不利地位。一方面，我国的基本国情是人口众多资源短缺，又面临经济体制的转轨，就业岗位短缺，竞争十分激烈；另一方面，社会性弱势群体本身的就业观念、劳动技能、文化素质等因素制约着他们的职业选择。他们大多从事技能简单、劳动强度大、危险程度高、技术要求低、劳动报酬少的职业。不仅在就业方面，在社会生活的其他方面，社会性弱势群体的参与意识、参与能力、竞争意识也都比较差。

三　研究综述

（一）国外关于弱势群体问题的研究

在马克思主义社会学研究进程中，注重社会弱者问题是一大优良传统。1842—1844 年，恩格斯先后考察了英国曼彻斯特等城市的工人阶级状况，写出了《英国工人阶级状况》一书。他对工人的生活状况进行了详尽的实证研究。马克思对弱势群体问题也进行了研究分析，他晚年撰写的《工人调查表》成为研究弱势群体状况的典范。马克思、恩格斯的学术之路和人生之路都是从关注弱势群体起步的，尤其是关注由于社会原因而出现的弱势群体。马克思、恩格斯将弱势群体问题放在整个社会改造的大背景下来看待，追求人类社会的全面解放。马恩之后，西方社会从各个学科视角对弱势群体进行了丰富的研究。

1. 基于社会学视角的研究

在西方，社会学家对弱势群体的研究主要是从社会分层角度着眼的，其代表人物是著名德国社会学家马克斯·韦伯，他依据财富、权力和声望的社会分层尺度对社会阶层进行划分，对后来西方社会学界关于社会弱者问题的研究产生了巨大影响。20 世纪 40 年代，美国社会学家W. L. 沃纳等人依据韦伯的社会分层理论，依照由经济收入、生活方

---

① 朱力：《脆弱群体与社会支持》，《江苏社会科学》1995 年第 6 期。

式、文化水平、政治态度、宗教信仰和价值观念等多个指标组成的综合性标准，提出了六个阶层的划分方法：（1）上上层。由世世代代的富有者所组成，这些人既拥有大量的物质财富，又有上流社会特有的生活方式。（2）下上层。他们虽然在财产上并不逊色于上上层，但他们还没有具备上流社会的生活方式。有人称之为"暴发户"。（3）上中层。他们是一些成功的企业家和专业技术人员，居住在环境优美的郊区，有自己舒适的住宅。（4）下中层。主要包括一些小店员、神职人员等。（5）上下层。他们的收入并不比上中层和下中层的人少，但他们主要从事体力劳动。（6）下下层。主要是指无固定收入者、失业者以及只能从事一些非熟练劳动的人。冲突学派社会学家米尔斯依据权力标准，将西方社会分为三个阶层：（1）最高层，即权力精英层，包括政治、经济、军事、文化等方面的权贵人物；（2）中间层，包括社会名流、影视明星、一般官员等对社会有影响力的人物；（3）底层，包括普通社会大众。

2. 基于政治学视角的研究

西方在政治学上对弱势群体的研究表现在两个方面：一是关于公民权的研究。20 世纪 50 年代，英国著名社会学家 T. H. 马歇尔（T. H. Marshall）在其著作《公民权与社会阶级》（*Citizenship and Social Class*）中，认为公民权主要由公民的民事权利、政治权利和社会权利组成，而社会权利主要体现在教育制度和社会福利两个方面，即所有公民都应具有享受社会服务和社会福利的基本权利。马歇尔的这一理论极大地推动了英国福利国家的建设，对于维护弱势群体权利，切实化解弱势群体问题具有深远的意义。二是关于公平正义的研究。以约翰·罗尔斯的《正义论》最为著名。在《正义论》及后续的《政治的自由主义》、《公平的正义再陈述》等著作中，罗尔斯提出了一个融会西方正义概念的基本含义并极大丰富了其内涵的当代社会正义理论，即公平的正义的理论。罗尔斯的正义学说，是以洛克、卢梭和康德的社会契约论为基础，论证西方民主社会的道德价值，它反对传统的功利主义，认为正义是社会制度的主要美德，就像真理对思想体系一样。

3. 基于经济学研究的视角

西方经济学家通常从贫困角度研究弱势群体问题。1798 年，英国经济学家马尔萨斯的《人口论》一书出版，在书中马尔萨斯认为：人口按几何级数增长而生活资料只能按算术级数增长，所以不可避免地要导致饥馑、战争和疾病。因此要采取果断措施，遏制人口出生率。20世纪30年代，部分经济学家将研究聚焦于发展中国家的贫困问题上，其中最著名的是瑞典经济学家、诺贝尔经济学奖获得者冈纳·缪尔达尔（Karl Gunnar Myrdal）。他于1947年任联合国欧洲经济委员会执行秘书长。1957年受20世纪基金会委托，对南亚和东南亚11个国家的政治经济问题进行了长达10年的研究，研究成果是其闻名于世的著作《亚洲的戏剧：对一些国家贫困问题的研究》。

从经济学角度对贫困和弱势群体问题做出重大贡献的还有印度经济学家、1998年诺贝尔经济学奖获得者阿马蒂亚·森。阿马蒂亚·森研究范围广泛，除经济发展外，在福利经济学、社会选择理论等方面成就斐然。他已经出版了《贫困与饥荒：论权利与剥夺》、《理性与自由》、《以自由看待发展》、《身份认同与暴力》、《经济发展与自由》、《集体选择和社会福利》、《论经济上的不平等》、《伦理学和经济学》、《自由、合理性与社会抉择》等十几部专著。他将贫困人口数量、基本生活保障、收入水平和收入分布结构相结合，界定了一个更新、更有说服力的"贫困指数"，全面反映一国的贫困程度，为推进贫困程度量化研究做出了贡献。

（二）国内关于弱势群体问题的研究

虽然直到20世纪末，"弱势群体"才成为一个使用频率较高的术语，但是"弱势群体"问题实际上是一个老问题。新民主主义革命时期，中国革命的基本问题——农民问题实际上就是当时的"弱势群体"问题。新中国成立后，在改革开放前的一段时间内，弱势群体问题并不突出。改革开放后，我国由计划经济体制开始转向市场经济体制，弱势群体问题才逐渐凸显出来。但是直到20世纪90年代初，弱势群体问题仍旧不很明显，受社会关注也较少。从90年代起，我国社会主义市场经济模式加速推进，国有企业深化改革，大量的下岗工人开始出现，弱势群体问题才受到社会瞩目。弱势群体问题的凸显引起了政府和学界的高度关注。2001年12月，在武汉召开了以"弱势群体和社会福利"为主题的"社会福利理论与政策研讨会"。2002年3月，朱镕基总理在政府工作报告中首次使用了"弱势群体"的概念。弱势群体问题引起了学界和社会更加普遍的关注，对于弱势群体问题的研究也更加丰富和深入。

弱势群体问题的研究主要集中于社会学、社会保障、经济学、政治学等相关学科。根据笔者对弱势群体理论资料的收集和分析，我国弱势群体研究的代表性著作主要有：《社会弱者论》（陈成文，2000）、《社会福利与弱势群体》（阎青春主编，2002）、《中国弱势群体研究》（张敏杰，2003）、《中国人民大学中国社会发展研究报告2002：弱势群体与社会支持》（郑杭生，2003）、《弱势群体权益保护法论纲》（王兴运，2006）、《失业弱势群体及其社会支持研究》（钱再见，2006）、《中国城镇经济弱势群体救助系统构建研究》（吴碧英主编，2006）、《社会弱势群体的教育支持》（余秀兰，2007）、《市场竞争中的弱势群体研究》（刘润葵主编，2007）、《弱势群体高等教育权益研究》（李文长等，2007）、《我国转型期弱势群体社会风险管理探析》（李航，2007）、《弱者的权利——社会弱势群体保护的法理研究》（余少祥，2008）等。相较于学者著作，弱势群体的研究更多表现为大量的期刊论文和硕博论文。

总的来说，弱势群体问题研究的热潮与下岗失业问题和农民问题的突出紧密相关，因此，弱势群体问题研究实际上多集中于这两大群体，无论研究角度如何变化，或城镇弱势群体，或农村弱势群体，实际上研究的焦点都限定在"社会性弱势群体"这一块，只是并不明确，而且对生理性的弱势群体适当兼顾。具体来说，关于弱势群体问题的研究有以下几个方面的成果。

第一，关于弱势群体的现状的研究。陆学艺、李培林主编的《中国新时期社会发展报告》，陆学艺主编的《当代中国社会阶层研究报告》，胡鞍钢的《中国地区差距报告》，张敏杰的《中国弱势群体研究》，阎青春主编的《社会福利与弱势群体》，陆士桢主编的《中国城市青少年弱势群体现状与社会保护政策》都对弱势群体的现状进行了大量论述。

第二，关于弱势群体的成因的研究。关于弱势群体产生的原因，大体有以下几种观点。一是能力低下说。林峰认为这是个人缺乏就业技术，文化素质低，思想观念保守落后，不能够适应市场激烈竞争而造成的。① 二是计划经济说。昝剑森认为，从有中国特色根源看，大批职工

---

① 林峰：《社会转型时期弱势群体分析》，《惠州学院学报》2006年第1期。

失业下岗，是计划经济条件下实行的就业体制和就业政策在经济转型进程中的必然结果，也是长期以来重复建设、盲目建设所造成问题的必然暴露。一方面在计划经济体制下企业积累了大批的隐性失业人员，另一方面全国各地的重复建设和盲目建设，产业结构严重趋同，导致了资源浪费和经营困难。① 三是社会结构说。郑杭生、李迎生认为，作为社会问题而出现的弱势群体产生于社会结构的不合理、不公平；不少社会弱势群体，特别是社会弱势群体的存在便是与社会结构的不合理、不公平相联系的。作为社会问题而出现的弱势群体还产生于社会福利的不完备、不健全。② 四是机会缺乏说。张敏杰认为，从弱势群体形成的深层原因看，无论是老弱病残者还是社会群众，他们之所以陷入弱势困境，是由于他们失业或被剥夺了发展的能力或机会，因此，"能力的弱势"或"机会的贫困"是他们处于弱势地位的本质。③ 五是弱势文化说。吴鹏森就文化观念方面提出了自己的看法，他认为弱势群体的长期化、固定化，会导致弱势群体在社会认知、社会心理、社会观念、行为模式、生活方式等方面都发生一系列的变化，并逐步形成"弱势文化"，这种"弱势文化"又反过来使社会弱势群体被不断地复制下去。④

第三，关于解决弱势群体对策建议。一是立法手段。我国对弱势群体的立法保障还很不足。要加强对妇女、未成年人、老年人和残疾人等弱势群体的立法保护，加强对弱势群体保护所需经费和物质条件的具体制度规定。进一步完善《劳动法》等法律法规，保护农民工、下岗失业工人等合法权利。⑤ 二是政治参与。弱势群体政治参与的缺失使他们在社会的博弈中处于边缘地带，因此应该重视他们参与政治、维护自己权利的诉求。弱势群体是社会结构中的组成部分，力求使他们成为社会和谐的因素，而不可成为社会不和谐或者不安定的因素，否则，我们的社会系统就会受到结构性的破坏。⑥ 三是促进就业。要实施全面的教育

---

① 昝剑森：《改革中"弱势群体"的成因探析》，《当代世界与社会主义》2002 年第 1 期。

② 郑杭生、李迎生：《全面建设小康社会与弱势群体的社会救助》，《中国人民大学学报》2003 年第 1 期。

③ 张敏杰：《社会经济发展中的弱势群体及其社会支持》，《浙江学刊》2003 年第 3 期。

④ 吴鹏森：《论弱势群体的"社会报复"》，《江苏行政学院学报》2003 年第 1 期。

⑤ 李美丽：《我国现代社会中的弱势群体问题》，《当代经理人》2006 年第 6 期。

⑥ 喻勤娅：《关注弱势群体构建和谐社会》，《前进》2005 年第 6 期。

援助计划，开发社会弱势人口的人力资源，为其子女提供教育支持和卫生保健，培训失业者，为社会弱势人口提供经济机会，打破低素质、低竞争力、低收入之间的恶性循环。① 四是社会保障。弱势群体的脱困非一朝一夕之功，即使社会能够给他们提供公平竞争的环境，他们也可能因为能力的低下而在竞争中处于不利地位。如果没有政府的特殊照顾，他们很难走出"弱势"状态。要通过社会保障制度和社会福利制度给予弱势群体有力的帮助，除了提供最低生活保障外，还应建立相应的机制，对弱势群体实行医疗保障、住房保障、子女教育保障和法律援助。② 五是收入再分配。要缩小贫富差距，把收入再分配政策作为一种再分配的社会政策手段。现阶段要对过高收入通过税收调节，对行业收入差距通过体制变迁来平衡，对非法收入要通过法律手段来遏制，对中等收入阶层要通过政策鼓励，对包括弱势群体在内的低收入者要提供社会保障。③ 六是社会支持网建设。要整合社会支持资源，在社区内以平等互动的方式建立弱势群体的社会支持网，形成网络互动式的社会支持工作模式，以实现互助和自助，解决自身困难。④ 七是构建社会关怀体系。包括物质与生活关怀、精神文化关怀、人文关怀等。⑤

第四，关于社会性弱势群体具体部分的研究。该类研究集中于社会性弱势群体中的一小类展开研究。一是关于农民工群体的研究。主要著作有：《"民工潮"的背后：中国农民的就业问题》（莫荣，1993）、《潮落潮涨——民工潮透视》（卫兴华，1993）、《中国农民的社会流动》（袁亚愚，1994）、《劳动力外出就业与农民社会变迁》（龚维斌，1998）、《农民工：中国进城农民工的经济社会分析》（李培林，2003）、《农民工与中国社会分层》（李强，2004）等。另外还有大量期刊论文成果。这些研究主要集中研究农民工进城务工的原因、外出方式、农民

① 李玲：《重视弱势群体的发展是构建和谐社会的关键》，《绥化学院学报》2006 年第 4 期。

② 冯书泉：《构建社会主义和谐社会必须解决弱势群体问题》，《宁夏党校学报》2005 年第 5 期。

③ 孔祥利、李冬梅：《我国弱势群体诱发的危机类型与政府治理》，《陕西师范大学学报》（哲学社会科学版）2006 年第 1 期。

④ 张友琴：《社会支持与社会支持网》，《厦门大学学报》（哲学社会科学版）2002 年第 3 期。

⑤ 张富良：《构建对弱势群体的社会关怀新探》，《求实》2002 年 10 月。

工特征、工种分布、工作环境、权利保护、对家庭个人及社会的影响等。该类研究对深化对社会性弱势群体的认识很有帮助。二是关于农村反贫困问题的研究。主要从农村贫困的主要表现、农村致贫的原因、农村反贫困的实践经验、农村反贫困的对策措施等方面进行研究。该方面的研究从一个侧面为社会性弱势群体消除贫困提供了重要启示。三是关于下岗失业问题的专项研究。下岗失业的原因主要是国有企业改革、人力资源供过于求、经济转型的因素、资本不足、技术升级因素、缺乏统一有序的劳动力市场等。[①] 对策措施主要有调整发展观、发挥比较优势、健全劳动力市场、加快城市化、建立社会保障等。[②]

（三）研究成果的简要评价

对于弱势群体问题，现有的成果比较多，在社会福利和社会保障方面比较充分，但是在其他方面成果相对较少。社会性弱势群体研究虽然是重点，但是专门针对该群体的研究成果很少。从科学发展观的角度为社会性弱势群体问题的解决夯实理论根基和提出对策思路的研究成果还较少。在解决社会性弱势群体的对策方面，多是从社会救助和社会保障的角度提出对策，对于社会性弱势群体良好的社会环境和发挥其主体性方面关注较少。对于社会性弱势群体帮扶的理论理据、动力机制及在对策措施中如何处理好公平与效率的关系鲜有论述。

四　研究方法和创新点

（一）研究方法

1. 规范分析。规范分析包括价值判断、假设性分析、制度政策分析等，本书对社会性弱势群体的价值论证、背景和成因、对策和思路等方面运用规范分析。

2. 历史分析。对我国解决社会性弱势群体的思路和措施进行历史的梳理，从历史经验中获得有益的启示。

---

① 李欣欣：《我国城镇失业人员的现状、原因、趋势、影响及对策》，《经济研究参考》2003 年第 4 期。

② 赵精兵：《我国失业问题的成因及对策探析》，《理论导刊》2003 年第 8 期。

3. 实证分析。对于社会性弱势群体的现状和成因背景的分析运用实证资料，以增强论证的说服力。

（二）创新点

1. 研究对象创新。把社会性弱势群体作为研究对象在国内学术界还比较少见，通过该群体的研究可以为弱势群体的脱困厘清思路。

2. 研究视角新颖。本书以科学发展观为视角，以"以人为本"理念看待社会性弱势群体，从价值、动力、标志三个方面揭示解决社会性弱势群体问题的意义。

3. 对策思路创新。本书的对策首先从宏观着眼，重点提出解决社会性弱势群体问题的宏观思路。其次，突出重点，从政府出发，从建立三层公平网（即权利公平、机会公平和分配公平）的角度提出解决社会性弱势群体问题的具体对策。

第一章　发展滞后和失衡
——社会性弱势群体问题的归因

2003 年 10 月，胡锦涛同志在中共十六届三中全会上深刻指出：增长是发展的基础，但增长并不简单地等同于发展。不重视质量和效益，不重视经济、政治和文化的协调发展，不重视人与自然的和谐，就会出现增长失调、从而最终制约发展的局面。就在这次全会上，中共中央鲜明提出了科学发展观这一重大战略思想，这就是：坚持以人为本，树立全面、协调、可持续的发展观，促进经济社会协调发展和人的全面发展。

科学发展观总结了改革开放以来中国改革开放和社会主义现代化建设的成功经验，揭示了经济社会发展的客观规律，反映了中共对发展问题的新认识，是中共中央领导集体以邓小平理论和"三个代表"重要思想为指导、从新世纪新阶段党和国家工作全局出发提出的重大战略思想。

2012 年 11 月 8 日，在党的十八大报告中，"科学发展观"被确定为党的指导思想。科学发展观是我们认识观察世界的又一锐利思想武器，通过科学发展的视角透视社会性弱势群体问题，我们可以发现，发展的滞后和失衡是导致社会性弱势群体问题的主因。

从改革开放的历史进程看，发展中出现的问题一方面表现为经济发展的狂飙突进而带来的问题；另一方面表现为政治、社会和人的发展的相对滞后。即使在获得较快发展的经济方面内部，地区发展、城乡发展失衡的问题仍旧非常突出，市场机制对资源配置的基础性、决定性作用还没有得到充分发挥，国有企业改革进展缓慢，这些因素导致了农民工问题、下岗失业问题的产生。

我们在看待社会性弱势群体问题时，不能脱离社会主义初级阶段的基本国情。新中国成立时，我国一穷二白，用于发展的资源十分有限。

因为资源有限，我们采取的是"集中资源"、"重点发展"的战略，在农业、农村和工业、城市的关系上，重点发展工业和城市。改革开放后，我们继续延续这种"重点发展"的战略，教育、医疗资源方面重点配置城市，地区经济方面重点发展东部沿海地区，而整个国家的发展重点集中在经济方面，这种发展战略创造了新中国成立以来，尤其是改革开放以来经济发展的辉煌，但却造成了社会性弱势群体的发展困境。但是，我们应该看到，如果不依靠重点发展战略，中国的改革开放可能不会如此成功，积累的问题可能更加严重，普遍的贫穷可能会长期伴随我们。因此，从长时期和大视野来看，中国的社会性弱势群体问题主要是发展中的问题。

第一节　政治发展滞后

一　利益表达机制不健全

利益表达的行动框架是国家权力预设下的利益表达制度。完善健全的利益表达机制既是一个国家所追求的社会价值的体现，又能够使社会上真正的利益表达诉求通过合乎法律、合乎情理的途径得到解决，从而最大限度地保护社会性弱势群体，促进社会的良性运行和协调发展。我国已经初步形成了社会性弱势群体利益表达机制，社会性弱势群体可以借此维护自己的权益。但是，由于该群体地位的低下、参与意识和能力的缺乏、利益表达途径不够通畅等负面因素的阻碍，该群体在政治权力的博弈中仍然缺乏力量，从而导致其利益受损。社会性弱势群体在利益表达上的问题主要表现为以下几个方面。

（一）表达主体认识上的误区和能力有限。

利益表达意识是指公共政策制定中，某群体向政策制定者表达自己利益诉求的愿望。"由于在社会关系结构处于不利地位导致弱势群体的经济资源贫乏；由于远离社会权力中心，弱势群体在政治资源或权力资源分配体系中处于不利地位；由于反映他们的信息和传媒声音微弱，教育资源和职业培训的缺乏，弱势群体的社会声望和职业地位处于弱势。"[1] 我国社会性弱势群体受传统政治文化的影响，普遍缺乏利益表

---

① 徐玲惠：《当前社会弱势群体问题概述》，《学术界》2006 年第 4 期。

达意识，他们往往政治冷漠，在政策制定过程中，该群体显得消极被动，"弱势群体文化的缺失及弱势群体利益表达主体意识的薄弱，致使弱势群体无法主动通过正当的利益表达渠道来表达自己的利益需要，从而让政策的制定者注意到，影响了政策输入的有效运行，最终也导致了公共利益的受损。弱势群体现实的参与行为更多的是和保护自己或社区的切身利益有关，而不是和抽象意义上的更广泛的问题有关"①。除了认识上的误区，社会性弱势群体的利益表达能力也显得薄弱，他们受教育水平有限，学历多在高中以下，社会性弱势群体的文化素质、政治能力和经济状况还处于初级阶段，一些弱势群体在表达诉求时常常觉得"没人可找"、"不知道找何人"。②

（二）利益表达渠道不畅。

利益表达渠道畅通是信息输入政策系统的关键，如果利益表达渠道无法把民众的利益需求输入政策系统，公共政策的制定就无法反映民众的利益需求，同时也无法保证公共政策的公正性。③ 当前我国社会性弱势群体在利益表达渠道方面存在的问题主要表现为：

第一，人民代表大会制度的优势还没有完全发挥出来。人民代表大会制度作为我国的根本政治制度，是公民参与政治和利益表达的主要渠道。按照我国宪法规定，"中华人民共和国的一切权力属于人民。人民行使国家权力的机关是全国人民代表大会和地方各级人民代表大会"。人民代表大会制度是我国公民行使基本权利的主体制度框架，更是社会性弱势群体进行利益表达的最根本的渠道和平台。但是现在的人民民主选举人民代表的机制还需要完善，社会性弱势群体试图通过人民代表大会这一利益表达渠道来维护自身权益的利益表达方式还不现实。人民代表大会的人民代表的代表性差，人民代表大会的作用具有滞后性，与一府两院的关系还没有完全理顺，人民代表大会作为最高权力机关的地位还没有完全体现出来。社会性弱势群体在人民代表中的比例偏低，参政议政能力还十分有限。首先，从代表构成来看，人民代表大会的代表性

---

①　［美］彼得·伊龙斯：《为权益而战》，周敦仁等译，上海译文出版社 1997 年版，第 43 页。

②　陈映芳：《贫困群体利益表达渠道调查》，《战略与管理》2003 年第 6 期。

③　吴晓晴、梁巨龙：《和谐视野下弱势群体问题分析——以利益表达为视角》，《广西社会主义学院学报》2009 年 2 月。

差。我国正处于从传统的农业社会向现代社会转型的阶段，农业人口和
工人占我国的大多数，而这两大群体是社会性弱势群体较多的群体，但
是社会性弱势群体在各级人民代表大会中的代表人数越来越少。有学者
总结，人大代表的构成是"三多三少"，即中共党员多，非中共党员
少；干部多，群众少；男性多，女性少。近几年来，又出现了"两多两
少"的趋势，即经营管理者多，普通职工少；个体私营业主多，社会弱
势群体少。① 社会性弱势群体在人民代表大会中处于少数地位，很难发
出有分量的声音。以进城农民工为例，我国进城农民工超过 1.3 亿，他
们是我国社会性弱势群体的重要组成部分，他们应该在人民代表大会中
有一定比例的代表。但是，直至 2008 年的"两会"中，才象征性地出
现了三位农民工全国人大代表。其次，人民代表大会的作用具有滞后
性。制定宪法和法律是全国人民代表大会的主要职能之一，是保护社会
性弱势群体的重要途径。但是人大立法过程漫长，社会性弱势群体的利
益诉求要引起人大代表的重视，提到人大立法规划中，然后通过法律法
规最终得到贯彻执行是一个长期的过程。这对于社会性弱势群体的保护
所起到的效果是不容乐观的。再次，人民代表大会的作用和功能的弱
化。随着我国经济和社会的发展，政府和人大之间的分工也越来越明确
和细化。在这种情况下，人大在维护社会性弱势群体合法权益中的作用
正趋于边缘化，特别是地方各级人大，从代表构成到职责的履行都或多
或少地受到政府及社会组织的影响，其独立性和公正性很难保证。迄今
为止，各级政府、法院、检察院等工作报告被同级人民代表大会否决的
还没有先例。在个别地区，人大在相当程度上成为一种形式和过场。由
于人民代表大会这一民意机构的名与实之间存在背离，一些人大代表联
系领导有余而联系群众不足，社会性弱势群体的利益诉求很难通过人大
代表反映出来。

第二，政治协商制度存在问题。我国的政治协商制度是中国共产党领
导的，由国内各民主党派、社会团体和各界代表通过多党合作和政治协商
的方式进行参政议政和民主监督，并以此来表达和维护社会各阶层利益和
需求的重要民主制度，是社会主义民主的重要形式。1949 年 9 月，中国

---

① 张敬武：《从代表构成看公民的政治参与》，《人大研究》2005 年第 1 期。

人民政治协商会议第一届全体会议在北平举行。1993 年第八届全国人民代表大会第一次会议正式把"中国共产党领导的多党合作和政治协商制度将长期存在和发展"写入宪法，充分肯定了人民政协这种民主形式的独特优势和重要作用。从人民政协人员的组成来看，包括社会各政治派别和主要社会团体及各界代表人士，基本涵盖了社会各层面，具有广泛的代表性，有利于增进社会主义民主政治的凝聚力，是适合我国国情的一种利益表达机制。但是，政协更多的是扮演决策咨询的角色，对决策制定和政府行政不具有制衡作用。政协委员的产生过程主要通过各民主党派、社会团体及各界代表推荐。政协委员一般来说门槛较高，能够获得提名的政协委员多是社会的上层群体，普通群众或社会性弱势群体很难获得提名。因此，政协制度对社会性弱势群体利益表达的作用十分有限。

第三，信访制度作为联系群众的桥梁还存在体制上的不足之处。2005 年国务院颁布的《信访条例》规定：信访是指公民、法人或者其他组织采用书信、电子邮件、传真、电话、走访等形式，向各级人民政府、县级以上人民政府工作部门反映情况，提出建议、意见或者投诉请求，依法由有关行政机关处理的活动。信访制度长期以来被看作党和政府倾听民声、体察民情、了解民意的重要渠道，是民众维护自身权利的简单可行的制度途径。对社会性弱势群体而言，上访是实现利益表达的一种较普遍的方式和途径。随着我国经济快速发展和社会体制逐渐转型，各种矛盾和利益冲突不断加剧，各类信访活动也日益增多，带来一系列社会问题，严重影响社会安定，信访制度陷入困境。信访制度存在的问题主要表现为：一是信访体制不顺，机构庞杂，信访机构缺乏统一的协调机制，导致矛盾和问题向中央聚集，客观上造成了中央政治权威的流失。信访机构之间职能重叠，归口不一。二是信访部门功能错位，责重权轻，人治色彩浓厚。缺少对事情的处置权，信访部门工作被动，缺乏发现问题和解决问题的主动性。三是信访程序缺失，立案不规范，终结机制不完善，政治迫害和政治激进主义相伴而生。政府政绩与信访挂钩，隐瞒和压制信访的现象难以彻底根除，致使一些问题长期得不到解决。① 据国家信访局统计，2003 年国家信访局受理群众信访量上升了

---

① 苗贵安：《我国弱势群体实现有序政治参与的路径选择——从利益表达的视角》，《天水行政学院学报》2009 年第 5 期。

14%，省级只上升了 0.1%，地级上升了 0.3%，而县级反而下降了2.4%。① 在上访反映的问题中，80% 以上是有道理或有一定实际困难和问题应予以解决的；80% 以上是基层应该解决也可以解决的问题。面对信访中出现的这些问题，失去信心的社会底层民众或社会性弱势群体越来越习惯于跳过当地信访部门，越级上访。作为一种合法的利益表达渠道，信访制度在实际中不但越来越表现为一种形式化，甚至发挥出其"反作用"。

体制内社会性弱势群体利益表达渠道不畅限制了其在公共政策中的参与，该群体可以利用的表达渠道十分稀缺，大部分弱势群体存在利益诉求时，都没有找过有关部门进行表达，许多渠道不被利用。近年来，随着社会的发展，社会结构开始断裂，利益主体不断分化，社会资源在强势群体和弱势群体间分配不均衡，强势群体通过各种手段参与政策制定，利用现代传媒影响公众和学者立场。而社会性弱势群体却无法利用体制内渠道对政治施加影响，其利益表达渠道没有及时更新，很多合理要求得不到及时反映。

（三）利益表达方式存在问题。

在现代利益博弈中，资源充分、组织有力的群体才能在博弈中占据有利地位，而社会性弱势群体组织涣散、资源缺乏，很难占据优势地位。社会性弱势群体已经被边缘化，表达不充分，表达过程中处于依附状态，合法渠道不畅，拥有资源有限，因而不得不采用静坐、集体上访、非法游行、冲击政府机关等方式宣泄不满。据统计，"1993 年全国发生群体性事件 8700 起，1994 年发生 10000 起，1995 年发生 11000起，1996 年发生 12000 起，1997 年发生 17000 起，1998 年发生 25000起，1999 年发生 32000 起，到 2000 年 1—9 月已突破 730000 起"②。"截至 2003 年我国的群体性事件已由 1993 年的不到 1 万起增加到 6 万起，增长了 6 倍之多，参与人数也由 73 万人增加到约 307 万人，其中百人以上的由 1400 多起增加到 7000 余起。"③ 这些不正当的利益表达，影响社会稳定，也使得社会性弱势群体的利益表达偏离了法制轨道，难

---

① 曾鹏、戴利朝、罗观翠：《在集体抗议的背后》，《当代中国研究》2006 年第 2 期。

② 李水宠、陈晋胜：《关于群体性事件的理性思考》，《晋阳学刊》2004 年第 1 期。

③ 陈新岭：《新时期群体性事件的分析》，《政府法制》2007 年第 8 期。

以达到预期的效果。

（四）利益表达对象存在问题。

我国一些政府职能部门，受官本位思想影响，存在民主意识差、官僚主义的问题，他们对待群众意见采取打压的手段，认为他们破坏了社会稳定，更有甚者对维护合法权利的社会性弱势群体打击报复、恐吓压制，对党和政府形象造成了恶劣影响。有些基层机关衙门作风、形式主义、官僚主义严重，经常把群众拒之门外，部门间推诿扯皮，使得弱势群体的正当利益得不到维护，从而导致矛盾冲突加剧和损害政府的公信力。从2008年以来的贵州瓮安事件、云南孟连事件、甘肃陇南事件来看，这些群体性事件都影响恶劣，既有群众的极端行为，也反映了地方政府的有关部门公信力不强，在人民群众中缺乏威信，从而导致事件恶化。

二　城乡二元体制的不良影响

城乡分割的二元体制实际上是一种政治权力主导的身份等级制度，它是以城乡二元户籍制度为核心，以就业制度、粮食供给制度、副食品及燃料供给制度、住宅制度、生产资料供给制度、人才制度、兵役制度、婚姻制度、生育制度、社会福利保障制度、教育制度、公共事业投入制度等为依托而形成的一种体制。我国现行户籍法律制度是在20世纪50年代以后逐步确立的，是一系列关于户籍管理的法律法规的总称。1954年《宪法》第90条第2款规定，"中华人民共和国公民有居住和迁徙的自由权利"；1955年6月22日，国务院发布《关于建立户口登记制度的批示》，开始在全国建立户口登记制度；1958年1月，全国人大常委会通过《中华人民共和国户口登记条例》，正式确立户口迁移审批制度。该《条例》规定对境内居民实行常住、暂住、出生、死亡、迁出、变更、更正七项登记制度。从现实看，户籍制度不仅是国家管理的手段，而且成为人与人之间等级差别待遇的依据。①

城乡分割的二元体制，把13亿中国公民人为地划分为标志鲜明的两个类别：农民和城镇居民。在这一制度性不平等的社会里，作为身份

---

① 余少祥：《弱者的权利——社会弱势群体保护的法理研究》，社会科学文献出版社2008年版，第99页。

化制度区隔的必然结果，农民成为"二等公民"，在经济利益、社会地位和政治权力上他们都被排斥在主流社会之外。[①]这种二元体制是历史的产物，在新中国成立后为了优先发展工业，尤其是优先发展重工业，我国实行了以农业支持工业的发展模式，城乡二元体制就是适应这种需要而形成的。这种二元社会结构阻碍了农村居民的自我发展，其负面影响表现在以下几点。

第一，二元户籍制度限制了农村人口向城市的合理流动。"始于1958年的户籍管理制度人为地加大了农村劳动力转移的成本和难度，减少了农村劳动力向非农产业和城市转移的机会，这也是城乡居民收入差距不断扩大的一个重要原因。"[②]户籍制度的限制使当前的农民工问题十分严重，农民工劳动条件差、工资待遇低、工伤事故多发、拖欠工资现象时有发生、农民工维权难、子女受教育难。目前已有部分地区对户籍制度进行了改革，尝试打破农业和非农业的界限，按居住地登记户籍，这些改革将从根本上改变农民的身份地位，但是我国社会主义初级阶段的基本国情决定了户籍制度的改革十分艰难，户籍制度放开可能导致大量的农村劳动力涌入城市而社会保障却暂时无法满足要求，对城市管理和社会稳定将带来沉重压力。但是，无论如何，社会的发展要以人为本，城市的管理和社会的稳定要服从于人的需要，户籍制度改革的方向是明确的，要给予城乡居民平等的社会地位。

第二，二元经济倾斜政策导致了农村发展资金匮乏。中国在实现工业化的道路上，通过"剪刀差"的方式用农业来支持工业，用农村支持城市。这种对农民利益的剥夺，削弱了农业经济的自我发展能力。有文献记载，1952—1989年国家通过工农业产品剪刀差从农业中提取9716.75亿元，加上农业税1215.86亿元，共达10932.61亿元，农业资金净流出量达7140.56亿元，即农业新创造价值的11.5%被国家拿走。[③]改革开放以后，这种工农业之间剪刀差的问题有所缓解，但是在

---

① 周晓虹：《中国社会与中国研究》，社会科学文献出版社2004年版，第115—117页。

② 李福勇：《当代中国最庞大弱势群体的界定、成因及对策》（http://column.bo-kee.com/21222.html）。

③ 刘爱娣、伍玉林：《农民弱势群体成因及对策研究》，《世纪桥》2004年第2期。

发展战略上仍然维持农业支持工业、农村支持城市的方略，国家将资金、政策等倾斜于工业和城市地区，以有限的财政收入为城市居民提供较为丰富的福利，使他们在教育、医疗、就业、养老等方面得到保障，而农村地区缺少发展资金和相应政策，不能享受到城市的社会保障，反而在税收等方面承担比城里人更多的负担。

国家通过农村税收和支农支出相抵的差额从农村积累工业化和城市化的资本，这种状况一直维持到 21 世纪初。2001 年，我国农业税、特产税、耕地占用税、契税四项合计 487.1 亿元，乡镇企业各税 2308 亿元，两项合计 2789.7 亿元；而当年国家财政用于支持农业和各种事业的费用为 905.3 亿元，即使加上农业基本建设和农业科技投入总共也不足 2000 亿元。说明财政税收收支差，国家每年仍然从农村拿走近 1000 亿元。农民缴纳的税费包括国家农业税、特产税、粮食统购任务、集体提留还有各种非正式的收费项目。在费改税和废除农业税、农业特产税以前，我国农民的税费负担比较重，尤其是部分贫困户更是缴纳不了，这也是造成农村基层组织瘫痪和干群关系紧张的重要因素。

城乡之间的税负差别是造成城乡差别和农民贫困的重要原因，同时，仅就农村内部来看，一刀切的税收征收办法进一步造成了农村的贫富差距拉大。据山西省襄汾县陶李镇 1994 年的调查，全镇农民纯收入 2912 万元，人均 1300 元，其中富户 78 户 351 人，纯收入为 1750 万元，占全镇纯收入的 60%，人均纯收入为 5 万元；其余农户 5322 户，2.2 万人，人均纯收入只有 582 元。按全镇人均收入的 5% 收取"三提五统"，全镇人均达 65 元，占一般农户人均纯收入的 12.3%，而只占富户的 0.13%。这样的征收办法，就出现了收入越少负担越重的现象。①

除了税收的城市偏向外，财政和金融资金流向也存在城市偏向。如表 1—1 所示：

---

① 何江涛、刘建锋：《是什么妨碍了农民增收》，《南风窗》2001 年第 6 期。

表1—1　　　　　　　　　　农村资金的整体流动情况表　　　　　　单位：亿元①

年份	1978—1984	1985—1989	1990	1991	1992	1993	1994	1995
财政资金	−418.5	490.1	171.7	197.7	380.1	744.2	1289.5	987.3
金融资金	−162.3	79.3	140.2	255.0	106.8	185.5	1089.0	921.0
合计	−580.8	569.4	311.9	452.7	486.9	929.7	2378.5	1908.3

说明：表中的负号表示资金净流入农村，反则相反。

由表1—1可见，1978—1984年，通过财政渠道的资金是净流入农村的，七年累计净流入418.5亿元；1985—1989年正好相反，五年间净流出490.1亿元。自1990年到1995年的六年，通过财政渠道从农村净流出累计达3770.5亿元。若从1985年算起，至1995年通过财政渠道流出的农村资金达4260.6亿元。金融方面与财政方面类似。1978—1995年的18年间，通过金融渠道从农村净流出资金为2614.5亿元，通过财政渠道流出资金为3842.1亿元，两者之和为6546.6亿元，年均358.7亿元。

第三，不合理的社会保障制度，加重了农村弱势群体的负担。在二元体制下，我国的社会保障政策向城市倾斜，城乡社会保障制度存在巨大差别，农民未被完全纳入社会保障的覆盖范围，享受的社会保障程度和范围都十分有限。农村的社会保障仅仅以困难救济为主，其保障水平远远低于城市，农村社会事业和社会保障靠农民自己解决。有研究指出，从社会保障支出构成看，占总人口80%左右的农民的社会保障费支出仅占全国社会保障费的11%，而占总人口20%的城镇居民却占社会保障费的89%；从人均占有看，1991年城镇人均社会保障费455元，而农民人均仅15元，相差30倍。从社会保障覆盖面看，城镇已达91%，而农村只有2%；与国际比较，小康型国家享受社会保障的覆盖面已达75%，而中国只有30%。② 社会保障的城乡差别在农民工身上有鲜明的体现。农民工因为其农民身份，在养老、医疗、工伤、最低生活

---

① 中国社会科学院农村发展研究所和国家统计局农村社会经济调查司联合调查编著：《农村经济绿皮书》，社会科学文献出版社1995、1996年版。

② 朱庆芳、盛兆荣：《社会保障指标体系》，中国社会科学出版社1993年版，第35页。

保障及子女入学等方面都不能保障，工资水平也与相同工作的城镇户口有很大差别。就连交通事故意外死亡的补偿上，城乡也存在差别。1992年国务院颁发的《道路交通事故处理办法》中规定，交通事故死亡赔偿按事发地平均生活费的十倍补偿。如果城镇户口死亡则按所在地城镇平均生活水平赔偿，农村户口则按农村平均生活水平赔偿。由此造成了同命不同价的问题。

第四，二元就业制度加大了农民的就业难度。我国的就业率指标一般特指城镇户口，国家对市民的就业和就业指导培训十分重视，但农民的就业基本上处于放任自流的状态。改革开放以来，城乡之间的劳动力流动的障碍基本打破，但是许多地方仍旧保留了对农民就业和进城的种种限制。如北京市原来明文规定，会计、出纳员、收银员、税收员、出租车司机等工作，不允许没有北京市户口的外来人员从事，并且这种行业限制和工种还在不断增加，1996年是15个，到了2003年就上升到了103个。这些限制增加了农民进城就业的成本，抬高了就业门槛，增加了农民负担，对农村劳动力的转移就业造成了很大困难，进而在社会上倡导了歧视农民的恶劣风气。这些就业歧视政策的存在，一定程度上造成了当前农民工就业低工资、低待遇、高强度、工作环境恶劣、拖欠工资等恶劣现象。

第五，城乡二元结构造成农民组织化程度低，导致农民利益流失。以户籍制度为核心的二元结构政策将广大农民限制在农村，禁止农民的自由迁移和流动。由于农民居住的分散性、生产方式的封闭性、社会交往与联系的局限性、思想观念的保守性，他们无法形成一个紧密的属于自己的组织，他们的组织化程度低，缺乏自身利益的表达机制和保护机制。在与外界组织发生关系时，他们只能以个人对群体的方式维护自己的利益，因此他们与外界交往处于劣势，导致自身利益的流失。从流通领域看，农户各自为战，经营行为分散导致农村市场中农产品的供给主体主要是分散的农民，他们面对广大的市场，与作为买方的政府、企业和其他经营者相比，两者实力悬殊。这就造成了农民交易费用高，市场风险大，缺乏与对方谈判竞争能力，无法左右市场价格。农民事实上成为买方出价的被动接受者，这造成农民在市场交易中应得利益的流失。

第二节　社会发展滞后

一　社会保障滞后

我国社会保障体系的不健全和不完善也是造成社会性弱势群体大量存在的重要原因。社会保障体系被称为社会稳定的"安全网"、"减震器"和"调节器"，社会保障体系对于保障社会弱者的基本生活、享有做人的基本尊严、积累再发展的能力具有极其重要的作用。近年来，我国三条保障线（下岗职工基本生活保障、失业保险和城市最低生活保障）和以医疗、养老、工伤保险为主要内容的城镇社会保障体系的覆盖面不断扩大，水平不断提高，"两个确保"得到了巩固和完善。我国目前正处于体制转轨时期，尽管国家贯彻"应保尽保"的社会保障政策，但是社会保障覆盖面仍然偏低，社会保障水平也偏低。还有一些失业下岗人员没有纳入社会保障体系的保障范围。在农村，医疗保险和养老保险开始在小范围内试行。农村新型合作医疗得到了长足的发展，覆盖面不断扩大，保障水平逐渐提高，国家也加大了对农村社会保障的支持力度。但是，当前我国的社会保障体系仍有很多不足之处，主要表现在：

第一，社会保障基金统筹层次低，社会保障面低，管理分散。社会保障基金的统筹层次不但决定了一个国家或地区动员社会保障资金的伸缩能力，而且也反映了社会保障制度的完善程度。社会保障基金的统筹层次越高，则动员社会保障资金的伸缩力就越强；相反，统筹层次越低，则伸缩能力越弱。因此，国家或地区应该尽可能地提高社会保障基金的统筹层次，以实现不同地区间资金余缺调节，扩大整个国家的社会保障基金的支付能力。目前我国社会保险费的统筹层次较低，虽然国家要求各地尽快实现省级统筹，但是大部分地区只是地市级统筹，还有些地方县级统筹。我国社会保障资金低统筹层次影响了社会保障的良好运行，经济条件好的地方，社会保障资金充足，而条件差的地方，社会保障资金收缴难度巨大。我国的社会保障制度还没有做到覆盖全体公民。以社会保险为例，我国目前社会保险覆盖最大的范围（基本医疗保险）仅局限于国有企业、城镇各类企业、事业职工、社会团体专职人员和国家机关工作人员。至于农村居民和失业工人则不在制度规定的范围内，制度覆盖面约为30%。

我国至今还没有一个统一的社会保障管理部门，各个社会保障项目由多个管理部门分散管理，不可避免地出现了在管理社会保障事务方面的"多头管理"、"政出多门"等问题，增加了管理成本，影响了社会保障工作的有效开展。在社会保障费的征缴上，由于中国还没有开征社会保障税，基本养老、基本医疗、失业补助等社会保险项目的资金仍以"费"的形式征收，缺乏强制力，很难得到被征收单位和个人的有力配合和支持，增加了社会保障的执行成本。

我国《宪法》规定，社会保障的对象是适合全体成员。但是，我国的社会保障制度实际上没有保障贫困的农民，社会保障实际上只"保"城市的市民。新中国成立后，我国建立了以面向城市为主的社会保障制度，在农村则通过土地和集体保障农民的基本生活。改革开放后，原有的人民公社制度解体，集体经济已经无法提供给农民生活保障，农民生活保障基本以家庭自保为主，亲友互助为辅，政府只是对特困家庭给予一点救济，农村社会保障极低，疾病、养老已经成为农民头顶的两座大山。据统计，在贫困地区，农民患病未就医的达72%，农村中因病致贫、因病返贫的农民一般占贫困户的30%—40%，有的地方则高达60%。① 对于农民工等流动人口的社会保障也存在很大问题，因农民工流动性大、数量多，针对他们的社会保障覆盖面仍旧较低。

第二，城乡间和地区间的社会保障制度不统一。目前中国的社会保障制度体系在某些重要环节上还有缺失，主要表现为以传统"城乡分割的户籍制度"为基础的原有的社会保障制度对农村居民的排斥。在以往的农村社会保障制度建设方面，政府基本上是以二元社会结构的思路来考虑问题的，中国主体的社会保障制度依然主要是针对城镇居民设计的，在占全国人口近60%的农村人口中，除了极少数集体经济比较发达的乡村建立起了自己的保障制度以外，其他农村居民基本上没有享受到必要的社会保障，大量农民仍然被边缘化。以社会保险为例，各地方依据本地的实际，出台了一系列"土办法"，致使各个地区的基本社会保障覆盖范围和社会保险费征缴制度在具体规定上差别巨大，导致了各个地区社会保障事业发展不平衡，人为地扩大了既有的地区间社会发展的差距。再如，现行的城镇职工医疗保险制度和城市居民最低生活保障

---

① 刘爱娣、伍玉林：《农民弱势群体成因及对策研究》，《世纪桥》2004年第2期。

制度在弱势群体的医疗保障方面存在漏洞。医疗保险制度要求保险对象有正规就业，于是就把乡镇企业、非正规就业人员、特困企业排除在外，即使退休人员和低收入职工也可能面临医疗负担。而城市最低生活保障制度只保障居民的最低生活，不满足他们的就医需求，这使部分社会性弱势群体有病不敢就医。另外，像农民工的养老保险制度，因为农民工工作流动性大，且大多是在民营中小企业，存在农民工养老保险上缴不正常、门槛高、缴费年限长、接续困难等问题。

第三，社会保障建设的制度基础还不稳固，制度公平性需要加强。政府在社会保障建设过程中的责任与社会保障制度的安全性的关系还未理顺。目前，政府对于社会保障的制度建设尚处于探索和积累阶段，各级政府对于所承担的建设社会保障体系的社会责任和尊重社会保障制度的法律地位等问题还认识不够。在社会保障实践中，作为法定的社会保障制度经常受到政府各项政策的干扰和侵犯，对社会保障制度的安全性构成了严重威胁。受种种因素的制约，目前大多数农民的收入比较低，收入也不稳定，农民的思想还主要停留在"养儿防老"的层次上。一些地方社会保险意识比较薄弱，参保行为短期化的问题也比较严重，退保现象时有发生。政府财力支持力度明显不足，实行社会保障政策后，我国的贫富差距并没有缩小，反而呈继续扩大趋势。据国家统计局调查，养老、医疗、住房、实物福利等几项人均福利收入，富裕户比贫困户高87%。这说明，我国的社会政策对贫富差距调节乏力。

第四，社会保障责任模糊、长效机制缺位。责任模糊是中国现阶段社会保障制度改革和发展面临的一大难题。西方发达国家在社会保障制度逐步成熟的同时，对国家、集体、个人在社会保障体制中的责任与权力做出了比较清晰的划分。我国的社会保障制度起步较晚，社会保障责任模糊，具体表现为：一是历史责任与现实责任划分不清，影响了新制度的统一；二是政府责任边界不清晰，不仅造成了政府日益加重的负担，更重要的是无法有效引导市场、社会乃至单位组织发挥应有的作用；三是中央政府和地方政府的责任未能明确。虽然中央政府的社会保障投入大幅度增长，但是没有形成长效机制，带有随意性；地方政府投入很少。社会保障制度安排中的主体各方责任的不确定性，会直接损害制度的可预见性，不利于形成社会保障的长效机制。

总之，我国社会保障制度不严密、不配套，投入力度小和覆盖面窄，严重制约着社会保障制度在社会性弱势群体保障方面发挥应有作用，使社会安全网大打折扣。

二　非政府组织发展滞后

（一）非政府组织的作用和分类

非政府组织（NGO）一般是指非营利性质的社会组织，它是政府组织的有效补充。自工业革命以来，人类社会在社会经济发展中创造了丰富多彩的现代文明，但与此同时，现代文明的缺陷也暴露了出来，现代社会的经济危机、社会危机和生态环境危机的日益凸显对现存制度提出了质疑。市场经济的逐利性、政府手段的有限性、个人力量的微弱性使得非政府组织的作用得到人们的重视。非政府组织的功能在于民主管理、民主参与，推动资源良性配置，支持可持续发展，提高社会服务水平，发展社会公益事业，扩大社会公平，保护弱势群体。

按照划分角度不同，非政府组织可以分为许多类型。根据组织与成员的关系及组织目标的角度，非政府组织可以分为公益型和互益型组织两类。公益型组织的服务对象是某些特定的社会团体，它不代表团体成员的自身利益，它所提供的是公共物品或社会物品。[①] 互益型组织则不同，它的服务对象仅限于其团体成员，它是为自我服务的。从法律地位的角度，我国的非政府组织可以分为三类：一是在民政部门登记的社会团体、基金会或民办非企业的民间组织。二是民间自发组织，因各种原因没有在民政部门登记。三是转型中的社会组织，包括转型中的事业单位，村委会、居委会等社区自治组织等。从组织性质的角度，我国的非政府组织可以分为社会团体、行业组织和民办非企业组织三类。

清华 NGO 研究所将非政府组织分为六大类：一是政治领导类社团，包括人民团体和其他一些群众基础比较广泛、政府色彩比较浓的社团组织。二是业务管理类社团，协助政府完成业务管理职能，如中国邮电企业管理协会。三是利益代表类社团，如中国私营企业家协会。四是公益服务类社团。五是文体联谊类社团，如中国围棋协会。六是学术交流类

---

① 林燕凌：《我国非政府组织研究——兼论志愿者活动的发展》，博士学位论文，复旦大学，2005 年，第 33 页。

社团，包括各种学会、研究会等。①

（二）政治领导类社团作用有待发挥

以上的各种分类从各自角度对非政府组织进行了分析，对于清晰了解非政府组织的内涵提供了支持。就社会性弱势群体来说，对之可能有重要作用的非政府组织类型是上述第一类政治领导类社团和第四类公益服务类社团。公益服务类社团一般包括慈善组织、志愿者组织等，这些组织可以为社会性弱势群体提供必要的经济支持和生活扶助，这对于他们是重要的。而政治领导类社团，也就是官办色彩比较浓厚的，人们一般理解为行政机构的一部分，实际上属于非政府组织的社团，像工会、妇联、青年联合会等组织。这类政治领导类组织有利于化解不同阶层的矛盾，具有社会稳定和整合功能。

随着现代社会的日益发展，社会越来越专业化和组织化，单个的个人在强大的组织面前显得越来越渺小。随着社会主义市场经济体制的逐步建立，经济利益不断调整分化，整个社会已经形成了不同的利益集团和社会阶层，强势群体和弱势群体的分布格局日益明显。强势群体一般依托于强势组织，他们有资本、有地位、有社会网络、有媒体影响力，而弱势群体只是孤零零的个人。要想与强势群体抗争以维护自己的权利，获得自己的长远发展，弱势群体需要借助社会组织的力量，尤其是政治领导类社团的力量。由于非政府组织是由社会力量组成并服务于社会的，它能够深入底层，因而能够代表底层民众尤其是弱势群体的声音。在中国改革的新阶段，各利益群体都有了建立代表自身利益的社团的要求，如作为社会性弱势群体的农民就提出了建立农会的要求。

对于社会性弱势群体来说，其劳动服务的主要场所是非公经济组织和农村，而能够发挥比较重要作用的社会组织是工会和农会。但当前农会仍没有成立，而工会的运行也存在一些问题。我国《工会法》第二条规定："工会是职工自愿结合的工人阶级的群众组织。中华全国总工会及其各工会组织代表职工的利益，依法维护职工的合法权益。"从法律来看，工会是工人自发组成的利益团体。工会存在的目的是改善劳动者的劳动生活条件，为会员谋求工资、就业、生活、安全等方面的利

---

① 王名、刘国翰、何建宇：《中国社团改革——从政府选择到社会选择》，社会科学文献出版社2002年版，第114页。

益。从目前的情况来看，工会面临的最大问题是职能发挥不足，尤其从非公经济组织工人维权难的现状可以看出。

目前，非公经济组织工会发展面临的问题主要有以下几点：一是劳动合同签约率低。在非公经济组织中，工人未签订劳动合同的现象很普遍，造成这种状况的原因一方面是劳动者，尤其是社会性弱势群体的农民工对法律法规不熟悉，缺乏维权意识；另一方面是企业故意不与劳动者签订合同，或者是合同不规范，霸王条款，仅保障用人单位的权益。二是劳动保障方面，非公企业职工与公有企业职工相比，参与养老保险、医疗保险、工伤、失业、生育保险的比率低。如下表所示，非公企业职工参保人数大大低于全国平均水平。三是拖欠、克扣工资，劳动纠纷频发。非公有制企业普遍的观念是"强资本，弱劳工"，企业千方百计加大资本投入，压缩劳动力支出，克扣拖欠工资时有发生，农民工讨薪难甚至成为全国两会的重要议题。这些问题发生的背后，固然有法律的不健全、人的认识的各种因素，但很重要的因素是我国工会职能的不健全。我国目前的工会组织基本上延续了计划经济时代的组织模式，基层工会受到上级工会的行政制约。工会实际上起到的是政治职能的作用，主要工作是发放福利，对职工慰问，组织文体活动，而工会在维护职工合法权益，尤其是社会性弱势群体的合法权益方面比较乏力。社会性弱势群体聚集的非公经济组织，各种小企业，因为零散、变动频繁，工会组织没有将他们及时纳入，很多职工将工会看作政府职能部门，而不是代表职工利益的自己的组织。

表1—2　　　　　　2009 年非公经济组织职工参保人数[①]

参保项目	参保职工总人数	非公有制企业参保人数	非公企业占比
参加养老保险的职工	665341686	14689131	0.022077575
参加医疗保险的在职职工	68856410	14280208	0.20739112
参加医疗保险的退休职工	21461877	862310	0.040178685
参加工伤保险的职工	53033732	15823432	0.298365425
参加失业保险的职工	50910787	9896356	0.194386231
参加生育保险的职工	30512271	6661422	0.218319443

① 中华全国总工会编：《中国工会年鉴》，中国工人出版社 1996—2008 年版。

（三）慈善组织发展滞后

慈善组织是公益服务类社团的重要组成部分，是社会保障事业的有益补充，党的十七大报告指出："要以社会保险、社会福利、社会救助为基础，以基本养老、基本医疗、最低生活保障制度为重点，以慈善事业、商业保险为补充，加快完善社会保障体系。"社会保险、社会福利、社会救助制度属于政府刚性的保障制度，而慈善事业则是柔性的保障体系，以完全自愿为前提，带有非政府的性质。慈善组织发展得好，能够扶危济困，给最需要帮助的人送去温暖，同时也能够在社会上弘扬仁爱之心，它被称为"经济发展的晴雨表"和"调节贫富差距的平衡器"。但是，我国的慈善组织一直发展不够顺畅，其原因主要有三个方面。

一是慈善组织行政化。在我国，根据《公益事业捐赠法》、《红十字会法》等国家法律和《中国红十字会章程》等内部规章，都规定慈善组织是社会团体法人资格。但像中国红十字会等慈善组织，实际上是官办的慈善组织，它的问题是组织机构行政化，同时依靠行政命令摊派捐款。在我国，大规模的募捐活动大都以行政方式进行，各级行政组织提出要求、规定数额，单位领导、党员带头，捐款金额按照级别、职称等级加以规定。这种强迫命令式的捐款不利于人们慈善意识的培养，也造成了慈善组织缺乏地位和自主权，久而久之，慈善机构也从社会组织慢慢演化为行政性的组织，其外部缺乏有效监督，没有竞争的压力，内部也没有完善的规章，因而出现了许多负面新闻，甚至出现了慈善腐败，严重打击了公众对慈善事业的信任。据报道，2011 年 4 月 15 日，上海市卢湾区红十字会在某高档餐厅消费的近万元餐饮发票被网友曝光。次日，上海市红十字会通报了对该事件的调查及处理结果，称餐费非"社会各界捐赠的救灾救助款"而是"工作业务经费"，并表示超标部分由个人承担。此外，汶川地震后众多网民对红十字会的工作提出质疑：地方红十字会是否挪用救灾款建办公大楼？是否挪用救灾资金为组织内全体员工发放奖金？另外，还有炒得沸沸扬扬的"郭美美"事件、"卢美美"事件、"全国小记者培训活动中心"欺骗性培训事件、一些红十字会让小学生缴纳会费事件……慈善机构等社会组织的问题接连曝光，让人们意识到，慈善去行政化，加强社会组织的培育刻不容缓。

二是慈善专业人员缺乏和机制不健全。由于历史原因，我国公民的整体社会意识不强，慈善文化的形成还有待时日，加之慈善组织本身缺乏良好的管理体制吸引和留住人才，形成了慈善工作无人做、不会做和做不好的现象，影响了慈善事业的健康发展。在众多的慈善机构里，大多数工作人员是由当地政府民政部门的公务员组成，而且人员数量少，无法开展大规模慈善活动。慈善组织审批难、监督体系尚未建立都不利于慈善组织的发展。为了注册非营利组织，一个非政府组织必须有挂靠的专业机构，由后者对前者的活动范围进行管辖。但这绝非易事，北京一家致力于向白血病患者提供帮助的民间组织一直没有找到愿意监督它的机构，直到时任北京市委书记、政治局委员刘淇出面。那些没能找到挂靠单位的机构不得不走工商注册这条路，因此免不了要缴纳企业所得税。而那些成功归口的机构将丧失在资金管理方面的自主权。例如，当李连杰的"壹基金"挂靠中国红十字会后，后者不仅管理"壹基金"所募集到的资金，还可以从后者的支出中提取日常管理费。由于我国目前慈善机构缺乏必要的行业自律、监督和审计，管理上存在漏洞，善款和捐赠物品管理不善，甚至出现侵占、挪用、贪污的行为。据《东方早报》2005 年 11 月 15 日的报道，中国著名的慈善家余彭年就曾遇到过捐赠物品被侵占的事情，他说："我 1988 年给湖南捐赠 10 辆进口救护车，后知救护车被改造成了某些领导的专车。盛怒之下，我将赠车收回，转赠涟源县几家医院，可转赠的救护车又被挪用。"[1]

三是慈善组织公信力不高和捐款数额少。所谓公信力，是指公众对一个人或组织的信任度。慈善组织的公信力，对慈善组织的重要性不言而喻。因为慈善组织的透明度不高和频繁发生的慈善腐败丑闻，慈善组织公信力受到严重影响。而慈善组织公信力的下降，则直接影响了人们的捐赠热情，造成我国慈善事业在扶危济困、救助弱势群体行动中力量薄弱，没有发挥其应有的作用。据报道，2013 年，中国排名前 100 位的慈善家共计捐款仅 8.9 亿美元，不及马克·扎克伯格夫妇一年的捐赠额。2012 年，中国的慈善捐款总额为 132 亿美元，只有美国同年捐款总额的 4%。[2]

---

① 张伟珍：《从慈善组织公信力维度论中国慈善事业的发展》，《贵州工业大学学报》（社会科学版）2007 年第 2 期。

② 黄严忠：《中国的慈善事业为何发展不起来》，2014 年 6 月，福布斯中文网（http://www.forbeschina.com/news/news.php？id=33478）。

第三节　经济发展失衡

一　城乡、地区经济发展失衡

（一）城乡经济发展失衡的主要表现：一是城乡经济发展结构不协调。从新中国成立以来到改革开放前，我国实施的是工业优先发展的战略，利用计划经济体制将社会资源集中于工业和城市，在一穷二白的基础上建立起了初步完备的国民工业经济体系。在以工业为中心的发展战略下，农业和农村处于辅助的地位，从而造成了城乡产业结构的不合理。城市和工业产业成为城乡产业结构的主要组成部分，而农村产业结构发展不合理，农业的弱势地位未能改变。据国家统计局 2011 年 9 月 7 日的公告显示，2010 年我国第一、第二、第三产业占当年 GDP 的比重依次为 10.1%、46.8% 和 43.1%。① 庞大的农业占 GDP 的比重仅仅只有 10.1%，这突出表明了农业的弱势。二是城乡居民收入差距大。统计资料显示，1957 年城镇居民收入是农村居民平均收入的 3.23 倍，到 1964 年下降到了 2.22 倍。改革开放后，农民收入提高较快，1978—1984 年城乡居民收入差距由 2.37:1 缩小到 1.71:1。但之后城乡收入差距又呈现扩大趋势。1993 年城乡居民收入差距扩大到 2.54:1，2007 年，城乡居民收入差距进一步扩大为 3.32:1，至 2009 年差距又扩大为 3.33:1。② 三是城乡居民消费水平差距较大。收入是影响居民消费的基础，城乡居民的收入差距必然反映到居民的消费水平上。从消费支出来看，城镇居民的生活消费支出中，除食品、衣服、文化、教育等支出外，在旅游、交通、保健和家用电器方面占有很大比例，而农村居民的消费支出一般以食品为主，在教育、文化、交通等方面的支出较少。从居住条件看，城镇居民的居住条件一般较好，环境整洁舒适，而农村居民的居住条件普遍不佳。具体从城乡居民的恩格尔系数看，1980—2011 年，我国农村居民的恩格尔系数由 61.80% 下降到 40.40%，而城镇居民则从

---

① 《国家统计公布核实后的三大产业结构比例》，2011 年 9 月，中国经济网（http://www. ce. cn/macro/more/201109/07/t20110907_ 22680403. shtml）。

② 付鹏：《我国城乡居民收入差距变动趋势——基于 1981—2011 年数据的检验》，《赤峰学院学报》（自然科学版）2013 年第 16 期。

56.90%下降到36.30%。① 根据联合国粮农组织的标准划分，恩格尔系数在60%以上为贫困，50%—59%为温饱，40%—49%为小康，30%—39%为富裕，30%以下为最富裕。从国外来看，美国自1980年以来，恩格尔系数平均为16.45%，日本自1990年以来平均为24.12%。

表1—3　　　　1980—2011年我国城乡居民恩格尔系数比较表②

年份	1980	1990	2000	2005	2006	2007	2008	2009	2011
城市（％）	56.9	54.2	39.4	36.7	35.8	36.3	37.9	36.5	36.3
农村（％）	61.8	58.8	49.1	45.5	43.0	43.1	43.7	41.0	40.4

（二）地区经济发展失衡。一直以来，我国被划为东、中、西三个部分，其中东西部存在巨大的经济发展差距。以东部地区的上海市和西部的贵州省为例，差距主要表现为三个方面：一是经济总量的差距。2000年，贵州省和上海市的GDP分别为1029.92亿元、4771.17亿元，相差3741.25亿元。2009年，贵州省和上海市的GDP分别为3893.5亿元、14900.9亿元，相差11007.4亿元。③ 由此可见，十年间GDP总量的差距扩大了近3倍。二是人均GDP的差距。2000年贵州和上海人均GDP分别为2759元、29671元，相差26912元；到2009年，贵州和上海的人均GDP分别为10258元、78225元，相差68007元，十年间差距提高了2.53倍。三是居民人均收入的变化。从城镇居民人均可支配收入来看，收入差距也呈现逐渐拉大的趋势。从2000年的相差6595.8元扩大到2009年的15975.3元。从农村居民的人均纯收入来看，差距从2000年的4222.21元扩大到2009年的9477.5元，差距也是不断扩大。④ 另据有关学者的研究，根据联合国开发计划署（UNDP）提出的人类发展指数（HDI）（该指数包括三个方面：健康长寿的生活、知识

① 吴江：《运用财政措施调节城乡居民收入差距》，博士学位论文，复旦大学，2006年，第35页。

② 《城镇家庭恩格尔系数去年出现反弹》，2012年6月，新华网（http：//news. xinhua-net. com/fortune/2012—06/20/c_ 123307886. htm）。

③ 张菁、冯笑男：《区域差距与区域经济协调发展》，《经营管理者》2012年第22期。

④ 同上。

的获取和体面的生活水平），HDI 大于 0.8 为较高人类发展水平，0.5—0.799 为中等水平，低于 0.5 属于低水平。根据下表数据分析，中东部地区大多处于较高人类发展水平，而西部地区比较低。

表 1—4　　　　　　　2008 年中国人类发展指数地区聚类分析①

2008 年	综合指数（HDI）聚类	省份数	人口数（万）	HDI 均值	人均 GDP 指数均值	教育指数均值	健康指数均值
第一世界	北京、天津、辽宁、上海、江苏、浙江、山东、广东	8	40832	0.8574	0.7975	0.9454	0.8299
第二世界	河北、山西、内蒙古、吉林、黑龙江、安徽、福建、江西、河南、湖北、湖南、广西、海南、重庆、四川、陕西、宁夏、新疆	18	78190	0.7847	0.6576	0.9270	0.7696
第三世界	贵州、云南、西藏、甘肃、青海	5	11805	0.6910	0.5860	0.8064	0.6812

城乡、地区经济发展的失衡导致了农村地区、中西部地区的劳动力流向城市和东部地区，从而更加造成了失衡的加剧。流入城市和东部地区的劳动力因为户籍等制度的限制，面临歧视、失业、子女入学等问题，从而成为社会性弱势群体。

二　结构性失业

发展过程中的结构性失业是导致社会性弱势群体的重要原因。美国经济学家汉森（Hansen）在《经济政策与充分就业》一书中首次提出了"结构性失业"的概念。所谓结构性失业，是指由于经济产业的变动而导致的劳动力市场的结构特征与社会对劳动力的需求不相吻合。结构性失业表现为劳动力市场上所需要的技能与劳动力实际供给的技能的不匹配，由于经济结构、人力资本结构、劳动力市场机制等发生了变化，现有的劳动力的知识、观念、技能、区域分布等不适应这种变化而

---

① 李晶：《中国人类发展的区域差距和空间格局分析》，《统计与决策》2013 年第 23 期。

导致的失业。① 结构性失业是长期的而且通常起源于劳动力的需求方面。例如，由于技术发生重大变化，一部分人可能缺乏新技术要求的那种能力，因此被解雇。

在发展的过程中，有些部门收缩严重，有的部门发展迅速，有的公司对性别、年龄和外来人口的歧视也会造成结构性失业。在这种情况下，一方面有的工作没人干，另一方面有的人没工作干，这种职位空缺与失业并存的问题将长期存在。结构性失业的具体表现有：

第一，劳动力人口技能素质偏低，参与市场就业竞争能力较弱，教育发展滞后而导致失业。目前，我国的教育投资主体比较单一，对社会办学、民间投资办学推动不够，这使得我国的办学模式、教育形式都不能实现多样化，继续教育、职业教育发展滞后，导致劳动者素质不能与用人单位的要求同步提高。同时，高等教育专业设置、人才培养模式也不够合理。全国约 2.7 亿城镇就业人口中，有技能的仅占 32.9%。② 接受教育和职业培训较少的低技能、无技能人员，特别是从农村向城市大量转移的劳动力，寻找工作较为困难。教育培训的滞后，一方面导致劳动者文化素质不能随着经济发展而提高，另一方面导致专业素质难以适应经济发展的高学历人才也被迫流入失业群体。

第二，结构调整导致失业。由于经济结构的调整导致社会对劳动力的需求结构发生了变化，而劳动力的供给结构不能相应发生变化而引起失业。资本密集型、技术密集型产业取代劳动密集型产业是发达国家经济发展的普遍过程，在这个过程中，传统产业开始萎缩。20 世纪 90 年代后，我国原来以军工、纺织、轻工、重工、仪表等为代表的工业支柱产业逐渐被高技术、高附加值的新兴产业所取代，以金融、信息、科技为代表的现代服务业加快发展，从而引起三大产业间结构的调整和产业内部、企业内部的结构调整。在这种情况下，经营僵化的传统国有、集体企业经营出现困境，陷入停产、半停产境地，造成了大批职工下岗失业。传统的纺织、轻工等产业逐渐萎缩，被新兴产业所取代，这些企业中的工人由于不能适应新兴产业而失去就业机会。据统计，我国传统产

---

① 严燕飞：《结构性失业的概念界定及类型研究》，《山东教育学院学报》2003 年第 5 期。

② 《中国经济年鉴》，中国经济出版社 2003 年版，第 31 页。

业如制造业、采掘业，从 1995 年以后就业机会分别减少了 18% 和 36%；国有、集体正规部门就业人数持续减少，占全国城镇就业人数的比重从 75.7% 下降至 37.3%。①

第三，技术进步导致失业。技术进步使劳动者的需求结构与供给结构在工种、知识、技术上不相吻合而造成失业现象。科技革命、技术进步是现代社会前进的动力，而劳动者又是进步的主要载体。随着科技的进步，必然改变原有劳动力的需求结构，对教育程度和技能水平的要求不断提高。统计资料显示，1978 年我国第一产业、第二产业占从业人员的比重分别为 70.5% 和 17.3%，到 2002 年，第一、第二产业占从业人数的比重为 50% 和 21.4%。第三产业从业人数由 1990 年的 18.5% 上升为 2002 年的 28.6%，增加 9110 万个就业岗位。② 随着传统部门从业人数的急剧下降，新技术、新产业就业人数的急剧增长，对工作岗位的教育和技能水平的要求不断提高，加之传统产业不断进行技术改造和创新，不适应这种要求的人员被淘汰出局。据统计，"九五"期间，我国城镇职工中，制造业减少 1943 万人，下降幅度为 35.7%，建筑业减少 275 万人，下降幅度为 26.1%，采掘业减少 264 万人，下降幅度为 28.9%，三大行业合计减少 2482 万人，占减少总量的 79.2%。③ 科技的进步是一把双刃剑，在提高效率的同时，也加剧了结构性失业。因此，人的进步必须要紧跟科技的进步和社会的发展。

第四，知识经济发展导致失业。知识经济的到来，社会要求劳动者掌握更多的知识，加快知识更新的速度，而劳动者满足不了而产生了失业问题。在知识经济时代，知识作为第一生产要素而发挥重要作用，由此而导致新旧知识的更新速度加快，这就意味着劳动者必须及时充电，不断获取新知识，才能跟上时代发展的步伐，否则自身素质不能够满足岗位需求，将被就业岗位所抛弃。

第五，落后的观念导致失业。我国长期的计划经济体制下形成的就业观念已不适应市场经济的要求，这种落后的就业观念表现为：视初始职业为终身职业；把正规部门作为就业的唯一选择，不愿从事非正规部

---

① 胡鞍钢：《我国应实施"就业为中心"增长模式》，《经济日报》2002 年 7 月 19 日。
② 《中国经济年鉴》，中国经济出版社 2003 年版，第 38 页。
③ 《中国统计摘要》，中国统计出版社 2000 年版，第 42 页。

门工作；不能正视自身条件，对就业岗位提出过高要求。这种情况在下岗职工中较为严重，据对长春市下岗职工关于"实现再就业最好方式"的调查中，有占52.3%的人认为通过"政府企业安置"来实现再就业是最理想的途径，而只有8.5%的下岗职工认为通过"劳动力市场"是最理想的就业途径。① 这样的就业观念对于社会性弱势群体实现就业是十分不利的。

第六，劳动力流动不畅导致的失业。在市场经济中，市场功能的有效发挥，进而实现资源的优化配置有赖于生产要素的自由流动。但是，我国的劳动力自由流动受到一定的限制，这些限制表现为：一是劳动力市场分割严重，劳动力跨地区流动比较困难，市场分割主要体现在城乡之间、各地区之间。二是户籍制度束缚着我国劳动力的流动。三是各地存在的地方保护主义，也在限制着劳动力的流动。受下岗职工压力的影响，我国许多大城市为了追求就业率而采取限制外来劳动力的政策。② 这些限制对劳动力的自由流动设置了障碍，导致我国某些地区劳动力过剩与岗位空缺并存的状况。

三　收入分配政策不够合理

收入分配对社会性弱势群体具有重要影响，我国收入分配政策还有不够健全和完善的地方，导致贫富差距拉大的程度进一步加深。主要表现在：

第一，初次分配不够合理。改革开放以来，随着所有制结构的多元化，我国实行了以按劳分配为主体、多种分配形式并存的分配制度。一切能够创造社会财富的资本、技术、管理、劳动等生产要素都可以按贡献参与分配，打破了过去平均主义的大锅饭，给经济带来了巨大活力。但是，我国与市场经济相配套的收入分配制度还不够健全和完善，导致贫富差距在城乡、行业、区域和社会群体之间拉大，整个社会的利益分化加剧，主要表现在：其一，由于法制不健全和制度的不完善，一些社会的强势群体通过合法的途径影响政策的制定，扭曲公共利益，进而获

---

① 李培林、张翼、赵延东：《就业与制度变迁——两个特殊群体的求职过程》，浙江人民出版社2000年版，第56页。

② 成学真、王超：《我国结构性失业的现状、原因及对策》，《经济纵横》2005年第5期。

得合法的巨额利润。其二，少数人通过非法手段，通过偷税漏税、权力寻租、非法经营等手段，迅速积累起巨额的非法财富。据有关权威部门估计，1982 年至 1993 年，国有资产流失达 6000 亿—8000 亿元，大部分直接或间接流入个人手中。① 另据有关专家估算：仅从 1990 年至 1995 年，在土地批租中流失的国家差价收益达 4000 亿元，在基建工程、项目审批、进出口批文和一些交易采购中，行贿造成的国家和法人损失达 5000 亿元。② 其三，一些垄断企业或一些阶层利用公权力获得相对垄断地位而取得比其他行业高得多的利润，这种高收入既非按劳分配，亦非按生产要素分配，因此并没有为社会做出杰出贡献，是对社会主义分配原则的严重扭曲。据统计，1978 年至 1998 年这 20 年，全国职工平均工资增长 12.16 倍，而同期的垄断性行业如电力、煤气及水的生产和供应业、交通运输仓储及邮电通信业和金融保险业的平均工资分别增长了 12.32 倍、14.13 倍和 17.43 倍，均高于全国水平。③ 垄断企业职工收入水平高的最根本原因是垄断企业的高额垄断利润。除了高额的垄断利润，垄断企业过高收入的另一个原因是垄断企业发放高额的工资外收入。其四，对合法收入和合法财产保护力度不够，向农民乱集资、乱摊派、乱罚款、乱收费等现象屡禁不止，征地过程中侵犯农民财产权的恶性事件时有发生，拖欠农民工工资现象十分严重，弱势群体难以依靠财产性收入而实现致富。其五，劳动性收入被压低。在我国的收入分配改革中，以市场定价机制实现的按劳分配，把简单劳动与复杂劳动、熟练劳动和非熟练劳动区别开来，同时，资本、技术、管理等生产要素按贡献参与分配。由于我国的资本、技术等要素的供求短缺和简单劳动力的超量供应严重，因此，资本、技术、管理等要素的收益远远高于一般劳动的收益，这样就导致了我国劳动性收入、工资性收入占国民收入的比重偏低的状况。

第二，再分配政策不合理。我国改革首先从东部沿海地区开始，国

---

① 余惠芬：《对我国当前居民收入差距问题的若干思考》，《湖北大学学报》（哲学社会科学版）2001 年第 2 期。

② 白书祥：《正确认识和对待我国目前的基尼系数》，《经济与管理研究》2002 年第 3 期。

③ 胡静波、李立：《我国垄断行业收入分配存在的问题与对策》，《经济纵横》2002 年第 11 期。

家重点支持东部沿海地区的发展，希望通过先富带动后富。随着经济的发展，出现了区域、城乡经济发展的不平衡。但是，政府缺乏强有力手段进行调节，反而因为政策惯性，继续对发达地区进行政策倾斜。加之发达地区经济活力强，自然形成了对人才、资金的吸纳效应，造成了我国中西部地区、农村地区的人才外流、资金外流。具体来说：其一，地区优惠政策的偏差。改革开放初期，我国允许东部沿海地区率先改革，国家给予了税收、信贷、投资等优惠政策，东部地区迅速发展起来。直到1991年，国家才对内陆城市、沿江城市等实行开放，这样中西部地区失去了与东部平等发展的机会。其二，行业优惠政策的偏差。我国对一些行业实行垄断经营，比如电力、民航、铁路、金融等，这些行业获取了垄断利润，因此职工工资较高。其三，向城市倾斜的财政政策。我国的财政政策，对大中城市关注较多，而对小城镇和农村关注不够。在农村，水、电、路、医院、学校等与城市相比有较大差距。总体来说，从改革开放初期直至今日，我国的再分配资源过多地偏向于强势者，改革的成本更多推向弱势者。①

第三，税收调节机制的缺失。合理的税收制度可以起到调节贫富分化、扶助弱势群体的作用。从发达国家经验来看，征收高额个人累进所得税和遗产税，对缩小贫富差距具有重要作用。比如，个人所得税的调节，能够使社会不平等得以缩小。为防止社会财富过度集中，政府往往征收高额的遗产税，有的国家累进的遗产税最高税率达到了50%，有力地抑制了贫富分化。但是我国当前税收制度的缺陷和缺失，偏离了再分配的最初目的，拉大了社会性弱势群体与其他群体的收入差距。当前，我国税收调节机制存在的主要问题是：首先，税种不全。我国还没有设置遗产税、赠予税等税种，高收入群体税负轻，而社会性弱势群体各种乱收费和各种不合理的税收而导致税负沉重。例如，在我国农村，各种税种基本上是采用按人头分摊的办法征收的，这就使高收入者与低收入者税收额相等，必然导致农村内部税负不公。其次，税制不够合理。以个人所得税为例，我国现行的个人所得税制是在1993年建立起来的，随着个人收入的上升，我国的个人所得税收入也快速上升。个人所得税已经成为仅次于增值税、企业所

---

① 张道根：《中国收入分配制度变迁》，江苏人民出版社1999年版，第30页。

得税、营业税的第四大税种。个税起征点由 800 元提高到 1600 元，接着再提高到 2000 元，但是对于一些发达城市来说，2000 元的起征点并不能算作高收入，反而是中低收入者需要缴纳个人所得税。而经营性收入的高收入者，他们的收入来源多元化、隐性化以及工资外收入大量增加，比如股息、红利、租金、出场费等，按照现行税制，他们的收入缺乏有效监管，从而偷逃个人所得税十分普遍，出现了当前个税缴纳以工薪阶层为主的局面。例如：2001 年，我国征收的 660 亿元个人所得税中，43% 是由工薪阶层缴纳的，而占有社会财富绝大部分的高收入者所缴不足 10%。① 2004 年中国个人所得税收入为 1737.05 亿元，其中 65% 来源于工薪阶层。② 最后，征收征管不力，偷税漏税现象严重。我国的个人信息体系很不完善，无法获取个人收入的整体情况，在这种情况下，为了便于征收，我国的个人所得税采取了分类课征和代扣代缴的制度，这就给偷逃税以可乘之机。不少税务人员执法犯法，收受贿赂，造成国家税收流失。近年来根据有关研究表明，全国平均每年流失的各类税收为 5700 亿—6800 亿元，占国民生产总值的 7.6%—9.1%。③ 这种严重的税收流失现象一方面使一部分人的财富流失，使强势阶层财富急剧扩大；另一方面国家缺乏充足的财力援助弱势群体，一定程度上加大了贫富之间的差距。④

第四节　人的发展滞后

一　教育资源分配不公平

社会性弱势群体的认识能力、精神境界和知识水平的提高是其脱困的重要基础，而教育在提升该群体能力和境界方面具有重要作用。对社会性弱势群体受教育机会的剥夺，会使社会性弱势群体出现弱势的"代际遗传"，将使其改变自身处境的难度加大。当前，教育不公主要表现在：

---

① 高淑琼：《中国收入分配调节的五大难题解析》，《国民经济管理》2004 年第 1 期。
② 许凯：《个税改革：新时代版"均贫富"》，《国际金融报》2005 年 8 月 26 日。
③ 王新亚、薛凯、孙金霞、贺大为：《遏制不合理贫富差距》，2005 年 3 月 1 日，新华网（http://news.xinhuanet.com/newscenter/2005—03/01/content_ 2635305. htm）。
④ 吴忠民：《中国现阶段贫富差距扩大问题分析》，《科学社会主义》2001 年第 4 期。

第一，城乡教育投入不均等。我国教育资源的分配主要倾向于城市和重点学校，农村的教育经费、师资水平、仪器设备等资源严重不足，办学条件恶劣，校舍危房严重，管理水平落后，导致了农村教育质量低下。2003 年以前，农村的九年制义务教育经费主要靠向农民征收的"教育费附加"来维持，而城市的基础教育则是由政府承担。乡村学校往往会出现教师工资拖欠、教育经费拖欠等问题，而城市的基础教育则经费充足，教师工资待遇也较乡村教师高，这使得城乡教育水平差距不断扩大。"据国家教育发展研究中心对全国 7 省市 26 个县的抽样调查，1998 年样本县义务教育经费总支出中各级财政的教育补助专款约占 12%，县级财政约占 9.8%，78.2% 为乡村负担。乡村承担了大部分教育经费。"[①] 农村基础教育缺少有力的保障，使得原本就落后的农民更加落后。2003 年以后，政府逐步免除了义务教育阶段学杂费，农村基础教育有了一定的改善，但是义务教育阶段的均等化仍然需要继续努力。从法律上讲，享受义务教育是每个公民的权利，但是城乡分割的二元化教育格局，造成农民弱势群体不能平等接受义务教育。根据中国社会科学院"当代中国社会结构变迁研究课题组"的调查，2002 年全社会的各项教育投资是 5800 多亿元，其中用在占总人口不到 40% 的城市人口上的投资占 77%，而占总人口数 60% 以上的农村人口只获得 23% 的教育投资。[②] 当前的流动人口子女上学难就是一个焦点问题。由于我国义务教育主要由地方政府承担费用，流动人口因为没有当地户口，因而无法享受教育机会。虽然政府一再要求各地采取流动人口子女免费、就近入学的政策，但是由于各省市在义务教育的总体规划上仍然以户籍人口为标准，流动儿童仍然被排除在规划之外，流动儿童接受义务教育困难重重。

第二，义务教育资源配置失衡。教育资源配置实质上就是教育资源在教育系统内部各组成部分或不同子系统之间的分配，这既包括社会总资源对教育的分配，也包括教育资源在各级各类教育间、地区间、各级各类学校间的分配。我国义务教育阶段教育资源配置失衡主要表现为地域差距和学校差距。农村与城市义务教育的差距在我国最为典型。城市

---

① 孙宵兵、孟庆瑜：《教育的公正与利益》，华东师范大学出版社 2005 年版，第 97 页。
② 陆学艺：《当代中国社会流动》，社会科学文献出版社 2004 年版，第 132 页。

与农村相比有政策上的优势，而且资金、人才资源，源源不断地流向城市。边远农村学校的环境相当艰难，学生们只有几门课，比如语文、数学，缺乏合理的课程设置。城市里学校在小学阶段就已经开设英语，而农村学校由于缺少英语教师而不能上英语课。从硬件来看，农村学校教学和办公环境、教学仪器、图书资料、实验设备与城市相比有天壤之别。农村及经济欠发达地区教师的工资待遇、住房条件远低于城镇教师，促使农村教师向城镇地区流动，造成教师队伍不稳，骨干教师缺乏，教学质量没有保证。学校差距是指同一地区不同学校教育资源的差距。我国普遍实行重点校制度，重点校与非重点校之间教育资源悬殊。重点校师资力量雄厚，教学设备先进，而非重点校师资薄弱，教学设备落后。重点校能够对教师提供各种发展机会，工资待遇也偏高，教师队伍稳定，而且重点校还可以吸引非重点校的优秀学生，这更加巩固了重点校的优势地位。

第三，教育的高收费、乱收费。我国社会性弱势群体往往把教育作为改变后代命运的重要途径，但是子女教育费用居高不下，带给该群体很大的压力。当前，义务教育阶段免除学杂费和资助贫困生工作进展顺利，义务教育阶段的高收费问题已经基本解决，但是高中、大学阶段的高收费问题仍然引人注目。而且，各地实际存在的土政策，也给社会性弱势群体接受义务教育设置了巨大的障碍。"择校费"、"借读费"少则几千元，多则几万，甚至十几万元。这些收费对于普通社会群体都难以承受，更不用说经济条件差的社会性弱势群体了。进城务工的农民工子女因户籍制度的限制，大多无法平等地享受义务教育，他们必须缴纳一定的借读费才能进入公办学校就读。普通工人和农民在子女教育方面的投入占家庭收入的比例巨大，许多贫困家庭因子女上大学往往要倾其所有，甚至要欠债贷款。

第四，社会性弱势群体接受高等教育困难。高等教育因为涉及户籍，是社会性弱势群体改变身份、跳出"农门"和"穷门"的最重要机会。1999年之后，我国开始了高校的持续扩招，我国高等教育规模已经跃居世界首位，2009年我国高校应届毕业生达到了610万之多，高等教育实现了大众化，但是社会性弱势群体接受高等教育的状况却没有得到改善。根据《中国教育统计年鉴》的统计，农村学生占在校高中生总数的比重自1990年起持续下降：1990年所占比重为

24.1%，1995 年为 15.9%，1998 年为 14%，2002 年为 11.1%，①
进入高等院校的机会也相应下降，城镇青年获得高等教育的机会是农村青年的 3 倍之多。这种状况在重点院校中更加明显。据统计，清华大学 1998—2000 年录取的新生中，农村生源从 1998 年的 20.8% 下降到 2000 年的 17.6%；北京师范大学新生中，农村生源比例从 1998 年的 30.9% 下降到 2002 年的 22.3%。② 之所以出现这种情况，是因为接受高等教育机会的地区差异、城乡差异和阶层差异。首先，现行的招生制度导致不同地区不同群体间接受高等教育的机会相差较大。在高等教育制度安排中，通过能力本位的考试选拔来分配入学机会，一定程度上保证了学生具有平等入学的权利。但是，在各地区之间，实际的接受高等教育的机会存在巨大差别。北京的分数甚至比云南和青海等省还低，同样的分数在湖北和山东等省的考生可能连专科都上不了，而在北京却可以上重点大学。以 2007 年高招为例，北京市录取率达 73.59%，其中本科录取率达 44.61%，一批录取考生多被北大、清华、人大等知名院校录取。而湖南省的录取率为 54.9%，其中本科录取率仅为 25%，且分散在全国 1400 多所院校。可以看出，北京与湖南的本科录取率差别近一倍。这样的做法实际上维护了强势地区和强势群体的利益，而剥夺了大部分地区和大部分考生接受高等教育的平等机会，拉大了贫富差距。其次，城乡二元结构的现状导致城乡学生在接受高等教育的层次上严重失衡。城市学生高考入学机会大大高于农村学生，农村学生在高等教育系统中的分布，主要集中在相对薄弱的地方院校，主要分布于农林、军事、教育等收费较低的学科，他们中许多人处于贫困状态。随着学历的提高，城乡间的差距存在逐渐拉大的现象。最后，不断拉大的贫富差距造成不同阶层接受高等教育机会上新的不平等。在选择性的高等教育阶段，个人高等教育选择权利的实现，在一定程度上受到个人所属社会阶层所占有的社会资源条件的间接影响。一般来说，处于社会上层的国家与社会管理者和专业技术人员阶层子女，大多数就读于部属重点高校和公立普通本科院

---

① 《中国教育统计年鉴》，人民教育出版社 1990、1995、1998、2002 年版。

② 卫宏：《进高校的机会不及城镇生源 1/3，农村教育危机重重》，《中国青年报》2004 年 10 月 26 日。

校；拥有较多经济资源的经理人员、私营企业主和个体工商户阶层子女，在民办高职院校和独立学院中拥有较多的入学机会；而对于工人、农民、商业服务业者等劳动者阶层的子女来说，他们大多只能进入地方公立高职院校。据调查，在部属高校中，国家与社会管理者、经理人员、私营企业主和专业技术人员这四个社会较高阶层的子女高等教育机会为平均数的2—6倍。①

二 个体素质低

经济、政治、社会等方面对社会性弱势群体的排挤是其陷入困境的外因，而社会性弱势群体个体的素质则是其内因。

（一）弱势文化

美国人类学家刘易斯曾提出过"贫困文化"的概念，刘易斯认为，贫困文化是一种生活方式，这种生活方式对该群体的成员具有社会心理的影响。这里的"贫困文化"是一种社会亚文化，这种亚文化自暴自弃、宿命悲观、不求上进，它是一种消极的文化，它的存在只是为了维持贫困的状态。当然，我国的社会性弱势群体与欧美发达国家的"贫困文化"有所区别，它主要表现为观念的陈旧、落后、自卑心理、封闭、害怕竞争、面子心理、逆反心理等。

第一，安于现状，不思进取。我国传统文化中的小农意识、封闭观念、平均主义等对社会性弱势群体具有一定影响，他们固守一地，害怕竞争，对外部世界茫然无知，他们无法通过激烈的竞争获得更多资源，从而逐渐被社会所淘汰。

第二，落后的教育观念。教育是我国弱势群体向上流动的最重要途径，教育不仅能够提高人的素质，增强参与社会竞争的自信心和竞争力，而且可以从根本上改变人的身份，从而绕开当前存在的社会排斥。但是，在社会性弱势群体中，存在一部分人不重视教育，教育投入较低，一些社会性弱势群体子女学习不够刻苦，厌学、逃学，有的家长为了减轻经济压力而使孩子过早地辍学，从而造成了该群体的文化弱势和低素质状况。

---

① 郭涛、王伟宜：《不同社会阶层子女高等教育机会差异研究》，《科技与教育》2007年第7期。

第三，择业过程中逃避竞争。一些下岗失业人员存在依赖心理，害怕竞争，害怕失去最低生活保障，害怕家人生病或出事，片面追求稳定的工作，牢骚满腹而不愿干苦活、累活。

第四，自卑自负，眼高手低。一些社会性弱势群体他们心理脆弱，因为自卑反而表现得自负，喜欢吹嘘自己的不凡，他们无力应对现实的考问，于是用所谓"曾经辉煌"、"文化追求"、"个性"等为自己寻找托词。下面是记者对社会性弱势群体之一的城市流浪者群体的实地调查：

> 在眼镜城门口的流浪者中，有一个老年人能说一口流利的普通话，带着京腔。大家都管他叫"老北京"。"老北京"60多岁，穿着一件黄色的T恤，花白的头发，爱喝酒，别的流浪汉老叫他"酒鬼"。
>
> "老北京"说话的时候总是笑着，他乐意给我们讲述流浪汉的故事，流浪汉的辛酸。
>
> "老北京"自称祖籍北京门头沟，父亲是南下干部，于是举家搬到长沙。说得兴起，他还会冒出几句长沙话来。他自称父亲在世时是湖南煤炭部门的高官，他的母亲仍健在，住在他姐姐家里。"老北京"称还有一个女儿，去年刚从大学毕业，是湖南人事部门的公务员。
>
> "老北京"还自称曾是清华大学机械工程系的工农兵大学生。毕业后来到了湖南省一家国有的煤炭企业当技术员。1984年，他辞职下海，卖槟榔，赚了钱。1987年，他和湖南株洲的一家企业合作倒卖钢筋赚了大钱。
>
> "老北京"说的这番光辉的过去，总让人觉得他在吹牛，在撒谎。然而，人们似乎无法从他的话中找到一丝破绽。也许这是一个已经说了千百次、完善了千百次的故事。①

我们发现他们中有不少人不思进取，生活在虚构的谎言中，可怜而

---

① 柯学东、李勇、杜安娜、廖杰华：《城市流浪者生存状况调查》，2007年3月20日，新浪网（http://news.sina.com.cn/c/2007—03—20/002712557474.shtml）。

可悲。

还有一种弱势文化是好面子、充大款，精神生活贫乏。据有关媒体报道，如今春节返乡农民工赌博和拆迁暴富的农民赌博问题十分突出。

> 赌博，在豫北不少城镇和农村，这是近年来春节的消遣方式。表哥说，前几年回老家，牌打得还没有这么大，输赢也就几百元，现在动辄上万元，他眼见一个人一晚上输了八千，钱包掏空了还要借钱继续打。
>
> 这样的赌法，实在令人咋舌。一来不可能一年365天，天天有工打、有钱拿，收入先要打折扣，二来让血汗钱在牌桌上打水漂，既可气又可惜。给自己增加经济和心理负担，影响家庭和睦，滋生牌桌赌债纠纷等，种种后果也都是显而易见的。
>
> 返乡农民工热衷赌博，原因不外乎显富心态和精神文化生活贫乏两方面。农民工平时分散在不同城市，很多人只有春节回乡才能见上面，为了显示自己混得好、挣钱多，有些人就拼命在牌桌上下赌注，甚至豁出一整年的血汗钱，唯恐丢了面子。
>
> 另一方面，农村精神文化生活贫乏也是不可忽视的客观环境。对精力旺盛的年轻人而言，除了看电视、打电脑游戏，几乎没有别的休闲方式。打牌这种流行于留守中老年人之间的消遣，被年轻人借鉴并放大了。①

（二）个人能力上的不足

社会性弱势群体的文化、技术素质，使得他们在市场竞争中处于弱势。我国的劳动者数量十分庞大，但符合岗位需要的劳动者比重不大。我国劳动者队伍当中中级和高级工人缺乏，工人中高级技工比例不到4%，初级技工比例却高达80%，1.3亿—1.5亿的农民工教育素质低下，缺乏基本的职业培训。表1—5、表1—6是农民工教育程度和就业培训情况的调查结果。②

---

① 《返乡农民工热衷赌博，为了面子宁肯输掉整年血汗钱》，2013年2月13日，新华网（http://news.xinhuanet.com/local/2013—02/13/c_ 114673510. htm）。

② 王春兰、袁红霞：《农民工城市生活状况的调查》，《统计观察》2005年第12期。

表1—5　　　　　　　　外出务工农民受教育程度的调查统计

教育程度	百分比（%）	排序
小学及以下	21.8	3
初中	52.3	1
中专及高中	22.1	2
大专及以上	3.8	4
合计	100	

表1—6　　　　　　　　外出务工农民就业前的培训情况统计

就业前的职业培训情况	百分比（%）	排序
没有接受过职业培训	59.32	1
接受过职业培训	40.68	2
合计	100	

　　从表1—5、表1—6可以看出，进城农民工整体教育素质低下，74.1%的农民工受教育水平在初中以下，大多数就业前缺乏职业培训。这就使得农民工大多从事技能简单、待遇低下、环境恶劣、工资待遇较低的工作，如建筑业、采矿业、简单制造业、餐饮服务业等。这些工作可替代性高，受季节性影响容易成为城市的季节性失业人口。① 社会性弱势群体的文化观念的误区和个体能力上的不足往往是互为因果的，因为个体能力不足而自暴自弃、保守封闭，接着因为保守而丧失锻炼的机会从而更加怀疑自己的能力。同时应该看到，文化观念是一定的经济社会状况的派生物，不应把社会性弱势群体的个人素质因素绝对化，人的素质是可以改变的，要在社会性弱势群体的脱困中改变。

---

　　① 李迎生：《社会转型加速期的弱势群体问题：特点及其成因》，《河南社会科学》2007年第5期。

第二章 中外思想家关于社会性弱势群体问题的理论梳理

第一节 我国传统文化中有关社会性弱势群体的思想

我国传统社会是一个以伦理为本的社会，伦理社会将人与人的和谐、有序关系作为根本目的来看待，而不仅是当作不得不为之的手段。对于这样的社会来说，有关仁爱、民本、人道、大同等关心社会弱者的思想就特别丰富，为我们解决社会性弱势群体问题提供了很好的启示。

一 大同思想

（一）大同思想的内涵

大同思想是我国传统文化中的一种重要思想，它植根于中华民族灵魂深处，是中华民族千百年来念兹在兹的美好境界，对我国经济、政治、文化产生了深远的影响。在古代，"大同"的含义有四种：其一，天地万物融合为一。《庄子·在宥》中说："颂论形躯，合乎大同，大同而无己。"其二，战国至汉初儒家学派提出的一种理想社会的构型，与小康社会相对。《礼记·礼运》中说："大道之行也，天下为公，选贤与能，讲信修睦。故人不独亲其亲，不独子其子，使老有所终，壮有所用，幼有所长，鳏、寡、孤、独、废疾者皆有所养，男有分，女有归。货恶其弃于地也，不必藏于己；力恶其不出于身也，不必为己。是故谋闭而不兴，盗窃乱贼而不作，故外户而不闭，是谓大同。"其三，指国家统一。北宋颜之推在《颜氏家训·风操》中说："今日天下大同，须为百代典式，岂得尚作关中旧意？"王利器集解："当时隋时而言，隋统一天下，结束南北对峙局面，故云'大同'。"其四，大体相同。《汉书·西域传上·大宛国》："自宛以西至安息国，虽颇异言，然大同，自相晓知也。"① 从以上四种含义可以看出，第一种含义是从哲学角度而言；第二种含义是从社会学的角度说的，表达了一种社会理想；第三种含义，指的是大一统；第四种含义只是习惯用语而已。我们平常所说的"大同理想"主要是指第二种意思。

古代社会的大同理想，是儒家人文精神的最高依托，同时也包含了老子、庄子、墨子的有关思想。中国古代的大同思想，既包括了《礼运》中的大同思想，同时也包含了老子的"小国寡民"和庄子的"至德之世"思想，以及墨子的"尚同"、"兼爱"思想。② 中国古代的大同思想，尽管流派众多，但还是以儒家的大同思想最为经典，而其理论的开创者首推孔子。孔子提出了"大道之行也，天下为公"的理想，进而《礼记·礼运》通过精辟的语言，概括了孔子的大同理想，描绘了大同社会的基本范式和基本内涵：第一，天下为公，以人为本。社会的一切都是为了人，人应该得到生活的保障。人在幼年的时候，可以很好地成长；人到了中年的时候，有所作为；人到了老年的时候，有很好的归宿；各种社会弱势群体，如残疾人、孤寡者都能得到照顾。整个社会成员各尽所能，各得其所，和谐相处。第二，天下为公，公平公正。人人平等，人人自由，社会财富人人共享。第三，天下为公，博爱无私。在人伦关系上，人与人相亲相爱，博爱世人。孔子大同理想社会的基本范式，核心是"公"和"平"二字。

（二）大同理想在近代的回响

大同思想堪称中国古代的"社会主义"，它在各个历史时期都有广泛的回响。如西晋陶渊明的《桃花源记》，那里景色优美，人与人之间关系简单、质朴，体现了劳苦大众作为弱势群体对美好生活的向往和追求。到了近代，中华民族因闭关锁国、相对落后而备受欺凌，这不断激发近代以来的仁人志士为建立美好的社会而努力，他们在向西方寻找真理的过程中，结合中国国情，纷纷提出了富有时代特色的"大同"理想，代表性的人物有康有为、谭嗣同、梁启超、严复、孙中山等。

---

① 汉语大词典编纂处、罗竹风主编：《汉语大词典：第二卷》（下），汉语大词典出版社1986年版。

② 行月：《中国古代大同思想源流管见》，《南京大学学报》（哲学社会科学版）1984年第2期。

　　康有为的大同理想是中国有史以来最为绚丽的关于未来社会的构想。他在《大同书》里描绘了一个自己心目中的理想社会。这个社会是中国古代理想社会和现代高度发达的生产力的结合品。康有为的大同社会具有几个特征：一是生产资料公有制。康有为首先分析了生产资料私有制的种种弊端，他说："农不行大同则不能均产而有饥民"，"工不行大同则工党业主相争，将成国乱"，"商不行大同则人种生诈性而多余货以殄物"。① 康有为在考察了西方资本主义国家因财产私有而带来的垄断压迫和人们生活的极端贫困后，他坚信高度发达的生产力并不一定能够保证人们的生活安乐，必须要实行公有制，"近欲致大同，必去人之私产而后可；凡农工商之业，必归之公。举天下之田地皆为公有，人无得私有而私买卖之"②，"使天下之工必尽归于公，凡百工大小之制造厂、铁道、轮船皆归焉，不许有独人之私业矣"③。二是注重人权平等。他虽然没有明确提出消除阶级对立的概念，但他主张废除一切等级制度。康有为所理解的平等，包括人们对生产资料占有的平等，工农差别、城乡差别的消失，劳动权力的平等以及按照能力、贡献有所差别的工资制度的平等。④ 三是实现男女平等。康有为认为，在"升平世"的时候，要实现女权彻底独立。康有为依据西方启蒙学者关于"天赋人权"的学说，强调"人者，天之所生也，有是身体，即有其权利。侵权者谓之侵天权，让权者谓之失天职"。他强烈反对封建的伦理纲常，他认为妇女数量为天下之半，女权独立，是实现人权平等、人格自由至关重要的一环。当女权完全独立的时候，即可改变婚姻制度。大同社会，婚姻皆由本人自择，情志相投，乃立合约。四是大同之时，教育成为社会发展的主要动力。"太平世以开人智为主，最重学校。自慈幼院之教至小学、中学、大学，人人皆自幼而学，人人皆学至二十岁，人人皆无家累，人人皆无恶习。图书器物既备，语言文字同一，日力既省，养生又备，道德一而教化同，其学人之进化过今不止千万倍矣。"⑤ 这样，康有为设置了蒙学院、小学院、中学院、大学院的系统教育体系。

----

① 康有为：《大同书》，辽宁人民出版社1994年版，第272—275页。
② 同上书，第280页。
③ 同上书，第287页。
④ 李子文：《论康有为的大同思想》，《史学集刊》2001年第4期。
⑤ 康有为：《大同书》，辽宁人民出版社1994年版，第227页。

经过系统、完备的教育，大同之世的公民就会成为既有专门知识，又有高尚品德的人。①

　　谭嗣同、梁启超、严复等人受康有为思想的影响，也提出了"大同"社会的主张。谭嗣同作为康有为的"私淑弟子"，受到了康有为的巨大影响，他由此写出《仁学》一书，该书提出了激进的平等主义的主张。梁启超评论《仁学》的宗旨说："《仁学》何为而作也？将以广大南海之宗旨，会通世界圣哲之心法，以救全世界之众生也。南海之教学者曰：'以求仁为宗旨，以大同为条理，以救中国为下手，以杀身破家为究竟。'《仁学》者，即发挥此语之书也。而烈士者，即实行此语之人也。"② 谭嗣同发挥了大同理想，将西方的自由、民主理念与大同理想相结合，他说："君主废，则贵贱平；公理明，则贫富均。千里万里，一家一人。视其家，逆旅也；视其人，同胞也。父无所用其慈，子无所用其孝，兄弟忘其友恭，夫妇忘其唱随。若西书中百年一觉者，殆仿佛《礼运》大同之象焉。"③ 可以看出，谭嗣同所构想的理想社会，是一个天下太平、人人平等的理想社会。作为康有为的嫡传弟子，梁启超也提出了自己的大同理想。他在《君政民政相嬗之理》中提出了民权代替君权的理论，他将康有为的公羊三世说与西方资产阶级理论相结合，认为人类社会将会以如下发展规律演进：一是多君为政世，二是一君为政世，三是民为政之世。多君世配据乱世，一君世配小康升平世，民政世配大同太平世。严复作为早期深入了解西学的代表人物，他积极主张西学中用，以实现大同理想。多年的英国生活，使严复对西方社会状况有了深入的了解，他不仅认识到西方的政治文明有其独到之处，而且他也能够看到，西方社会贫富分化严重，作奸犯科、颠沛流离之民，与落后国家并无二致。为了医治这些弊病，就要"鼓民力，开民智，新民德"。

　　凝聚着孔子理想的"天下为公"、"大同"等词语，也为孙中山所关注，大同社会成为孙中山阐述其理想社会的理论根据。孙中山理解的大同，既指天下大同，即全世界各国融合相处，也指社会大同，即一国

---

① 裴艳：《中国历史上的大同思想》，硕士学位论文，东北财经大学，2004 年，第 23 页。

② 梁启超：《仁学序》，载《谭嗣同全集》，上海古籍出版社 1998 年版，第 373 页。

③ 谭嗣同：《谭嗣同全集》，上海古籍出版社 1998 年版，第 367 页。

之内，实行民有、民享、民治，建立高度的和谐社会。他在《建国方略·心性建设》中说："人类进化之目的为何？即孔子所谓'大道之行也，天下为公'"，"化现在之痛苦世界而为极乐之天堂者是也"。① 孙中山的大同理想以三民主义为基础，他把民生问题作为经济的中心、政治的中心、实现大同理想的中心。孙中山将民生主义与大同主义画等号，也将民权主义与大同主义画等号。他强调民生主义是孔子的大同主义，也强调民生主义是社会主义、共产主义。② 他在 1924 年的《三民主义·民生主义》演讲第一讲中，开宗明义便说："民生主义就是社会主义，又名共产主义，即是大同主义。"③

孙中山将社会主义等同于大同主义，这一观点为许多人所认可。如李石曾就说："社会主义者，无自私自利，专凭公道真理，以图社会之进化，无国界，无种界，无人我界，以冀大同；无贫富，无尊卑，无贵贱，以冀平等；无政府、无法律、无纲常，以冀自由。其求幸福也，全世界人类之幸福，而非限于一国一种族也。故社会主义者，无自私自利也，吾敢断言曰，至公无私之主义也。"④ 中国社会党江亢虎也说："社会主义者，大同之主义，非差别之主义。不分种界，不分国界，不分宗教界，大公无我，一视同仁，绝对平等，绝对自由，绝对亲爱。若党同伐异，流血相寻，民族之革命，国际之战争，教团之仇杀，皆社会主义所不取也。惟对于强权无限者，为富不仁者，则人道公敌也，必一致反抗之。"⑤

为什么李石曾等无政府主义者、江亢虎等社会党人和孙中山为代表的国家社会主义者在宣传社会主义的时候，都把它与大同主义联系起来呢？关键在于我国历史上的大同思想已经深深感染了这些有志建立完美社会的思想家，当他们一接触到社会主义的时候，都自然因它与大同主义的相似特征而感到亲切。⑥

---

① 孙中山：《孙中山全集》第 6 卷，中华书局 1985 年版，第 56 页。
② 黄明同：《孙中山大同社会建设蓝图及其启示》，《广东社会科学》2006 年第 5 期。
③ 孙中山：《孙中山全集》第 2 卷，中华书局 1982 年版，第 524 页。
④ 李石曾：《革命》，载《无政府主义思想资料选》（上册），北京大学出版社 1984 年版，第 168 页。
⑤ 林代昭：《马克思主义在中国》（上），清华大学出版社 1983 年版，第 284—285 页。
⑥ 臧世俊：《大同思想与中国社会主义思潮》，《学术研究》1993 年第 5 期。

二　仁爱思想

（一）仁爱思想的内容

儒家"仁爱"思想博大精深，孔子说："仁者，人也。"① 仁是人之为人的标准和根本需要。许慎在《说文解字》中说："仁，亲也，从人，从二。"这说明仁从根本上是人与人之间的亲爱关系。

"仁"字在孔子所处的时代以前已经出现过。《诗经·郑风》中说："叔于田，巷无居人。岂无人？不如叔也，洵美且仁。"《尚书·金縢》中说："予仁若考，能多才多艺，能事鬼神。"到了春秋时期，《左传》、《国语》中多次出现"仁"字。孔子集合了前人的思想，以仁为核心构建起一个博大的思想体系。

"仁"的内涵是什么？孔子并没有给出确切而单一的定义，根据学术界的研究成果，比较一致的观点是：以"爱"释"仁"。具体的根据是《论语·颜渊》："樊迟问仁，子曰：爱人。"和《孟子·离娄下》："仁者爱人。"儒家的"仁爱"思想主要包括"亲亲"、"仁民"和"爱物"三个方面，从"亲亲"到"仁民"再到"爱物"体现了仁爱范围的不断扩展。

第一，"亲亲"是仁爱的第一步。孔子认为，"爱人"是每一个人应尽的义务，具有普世性。爱人是以爱自己的亲人为起点的。"君子务本，本立而道生，孝悌也者，其为仁之本与"②，"君子笃于亲，而民兴于仁"③。孟子也说"亲亲，仁也"④，"仁之实，事亲是也"⑤。"亲亲"是"行仁之本"，孝与悌是仁的根本内容。

什么是"孝"？"善事父母为孝"。那么，何为善事父母呢？孟子说："世俗所谓不孝者五：惰其四支，不顾父母之养，一不孝也；博弈好饮酒，不顾父母之养，二不孝也；好货财，私妻子，不顾父母之养，三不孝也；从耳目之欲，以为父母戮，四不孝也；好勇斗狠，以危父

---

① 《论语·中庸》。
② 《论语·学而》。
③ 《论语·泰伯》。
④ 《孟子·尽心上》。
⑤ 《孟子·离娄上》。

母，五不孝也。"① 从孟子的话语来看，当然最基本的要求是物质方面的供养，但是，"孝"的含义更重要的是精神上的尊重和敬爱之情。孔子说："今之孝者，是谓能养，至于犬马，皆能有养，不敬，何以别乎？"② 除了物质供养和精神上的尊敬外，"孝"还体现为对父母的顺从。孔子说："事父母几谏，见志不从，又敬不违，劳而不怨。"③ 什么是"悌"？善事兄长就是悌。兄长应该爱护弟弟，弟弟应该尊重兄长，听从兄长的教诲。

"亲亲"是仁爱的起点，"不爱其亲而爱他人者，谓之悖德"④，意思是说，一个人首先是爱自己的父母兄弟，然后才会真诚地爱他人。

第二，"泛爱众"是在"亲亲"的基础上，对仁爱精神的展开。"爱人"首先是指爱氏族部落内部除父兄以外的成员，并没有超出血缘关系。但从"亲亲"到"爱人"，实现了伦理上的升华。孔子不仅要求将仁爱扩展到氏族内部成员之间，还要求将"仁爱"行于天下。樊迟问仁，子曰："居处恭，执事敬，与人忠，虽之夷狄，不可弃也。"⑤ 孔子主张将仁爱行于夷狄，是仁爱思想的重要进步。孟子在孔子的基础上提出了"仁政"学说，他认为，只有仁政，才能王天下、保社稷，孟子说："三代之得天下也以仁，其失天下也以不仁，国之所以废兴存亡者亦然。天子不仁，不保四海；诸侯不仁，不保社稷；卿大夫不仁，不保宗庙；士庶人不仁，不保四体。"⑥ 他认为，君爱护百姓，推恩于民，民才会对国君感恩戴德。

（二）性善论是仁爱思想的基础

儒家仁爱思想的立论基础是对人性的考问。在人性善恶问题上，儒家学说具有明显的"人性善"的倾向。作为儒家的开创者，孔子对于"人性善"并没有给出明确的结论，但他的倾向性是非常明显的。这种倾向性首先可以从孔子对"德"的强调看出，子曰："子欲善而民善矣。君子之德风，小人之德草。"⑦ "为政以德，譬如北辰居其所而众星

① 《孟子·离娄下》。
② 《论语·为政》。
③ 《论语·里仁》。
④ 《孝经·圣治章》。
⑤ 《论语·子路》。
⑥ 《孟子·离娄上》。
⑦ 《论语·颜渊》。

共之。"① 孔子还说"天生德于予",即上天把德赋予我。众所周知,天是道德的确证,古人将天视为至善,而天人是同构的,天人是感应的,那么,人性很自然地就应该是善的。因此,孔子说:"为仁由己,而由人乎哉?"② "仁远乎哉?我欲仁,斯仁至矣。"③ 这些都表明,孔子是主张性善论的。

孟子是明确提出"性善论"的儒家代表人物。孟子首先通过反驳告子"性无善无不善"的观点而确定人性是有善恶的。告子曰:"性犹湍水也,决诸东方则东流,决诸西方则西流。人性之无分于善不善也,犹水之无分于东西也。"告子通过水的比喻,论证说人性就像水一样,在河堤东面开口就往东流,在西面开口就往西流。孟子对此反驳说:"水信无分于东西。无分于上下乎?人性之善也,犹水之就下也。人无有不善,水无有不下。"④ 孟子在这里用了水这样一个绝妙的比喻,水可能会由于各种原因而暂时向上,如有人击水、抽水等,就像人可能暂时为恶一样,但水终归是自然向下流的,就像人性向善一样。

当然,水的比喻只是一种形象化的手段而已,要想真正论证出性善论还需要扎实的论据。孟子用的是一个经典的例子,"孺子入井"的例子。"今人乍见孺子将入于井,皆有怵惕恻隐之心,非所以内交于孺子之父母也,非所以要誉于乡党朋友也,非恶其声而然也,由是观之,无恻隐之心,非人也;无羞恶之心,非人也;无辞让之心,非人也;无是非之心,非人也。恻隐之心,仁之端也;羞恶之心,义之端也;辞让之心,礼之端也;是非之心,智之端也;人之有是四端也,犹其有四体也。"⑤ 通过这个例子,孟子无可辩驳地论证出人皆有不忍人之心,这就是人性善的证据。恻隐之心、羞恶之心、辞让之心、是非之心是普遍性的、先天的、纯粹的善端,是人本性中先天就存有的趋向。

与孟子明确的性善论相比,荀子提出的"性恶论"引起了较大的思想困惑。荀子说:"今人之性,生而有好利焉,顺是,有争夺生而辞让亡焉;生而有疾恶焉,顺是,有残贼生而忠信亡焉;生而有耳目之欲,

---

① 《论语·为政》。
② 《论语·颜渊》。
③ 《论语·述而》。
④ 《孟子·告子上》。
⑤ 《孟子·公孙丑上》。

有好声色焉，顺是，故淫乱生而礼义文理亡焉。然则从人之性，顺人之情，必出于争夺，合于犯分乱理而归于暴。"① 通过这段论证，提出了他的"性恶论"。但是，值得注意的是，荀子的性恶论与孟子的性善论并不构成对立，因为孟子性善论之"性"是指人之为人的"本质"，而荀子的性恶论之"性"是指人的"自然欲望"，他们的观点并不矛盾。他们都主张人应该向善，人也可能向善。只是孟子更相信人的自觉行动，而荀子更相信外在的约束。他说："枸木必将待隐栝蒸矫然后直，纯金必将待砻厉然后利。……古者圣王以人之性恶，以为偏险而不止，悖乱而不治；是以为之起礼义法度，以矫饰人之情性而正之，以扰化人之情性而导之也；使皆出于治，合于道者也。今之人，化师法，积文学，道礼义者为君子，纵性情，安恣睢，而违礼义者为小人。"②

宋代大儒朱熹在性善论的基础上提出了天命之性与气质之性的区分，但是二者之中本质为善的天命之性却是根本所在。"在朱熹看来，天命之理流行于天地间，恒常不已，无有片刻间断，人与万物皆享此天道天理以生，故人与物都具此无恶纯善之性。而人作为万物之灵，不仅要受此天道天理为性，而且能继复而呈现此天理此'无有不善'之性，此亦所谓'继之者善也，成之者性也'。"③ 经过儒家持续不断的坚持，至宋朝，在启蒙读本《三字经》中，"人之初，性本善"已经成为人人皆知的常识。

（三）仁爱思想的实践之道

如前所述，仁爱思想在家庭内的实践体现在"孝悌"二字上，而要将仁爱推广到整个社会，"泛爱众"要掌握的基本原则就是"忠恕之道"。

忠恕之道被称为"为仁之方"。朱熹说："尽己之谓忠，推己之谓恕。"④ 所谓"忠"，是从积极方面来考虑，即"己欲立而立人，己欲达而达人"⑤，意思是说，自己追求什么，也就帮助别人追求什么。所谓

---

① 《荀子·性恶》。

② 同上。

③ 郭齐勇：《中国哲学史》，高等教育出版社2006年版，第276页。

④ （宋）朱熹：《论语集注》，中国社会出版社2013年版，第23页。

⑤ 《论语·雍也》。

"恕",就是从消极方面来考虑,即"己所不欲,勿施于人"。① 也就是要求人设身处地为别人着想,其基本精神是视人如己的同情心。不仅如此,恕还要求自己的言行要符合道德的途径、方法。《大学》中说:"所恶于上,毋以使下;所恶于下,毋以事上;所恶于前,毋以先后;所恶于后,毋以从前;所恶于右,毋以交于左;所恶于左,毋以交于右。此之谓絜矩之道。"② 絜矩就是用法度度量事物,以内心感受衡量他人、理解他人,从而使自己遵循道德规范要求。这种絜矩之道与忠恕之道有着相同的实质。③

在家庭之中,因为有深厚的情感基础,孝悌之道就非常容易理解和接受。在社会之上,因为有不忍人之心的共同情感体验,因此忠恕之道也能够理解和接受。但是,社会是复杂的,而恶的破坏力是惊人的,要想真正在社会上实现"仁爱",必须要"礼"的规范。

儒家非常强调"仁"与"礼"的结合,"颜渊问仁,子曰'克己复礼为仁,一日克己复礼,天下归仁焉'。"④ 仁是礼的内在基础,礼是仁的外在表现。"知和而和,不以礼节之,亦不可行也。"⑤ 儒家对礼做了全面而深入的探讨,形成了一整套理论体系。如"五伦之礼":父子有亲,君臣有义,夫妇有别,长幼有序,朋友有信。

综上所述,孔子教导人要设身处地为他人着想,要宽怀地包容他人。孟子以"不忍人之心"为仁的起点和根据,把爱护生命当作至仁,谴责滥杀无辜。他们的仁爱思想蕴含着丰富的关注、体恤、帮助弱势群体的思想。我国古代的统治者也注重扶助弱势群体。如早在周朝时期,就推行"慈幼、养老、振穷、恤贫、宽疾、安富"六政。汉朝也推出了"社仓"的举措。这些举措对于改善弱势群体的处境具有一定意义。

三 民本思想

中国的"民本"思想是古代王者、君主、官员基于对统治经验的总

① 《论语·卫灵公》。
② 《大学》。
③ 王晓飞:《先秦儒家"仁爱"思想及其价值研究》,硕士学位论文,山东师范大学,2011年,第21页。
④ 《论语·颜渊》。
⑤ 《论语·学而》。

结和对民情民意作用的感知而形成的"民为邦本"的理念。我国的民本思想萌发于殷商，定格于西周，儒家创始人孔子进行了初步的系统化，后孟子在孔子的基础上发展为仁政学说，之后从汉代直到明清，整个中国的政治传统始终渗透着民本思想。

（一）先秦时期的民本思想

商周时期的民本思想主要见于《尚书》、《诗经》等典籍。《尚书》中有不少民本思想的具体表述，包括安民、惠民、关注民意和以民为鉴等内容。"安民则惠，黎民怀之。"① "民之所欲，天必从之。"② "天视自我民视，天听自我民听。"③ "人无于水监，当于民监。"④ 殷周时期是处于从蒙昧向理性逐渐过渡的时期，随着社会的发展，人民群众的作用开始显现，民本思想也开始萌芽。这主要体现为"敬德保民"思想的提出。尤其是武王伐纣这样的天翻地覆的事件之后，在统治者和思想家那里，"小民"的作用得到了重视。周公朦胧地认识到，是民众的力量帮助周朝取得了伐纣的胜利。周公因此升华了"德"在政治中的地位，提出了"以德配天"和"敬德保民"的思想。德是天意的阐述，王朝的兴衰系于德。"天视自我民视，天听自我民听"，"德惟善政，政在养民"⑤，只有德惠百姓，才能获得民心。周公认为，为了维护周朝统治，"保民"是一方面，而另一方面还要做到"慎罚"。所以"敬德保民，明德慎罚"就成为西周历代统治者的指导思想。

从春秋时期开始，以民为本的思想丰富发展起来。据《左传·襄公三十一年》记载，穆叔引《尚书·大誓》说："民之所欲，天必从之。"这个时期，作为当权者，要充分考虑和满足"民"的要求已经成为政治的常识。如对于季氏逐鲁昭公一事，乐祁就认为是鲁昭公咎由自取，史墨则说："民忘君矣，虽死于外，其谁矜之?"⑥ 也就是说，君之为君的标准是是否得民。

"民本"范畴，最早出现于《管子·霸言》："夫霸王之所始也，以

---

① 《皋陶谟》。

② 《尚书·泰誓》。

③ 同上。

④ 《尚书·酒诰》。

⑤ 《尚书·大禹谟》。

⑥ 《左传》，中华书局 2011 年版，第 184 页。

人为本。本理则国固，本乱则国危。"① 管仲的"民本"思想具有丰富的内容。《管子·牧民》说："政之所兴，在顺民心。政之所失，在逆民心。"同时，管仲还认为："民不足，令乃辱；民苦殃，令不行。"② 可以看出，管仲十分重视经济基础对法令实行的作用，他提出了著名的"仓廪实而知礼节，衣食足而知荣辱"的论断。《管子》的"以民为本"的思想显然是很高明的。它看到了民众力量的伟大，这种力量关系到国家兴衰、君权强弱。强调"与民为一体"，将君王、统治阶级的利益寓于民众的普遍利益之中。

孔子继承了周公"敬德保民"的思想，将民本作为德政的重要内容。孔子的"仁者爱人"的思想推广到政治上，就是要实行仁政，孔子提出了"为政以德"学说，他说："为政以德，譬如北辰，居其所而众星共之。"③ 孔子强调为政以德的目的是赢得民心。《论语·颜渊》："子贡问政。子曰：'足食，足兵，足信之矣。'子贡曰：'必不得已而去，于斯三者何先？'曰：'去兵。'子贡曰：'必不得已而去，于斯二者何先？'曰'去食。自古皆有死，民无信不立。'"从这里可以看出，孔子将"民之信"作为为政的根本，也就是将民众作为国家的根本。

孟子在列国争霸的情势下，继承、发展了孔子的仁政思想精髓，明确提出了"仁政"的治国方略。孟子讲民本，其落脚点在于王道。他说："黎民不饥不寒而不王者，未之有也"④，"保民而王，莫之能御也"⑤。孟子强调，只要实行仁政，使民众"中心悦而诚服"，就会自然而然成就王道。孟子认为，国有三宝：土地、人民、君主。土地是承载万民的基础，而人民与君主相比，民为贵，君为轻。他说："民为贵，社稷次之，君为轻。"⑥ 孟子的民本主义思想是他的政治思想的核心。孟子特别注重"制民恒产"，他说："民之为道也，有恒产者有恒心，无恒产者无恒心。苟无恒产，放辟邪侈，无不为己。及陷乎罪，然后从而刑之，是罔民也。"⑦

---

① 王成：《先秦民本思想与当代民主精神之会通》，《山东社会科学》2008 年第 9 期。
② 《管子·版法》。
③ 《论语·为政》。
④ 《孟子·梁惠王》。
⑤ 同上。
⑥ 《孟子·尽心下》。
⑦ 《孟子·滕文公上》。

孔孟之后，民本主义学说一直在儒家理论中占据重要地位。战国时期的儒家代表人物荀子进一步发挥了儒家的民本思想。荀子认为："天之生民，非为君也。天之立君，以为民也。"① "用国者，得百姓之力者富，得百姓之死者强，得百姓之誉者荣。三得者具而天下归之，三得者亡而天下去之。"② 荀子的民本思想的主要内容体现在养民、教民、富民上。"静兵息民，慈爱百姓"、"不富无以养民情，不教无以养民性"③，这些都体现了荀子的民本思想。

（二）汉朝的民本思想

汉王朝建立之初，刘邦实行"修养生息"，采用黄老之术治理国家，并且基本上继承了儒家创始的王道仁政治国之道，延续了此前的民本主义思想轨迹。其中代表性的人物是贾谊。贾谊是汉朝著名的思想家、政论家、历史学家。他的《过秦论》、《治安策》闪烁着耀眼的思想光辉，他的奏疏和《新书》是研究其思想的可靠资料。贾谊的思想，最突出的就是他的"民本"论。《新书》的《大政》篇，谈的都是民本问题。他说："闻之于政也，民无不为本也。国以为本，君以为本，吏以为本。故国以民为安危，君以民为威侮，吏以民为贵贱。此之谓民无不为本也。"④《大政》两篇，专论民本，要点有四⑤：一是君、吏不可狂惑。他说："故夫民者，至贱而不简也，至愚而不可欺也。故自古至于今，与民为仇也，有迟有速，而民必胜之。知善而弗行谓之狂，知恶而不改谓之惑。故夫狂与惑者，圣王之戒也，而君子之愧也。"二是民乃为政标尺。贾谊认为，官吏对待百姓态度的好坏，是检验其功罪、忠奸的标尺。他说："故纣自谓天王也，桀自谓天子也，已灭之后，民以相骂也。以此观之，则位不足以为尊，而号不足以为荣矣。……故君子之贵也，与民以福，故士民贵之。"三是民众多力不可欺。贾谊认为，民众人多力量大，"与民为敌者。民必胜之"。四是爱民则民附。贾谊认为，君对待士民，只有敬与爱，才能争取到士民亲附。他说："故夫士者，弗敬则弗至；故夫民者，弗爱则弗附。故欲求士必至，民必附，

---

① 《荀子·大略》。
② 《荀子·王霸》。
③ 《荀子·王制》。
④ 贾谊：《新书·大政》。
⑤ 施丁：《贾谊的"民本"思想》，《史学史研究》2013年第3期。

惟恭与敬。"

汉武帝"罢黜百家，独尊儒术"之后，民本主义思想借助儒学而得到传播。汉代大儒董仲舒对于民本主义有重要的论述。董仲舒的民本思想有以下几点内容①：一是"天立王以为民"的重民思想。董仲舒尽管主要思想倾向是主张伸张君权的，但他也清楚地认识到，要想国家长治久安，君主要能够得民。他警告统治者："天之生民非为王也，而天立王以为民也。故其德足以安乐民者，天予之；其恶足以贼害民者，天夺之。"② 在这里，董仲舒告诉统治者，王权只授予那些有德之君，统治者不要"仇雠其民"，否则会"鱼烂而亡"。③ 董仲舒还对汤武革命持赞成态度。汉景帝时期，黄老学派代表人物黄生与儒生辕固生对"汤武革命"问题进行了激烈辩论。黄生认为汤武革命缺乏法理依据，他认为以臣犯君是不对的，君主有错臣子可以劝谏和匡正，但不能取而代之。而辕固生则认为，汤武诛桀纣是受天而王，是合理的。对于这两派言论，汉朝统治者态度含糊，一方面辕固生为汉朝取代秦朝提供正当性理由；另一方面黄生以忠君为最高律令有利于汉朝统治的稳固。但到了董仲舒那里，他明确支持汤武革命，他认为桀、纣这些无道之君，"虽立天子诸侯之位，一夫之人耳"④。从他的言论可以看出，他反暴政、重民意的思想与孟子十分相似。

（三）南宋朱熹的民本思想

南宋大儒朱熹通过注疏儒家经典对传统的民本思想进行了阐释和扩展。在注释《孟子》"天子不能以天下与人"时，朱熹说："天下者，天下人之天下，非一人之私有故也。"⑤ 朱熹认为国家以民为本，社稷是为民而设立，而君主的地位，取决于国家社稷的存亡。朱熹的民本主张，表现为以下四点⑥：一是爱民如子。他要求君主做到爱民如子，他说："言能矩而以民心为己心，则是爱民如子，而民爱主如父母矣。"⑦ 如何做到"爱民如子"呢？朱熹反对重敛，主张"省赋"。他对宋孝宗

---

① 汪高鑫：《略论董仲舒民本思想》，《学术界》1994 年第 4 期。
② （汉）董仲舒：《春秋繁露·尧舜不擅移汤武不专杀》。
③ （汉）董仲舒：《春秋繁露·王道》。
④ （汉）董仲舒：《春秋繁露·仪义法》。
⑤ （宋）朱熹：《四书集注·孟子集注》，北京古籍出版社 2000 年版，第 215 页。
⑥ 张品端：《朱熹的民本思想》，《宁波大学学报》（人文科学版）2004 年第 5 期。
⑦ （宋）朱熹：《四书集注·大学章句》，北京古籍出版社 2000 年版，第 5 页。

说："臣窃闻陆贽有言：民者邦之本，财者民之心，其心伤则本伤，其本伤则干凋瘁而根柢蹶拔矣。"① 他提醒统治者，必须为国家长远利益考虑，切莫竭泽而渔。朱熹将恤民看做国之大务，政府要勤政体恤，慰其民心，感召和气，以减少灾荒，消除人民反抗的隐患。这样百姓才能安居乐业。② 二是取信于民。朱熹认为，凡事出于公心，就能取信于民。他说："公心素有以信于民，民自乐之，虽非法令之所得为，然使民宜之，亦终不得而变也。"③ 朱熹认为官员要取信于民，就要做事要"公"。他说："官无大小，凡事只是一个公字。若公时，做得来也精彩。便若小官，人也望风畏服。若不公，便是宰相，做来做去，也只得个没下梢。"④ 三是与民同乐。朱熹认为，与民同乐为乐之本。他说："与民同乐者，推好乐之心以行仁政，使民各得其所也。"⑤ 在朱熹看来，统治者不与民同乐，会使天下之民穷困，最后天下之民就会背叛他。四是富民为本。朱熹主张民富，认为民富是君富的基础，他认为民富是君富的基础，如果百姓贫困，君主也不可能富足。

（四）明末清初黄宗羲的民本思想

到了明末清初，儒家的民本思想被黄宗羲、王夫之等思想家继承和发扬光大。黄宗羲、王夫之生活在明末清初的朝代更替之时，面对着异族统治中原的现实，他们不得不思考明朝灭亡的根源。黄宗羲的主要思考集中在他的名著《明夷待访录》中，其中《原君》、《原臣》、《原法》、《置相》、《学校》等篇最为著名，在这些文章的背后，始终贯穿着民本的思想主线。书名为何为"明夷待访录"？黄宗羲在前言性质的"题辞"中说：

> 余常疑孟子一治一乱之言，何三代而下之有乱无治也？乃观胡翰所谓十二运者，起周敬王甲子以至于今，皆在一乱之运、向后二十年交入"大壮"，始得一治，则三代之盛犹未绝望也。
>
> 前年壬寅夏，条具为治大法，未卒数章，遇火而止。今年自蓝

---

① 《朱子大全》（卷16），四部丛刊初编缩本。
② 张品端：《朱熹的民本思想》，《宁波大学学报》（人文科学版）2004年第5期。
③ 黎靖德编：《朱子语类》（卷111），中华书局1986年版，第365页。
④ （宋）朱熹：《四书集注·孟子集注》，北京古籍出版社2000年版，第218页。
⑤ 同上书，第221页。

水返于故居，整理残帙，此卷犹未失落于担头舱底，儿子某某请完之。

　　冬十月，雨窗削笔，喟然而叹曰：昔王冕仿《周礼》，著书一卷，自谓"吾未即死，持此以遇明主，伊、吕事业不难致也"，终不得少试以死。冕之书未得见，其可致治与否，固未可知。然乱运未终，亦何能为"大壮"之交！吾虽老矣，如箕子之见访，或庶几焉。岂因"夷之初旦，明而未融"，遂秘其言也！

　　通过这段题辞可以看出，黄宗羲写此书的目的是居于乱世而探寻社会的有效治理，最终目标是实现"三代之治"。"明夷"是周易六十四卦的第三十六卦，上卦为坤，下卦为离，卦象为日没于地下，晦暗不明。黄宗羲期待自己的言论能够"如箕子之见访"，也就是期待自己的建言能够得到贤明的统治者赏识。"明夷"所表达的"晦暗不明"之象，既有中原为外族统治的悲愤之情，更有对千百年来"有乱无治"现状的失望之情。黄宗羲通过对封建君主专制制度的批判，对三代之治表达了由衷的向往之情，他从君民关系、君臣关系、"治法"思想三方面提出了民本思想的新论断。

　　第一，君民关系中的民本思想。

　　黄宗羲认为，君主专制制度颠倒了个人与天下的主客关系，以君为主，天下为客，他高举民本思想的大旗，深刻批判了这种君本位的错误观念，他提出君民平等，分工治理天下的政治思想，以改变传统的君民关系。黄宗羲首先对君主专制进行了尖锐的批判，他认为人是自利的，因此公利是没人做的。在封建社会里，许多君主都大谈爱民、重民，但实质上国家的权力却越来越集中到皇帝手中。孟子等民本主义者，只是对某个暴君进行批判，黄宗羲却从制度上批判了君主专制这种政治制度，君主为了实现家天下的目的，不惜采取各种手段，君主专制的历史，是一部争夺天下的杀人史、民众的血泪史。在批判君主专制的基础上，黄宗羲提出"天下为主，君为客"的著名论断，他认为百姓是天下、国家的主人，而君主处于从属地位，其职责变成了为民服务。君主的职责应该是兴公利、除公害，黄宗羲由此提出了"公天下"的观念，否定了专制制度下君主的神圣地位，确立了"君为民而设"的原则。

　　第二，君臣关系中的民本思想。

　　黄宗羲在君臣关系中突破了儒家传统的"君为臣纲"的观念，他的思想具有鲜明的平等观念。他以他的公天下思想提出新的见解，既然设立君主是为了天下，那么设立臣子也是为了天下。他在《原臣》篇中首先批判了两种不正确的为臣态度，一种是"视于无形，听于无声，以事其君"，对君主察言观色，体贴入微，黄宗羲认为这是对父亲的态度，以之事君，这是把臣的角色与宦官、宫妾等同；还有一种是"杀其身以事其君"，对君主愚忠，不惜献出自己的生命，黄宗羲认为也不对，这虽然无私，但这是为了君主的私谊，仍不是为臣的态度。在批判了这两种态度之后，黄宗羲提出了自己的主张，认为："故我之出而仕也，为天下，非为君也；为万民，非为一姓也。……天下之治乱，不在一姓之兴亡，而在万民之忧乐。"黄宗羲将君臣的关系比作"共曳大木"的同事关系，他说："夫治天下，犹曳大木然，前者唱'邪'，后者唱'许'，君与臣，共曳木之人也。若手不执绋，足不履地，曳木者唯娱笑于曳者之前，从曳木者以为良，而曳木之职荒矣。"① 君与臣的地位不同，但职分是相同的。黄宗羲在这里否定了臣为君设的儒家"常道"，使得君臣在人格、尊严、权利和义务上，都站到了平等的地位。② 为臣者需要的道德操守就是要甘愿自我牺牲而为天下人服务，这才是为臣之道。

　　第三，法制思想。

　　黄宗羲从公天下的理念出发，认为三代的法是保护天下人的利益，是"天下之法"，而进入私有制社会后皇帝是为了一家一姓之私立而订立法，是"一家之法"，他所崇尚的法是立足于万民，为万民服务的规则制度。他说："三代之法，藏天下于天下者也，山泽之利不必其尽取，刑赏之权不疑其旁落，贵不在朝廷也，贱不在草莽也。"③ 他说："后世之法，藏天下于筐箧者也；利不欲其遗于下，福必欲其敛于上；用一人焉则疑其自私，而又用一人以制其私；行一事焉则虑其可欺，而又设一事以防其欺。天下之人共知其筐箧之所在，吾亦鳃鳃然日唯筐箧之是虞，向其法不得不密。法愈密而天下之乱即生于法之中，所谓非法之法

---

　　① 沈善洪主编：《黄宗羲全集》（第一册），浙江古籍出版社1985年版，第5页。
　　② 林红：《黄宗羲民本思想的再认识》，《学习论坛》2014年9月。
　　③ 沈善洪主编：《黄宗羲全集》（第一册），浙江古籍出版社1985年版，第6页。

也。"① 在这里，黄宗羲说明了"一家之法"为什么是私法，为什么会导致天下动乱。

尽管三代之后各种法律制度非常完善，但黄宗羲认识到，这是君主为了一己之私利而设立的，不是为百姓而设的，故此为"非法之法"。他说："后之人主，既得天下，唯恐其祚命之不长也，子孙之不能保有也，思患于未然以为之法。然则其所谓法者，一家之法，而非天下之法。"② 这样的法律，桎梏天下人之手足，只考虑君主而不顾及万民。故此，黄宗羲主张全盘否定君主的"一家之法"，重建一个新的法治世界。在法与人的关系上，黄宗羲认为只有制定了善法，才有可能让有德之人更好地发挥作用。

第四，"工商皆本"的主张。

中国数千年来形成了一种传统的社会价值观，其基本点是：重农抑商，以农为本。这种基本价值观使农业得到极大的重视，而工商业却一直备受打击。但是进入 16 世纪中叶以后，随着江南地区资本主义萌芽的发展，城市经济开始繁荣，市民阶层兴起，社会状况发生了很大变化。黄宗羲的家乡在浙东地区，那里的商贸文化比较发达，他思想上受到了影响并提出了自己对工商业的主张。他认为工商业和农业一样可以使百姓富足，不能武断地将工商业一概定为"末业"。他在《财计》篇中说：

> 故治之以本，使小民吉凶一循于礼，投巫驱佛，吾所谓学校之教明而后可也。治之以末，倡优有禁，酒食有禁，除布帛外皆有禁。今夫通都之市肆，十室而九，有为佛而货者，有为巫而货者，有为倡优而货者，有为奇技淫巧而货者，皆不切于民用，一概痛绝之，亦庶乎救弊之一端也。此古圣王崇本抑末之道。世儒不察，以工商为末，妄议抑之。夫工固圣王之所欲来，商又使其愿出于途者，盖皆本也。

通过以上的论述可以看出，黄宗羲的所谓"本末"不是固化的，而

---

① 沈善洪主编：《黄宗羲全集》（第一册），浙江古籍出版社 1985 年版，第 7 页。
② 同上书，第 6 页。

73

是动态的。他强调，所谓"崇本"，就是教化民众，远离迷信，遵守礼法；所谓"抑末"，就是将不"切于民用"的"为佛而货者"、"为巫而货者"、"为倡优而货者"、"为奇技淫巧而货者"予以禁绝。只要切于民用，工商皆为本也。

第二节　国外有关社会性弱势群体的思想

一　西方人本主义理论

"人本主义"Humanism，又译作"人文主义"，是从拉丁文 humanistas（人道精神）中演变而来的。古罗马西塞罗认为，人本主义是指能够最大限度地发挥个人的才能，具有人道精神的教育制度。英国《新大英百科全书》将"人本主义"定义为"任何承认人的价值或尊严，把人作为万物的尺度，或以某种方式把人性及其范围、利益作为课题的哲学"。

西方人本主义思想萌芽可以追溯到古希腊时期。人本主义思想最早表现在"人是万物的尺度"的命题中。普罗泰戈拉说："人是万物的尺度，是存在的事物存在的尺度，也是不存在的事物不存在的尺度。"[1]这标志着人本主义思想的最早源起。古希腊思想之所以不断地被现代所提起，就是因为它强调人的地位、尊严和价值，它以人为中心，而不是以上帝为中心。

进入中世纪以来，神创论的历史观使希腊文化的人本主义传统中断了，神成为主宰一切的权威，否定人的尊严、自由、价值和意义，宣扬蔑视人、压抑人的精神欲望。人类将本属于自身本质理论象征的理性抽象化了，人类的思想和自由从此被奴役。

14—15 世纪，资本主义生产关系已经在欧洲封建制度内部逐渐形成，文艺复兴也逐渐兴起。文艺复兴时期，欧洲人重新发掘了古希腊、古罗马时代的人本主义精神，主张以资产阶级个人主义的世界观为前提，反对中世纪的禁欲主义，要求打破教会带给人们的思想束缚。人类精神发展进入主体意识阶段，外在的权威已经动摇，人发现了自己，自然也在人面前恢复了本来面目。人成了真实自然的人，而不是抽象的、

---

[1]　全增嘏：《西方哲学史》（上册），上海人民出版社 1983 年版，第 113 页。

神性的基督徒。随着地理大发现和科学的日新月异，人类对自身进行了理性反思，人发现了自身存在的力量，人成为自己命运的主人，人可以实现自身的价值和创造自己的幸福。主张个人思想的独立和精神自由的发展，这成为文艺复兴时期思想家对人类自由的争取和努力的方向。概括来说，文艺复兴时期的人本主义思想主要特征有四：一是以人为中心，强调个人才能和自我奋斗，赞扬英雄史观；二是肯定现实世界，向往名利和享乐；三是否认对教皇和教皇的绝对服从，嘲笑僧侣的愚昧无知，蔑视贵族的世家出身，反对封建特权恶化等级制；四是提倡理性，追求知识和技术，重视实验科学和唯物主义，主张探索自然，欣赏资产阶级的文学艺术和新文化的表现形式。①

文艺复兴时期的人本主义继续发展，出现了资产阶级启蒙运动，诞生了这一时期的人本主义思想，主要代表人物是孟德斯鸠、伏尔泰、卢梭、休谟和康德。在人本主义思想里，资产阶级为了获得民主政治，他们把自己的目标直接转向封建等级制度。他们倡导"自由、平等、博爱"的政治口号，主张"天赋人权"，反对君权神授，他们高举理性的旗帜，主张平等，促进了当时人民思想的解放。以康德为代表的德国古典哲学开创了哲学史上的主体论思维方式。康德提出，人是"客观的目的，他的存在即是目的自身"。康德的"人是目的"，实质上是追求人权、平等、自由、民主的资产阶级革命的呼声。康德以理性取代上帝，把人从属神的工具状态中解放出来，完成了"哥白尼式的革命"②。在文艺复兴时期人本主义强调人的价值的基础上，启蒙运动的思想家进一步肯定了人的价值和能量。他们坚信：如果每个人的能量得到解放，它们的成就是无可限量的。密尔（John Stuart Mill）在《论自由》一书中指出："从长期而言，一个国家的价值就是组成这个国家的个人的价值；一个国家如果为了使它的人民成为它手中驯服的工具，哪怕是为了有益的目的，而……使人民渺小，就会发现靠渺小的人民是不能完成伟大事业的。"③

---

① 张屏：《人文主义与文艺复兴》，《徐州师范大学学报》（哲学社会科学版）1998 年 12 月。

② 杨春苑：《论西方人文主义》，《西安电子科技大学学报》（社会科学版）2011 年 3 月。

③ ［英］阿伦·布洛克：《西方人文主义传统》，生活·读书·新知三联书店 1997 年版，第 112 页。

古典人本主义的最后阶段是费尔巴哈的人本主义阶段，费尔巴哈认为上帝是人创造的，并不是上帝创造了人。他从哲学上论证了人是人的最高本质，他批判黑格尔的唯心主义人性论，他指出主宰自然的是人，人是自然的灵魂。费尔巴哈的人本主义思想具有很大意义，他使唯物主义重新回到主流，使哲学研究对象重新回归人，他的人本主义思想具有极大价值。

二 社会正义论

长期以来，"正义"问题成为哲学家、政治学家、法学家所关注的焦点。正义理论在长期实践中不断丰富和发展，正义理论在剖析社会政治制度、经济制度和人民生活的同时，对保护社会性弱势群体发挥了重要作用。

（一）亚里士多德的正义论

亚里士多德认为，正义与公正、公平等概念密切相关。亚里士多德根据不同标准，对正义做了不同的分类：一是就正义程度而言，正义可以分为普遍正义和特殊正义。普遍正义是要求公民的言行举止必须遵守法律的约束。法律不仅包括成文法，而且包括道德律令。特殊正义是就公民个人之间的关系而言的，它要求在物质利益分配中实现人与人之间的公平。特殊的正义又包括分配正义、矫正正义和交换正义三种：分配正义是指"表现于荣誉、钱物或其他可析分的共同财富的分配上（这些东西一个人可能分到同等的或不同等的一份）的公正"①。亚里士多德主张，分配正义强调因人而异的分配，不同的人应得到不同的待遇，分配正义强调的是"比例平等"，"合比例的才是适度的，而公正就是合比例的"②。在亚里士多德看来，分配的比例平等参照物就是综合考量公民的血统、财富、地位、品德、才能、绩效等各种因素。③ "在善物的分配上，没有一个人把相等的份额平分给优越者和卑下者，而总是把更多的一份给予优越者。这是依据比例的平等，因为在某种意义上，

---

① 亚里士多德：《尼各马可伦理学》，廖申白译，商务印书馆 2003 年版，第 134 页。
② 同上书，第 136 页。
③ 马捷莎：《亚里士多德正义观及其启示》，《学术交流》2006 年 1 月。

卑下者占有较少的善物与优越者占有较多的善物是平等的。"① 矫正正义是指"在私人交易中起矫正作用的公正"②，其维护人们经济交易中的公平和根据法律纠正人与人之间的相互伤害，其价值诉求在于人与人之间的平等。矫正正义的依据是算数平等原则。矫正正义只关注所造成的损害的大小，而不论人本身价值量的大小。交换正义来自于人们经济交往的互惠关系。在社会关系中，每个人处于社会分工的链条之中，为了相互合作，要拿自己的商品到市场上与其他商品交换，这种交换是等价交换。二是就正义作用范围而言，正义分为家庭正义和政治正义。政治正义是指适用于生活在法律之下的、有平等的机会去治理或受治理的公民之间的正义。家庭正义是与政治正义相对应的一种正义，它主要适用于家庭成员之间。

通过对亚里士多德正义理论的概述，我们可以看出，亚里士多德对于德性和法治的强调，对于人与人之间平等的强调是非常有意义的，但是他对于照顾弱势群体却少有关注，在他的分配正义理论中，他把慷慨、施舍看作高贵的德性，但这种德性却不在分配正义考虑的范围内。

（二）罗尔斯的社会正义论

约翰·罗尔斯（John Rawls, 1921—2002）是美国当代著名的政治学家、法哲学家、伦理学家。他在1971年出版了《正义论》一书，该书影响巨大，被誉为"二次大战后伦理学、政治哲学领域中最重要的理论著作"。罗尔斯通过建立在"无知之幕"下人们对"两个正义原则"的选择，构建了内容丰富的正义理论，其核心思想我们可以概括为"自由优先"和"公平优先于效率"。

罗尔斯是一个自由主义者，他认为，善的社会是一个由权利、自由或责任构成的社会，在这样的社会里，人们以自愿的方式追求他们各自的目标。善的社会是由法律支配的社会，它应当接受正义原则的支配。罗尔斯认为，"自由原则"和"差异原则"这两个正义原则应该以词典式顺序排列，自由具有优先性。罗尔斯认为，效率原则只注重增加社会财富或福利的绝对总量，而没有注意社会财富或福利的分配，更缺乏对

---

① 亚里士多德：《亚里士多德全集》（第九卷），中国人民大学出版社1994年版，第332页。

② 亚里士多德：《尼各马可伦理学》，廖申白译，商务印书馆2003年版，第134页。

社会财富分配的恰当限制。因此，他主张实行差别原则，在公平竞争与所有职务对所有人均等开放时，维持贫富差别，但应满足最少受惠者的最大利益。

通过罗尔斯正义理论的主要内容的概述我们可以看出，罗尔斯正义理论具有以下特点：一是正义的至高无上。他认为正义的社会制度是非常重要的，就像符合真理是理论的首要美德一样。国家的法律制度不管设计得如何巧妙，只要不符合正义，就必须加以改造。二是注重实体正义。罗尔斯的正义原则不是形式正义而是实体正义，他的正义原则应当在现实中通过法制予以保障。三是强调自由的优先性。罗尔斯在《正义论》中列举出了基本的自由，他强调根据平等的基本自由的优先满足情况来决定收入与财富的分配，而不应以收入和财富分配来影响基本自由的平等实现。四是差别原则对弱势群体利益的关注。差别原则是罗尔斯分配正义论中的标志性概念。差别原则既拒斥功利主义的分配正义，也拒斥自由至上主义的分配正义，以实现市场经济条件下最大限度的经济平等，表达了对社会底层人员和弱势群体利益的伦理关切。

但是，罗尔斯正义理论对弱势群体利益的关注是有缺陷的。① 罗尔斯重点强调的是对社会基本善的提供。一般认为的基本善包括两个方面的内容：一是社会基本善，二是自然基本善。自然基本善包括身心健康、肢体完整等，病人、残疾人是自然基本善不足的人，也就是生理性的弱势群体。对于生理性的弱势群体来说，即使获得了同样多的社会基本善，他们仍然处于不利地位。当然，对于社会性弱势群体来说，罗尔斯对社会基本善的强调非常具有针对性。

（三）阿马蒂亚·森的正义论

阿马蒂亚·森（Amarty Sen）是印度经济学家，1998 年获得诺贝尔经济学奖，森的主要贡献在福利经济学，但他对社会正义的思考也非常值得关注。2002 年，森的《以自由看待发展》出版，该书改变狭隘发展观的旧范式，阐述人的实质自由是发展的最终目的和重要手段。2009年，森推出了全面展示其社会正义思想的新著《正义的理念》。在该书

---

① 邹海贵、曾长秋：《罗尔斯差别原则对弱势群体利益的关注——基于社会救助（保障）制度之道德正当性与政治合法性思考》，《天津大学学报》（社会科学版）2010 年 9 月。

中，森主张政治哲学家思考正义问题的方式，必须切合社会实践的最紧迫需要，改变罗尔斯所代表的建构某种"完美正义"理想的"先验制度主义"理论进路，转向一种以识别和剪除现实世界中各种"明显不正义"为目标的理论进路。① 森的研究一向密切联系现实，他因此被誉为"经济学的良心"。森在正义问题上最突出的是他的"分配正义"的见解。森的分配正义理论，将平等作为正义的实质，这与罗尔斯有相通之处。森沿着罗尔斯的思路，注重将正义论具体化，使之具有可操作性，他具体提出了"可行能力"平等论。森首先对功利主义进行了剖析，他对功利主义只强调效用、漠视人类高级的、全面的需要的倾向进行了批评，强调主体在分配正义中的目的、价值、作用和对策中的决定性，跳出了传统就收入、经济圈子来谈论分配的做法。② 森认识到，权利平等对每个人都是特别重要的，弱势群体的权利，是分配正义的关键问题。除了权利平等，森还重点强调了"可行能力"问题。森指出："一个人的'可行能力'（capability）指的是此人有可能实现的、各种可能的功能性活动组合。可行能力因此是一种自由，是实现各种可能的功能性活动组合的实质自由。"③ 森对可行能力的强调，实际上是强调一种积极的自由，强调通过消除贫困、加强教育等方式使弱势群体获得可行能力，从而能够享用权利平等所带来的福利。森从人的自由的价值目标来认识权利，人的自由是经济发展的目的，可行能力是实现自由的决定性手段，权利平等是保证自由和能力发挥的根本条件。④

总之，森的分配正义观注重人的内在价值、主体的可行能力，同时注重可行能力所依托的社会环境——权利平等。他的研究的意义体现为注重对正义实现的操作性研究，注重人的尊严等高级需要，注重人与人之间的平等关系，为解决社会性弱势群体问题提供了很好的借鉴。

三　相对剥夺理论

"剥夺"一词是社会学的基本概念，包括肉体剥夺、经济剥夺、政

---

① 乔洪武、曾召国：《阿马蒂亚·森的"正义理念"评析》，《哲学动态》2013年第4期。

② 孙君恒：《阿马蒂亚·森的分配正义观》，《伦理学研究》2004年9月。

③ ［印］阿马蒂亚·森：《以自由看待发展》，任赜等译，中国人民大学出版社2002年版，第62—63页。

④ 孙君恒：《阿马蒂亚·森的分配正义观》，《伦理学研究》2004年9月。

治剥夺、社会剥夺、精神剥夺等。我国社会学家李强认为，社会学的剥夺，不是指剥夺的行为，而是指被剥夺的状态。被剥夺的状态具有双重含义，一方面指客观经济的被剥夺状态，另一方面是指被剥夺者的一种主观心理状态，即人们的需求得不到满足的一种状态。① 剥夺可以分为绝对剥夺和相对剥夺两种。绝对剥夺是指资源被剥夺人的基本需求得不到满足的客观情况。相对剥夺则是一种主观心理状态。相对剥夺理论是一种社会学理论，1949 年美国学者 S. A. 斯托弗在《美国士兵》一书中提出了相对剥夺感的概念，其后罗伯特·默顿在《社会理论与社会结构》一书中发展了这种理论。这个理论说明，一般人评价自己生活的好坏，不是根据客观的条件，而是根据周围的人所构成的所谓参照群体。英国社会学家卢西曼 1966 年发表了《相对剥夺与社会正义——20 世纪英国社会不平等态度研究》，他从经济学视角定义了相对剥夺感。从以上学者的研究可以看出，相对剥夺是指个人或群体在以他人或群体为参考系进行横向比较时发现自己处于劣势后产生的消极社会心理。

当然，相对剥夺感并不仅限于横向比较，还有纵向比较。古尔在《人民为什么反叛》一书中对相对剥夺感作了全面的分析。他首先界定了三个核心概念：价值、价值期待和价值能力。所谓价值（value），是人们期待的事件、对象和条件。所谓价值期待（value expectation），是指人们认为他们应当获得的一般价值地位。一般来说，人们倾向于期待保有现在的价值地位，而对将来获得更好的价值地位有许多期待。价值期待的来源主要是参照群体、过去的生活条件和公平理念。② 所谓价值能力（value capability），是指人们认为他们能够获得或保有的一般价值地位。

古尔将相对剥夺区分为三种形式：下降的剥夺、渴望的剥夺和渐进的剥夺。其一，下降的剥夺是指人们在价值期待保持相对均衡而价值能力下降时感到的相对剥夺。处于这种状态的人已经习惯于他们原来的生活状态，但他们却逐渐失去了这种状态，他们就会感到愤怒和失落。如下岗职工、退休官员都可能有这种感受。其二，渴望的剥夺是指人们在价值能力相对静止而价值期待却在增长时感到的相对剥夺。也就是说，

---

① 李强：《社会学的"剥夺"理论与我国农民工问题》，《学术界》2004 年第 4 期。
② 李俊：《相对剥夺理论与弱势群体的心理疏导机制》，《社会科学》2004 年第 4 期。

欲望和需要增长了，但是实际状态却没有改善。如聚居于城市某个角落的蚁族群体，他们大部分是大学毕业，知识水平普遍较高，但收入相对不高，只得租房居住在城乡接合部或地下室。从公平理念的角度或参照群体来考虑，他们自感收入水平并不比农民工高，甚至有些情况还低；与班里曾经的同学比，某些同学可能进步很快，他们因此会有相对剥夺感。其三，渐进的剥夺是指人们在价值期待增长与价值能力下降同时发生时感到的相对剥夺。

相对剥夺感反映了一个个体或群体需求的满足程度及人们为满足这种需求所做出的贡献。相对剥夺感会产生两种社会效应，积极的社会效应和消极的社会效应。所谓积极的社会效应，是指个体或群体通过与参照群体的比较，感觉到处于不利地位时，由此产生的相对剥夺感引发其改善现状的愿望，促进合理的竞争。所谓消极的社会效应，是指个体或群体感受到相对剥夺感，进而引发改善现状的强烈愿望，但是由于社会缺乏良好的奋斗环境和相应机制，他们无法通过自身努力来改善处境，相对剥夺感引发消极作用，盲目攀比，甚至诱发犯罪。我国目前的社会性弱势群体，因为目前的经济体制、政治体制的不健全、不完善，往往具有相对剥夺感，他们改善自身处境的空间有限，因此会引发消极作用。一些城乡结合部赌博、六合彩泛滥，盲目攀比买车、买房、买名牌等行为就是这种消极作用的体现。窦宝国运用"相对剥夺"理论对农村"相对剥夺感"的农民调查研究发现，这些农民分为三种类型：安于现状型、积极进取型和消极越轨型。安于现状型意味着相对剥夺感没有产生奋斗的驱动力。积极进取型意味着产生了积极的驱动力。而消极越轨型的农民，他们不是通过合法途径改善劣势状况，而是通过盗窃等非法手段来缓解或消除相对剥夺感。①

总之，相对剥夺理论对于分析社会性弱势群体十分有利，它既关注被剥夺的状态，又关注被剥夺者的心理感受，能够比较好地分析社会性弱势群体的原因、影响和提出解决方案。

---

① 窦宝国：《"相对剥夺"理论视角下的农村盗窃问题研究》，《社会研究》2009年第8期。

四 生存斗争理论

生存斗争学说与英国生物学家达尔文的进化论的传播有关，其主要代表性的学说是社会达尔文主义。应该说，社会达尔文主义的名称虽然冠以"达尔文主义"，但其实早在 1859 年达尔文的《物种起源》发表以前，这种思想已经提出，只是随着达尔文主义的传播，这种思想的影响力也水涨船高而已。

社会达尔文主义的创立者是英国的斯宾塞（Herbert Spencer），他在 1850 年出版了第一部著作《社会静力学》，1852 年发表论文《进化的假说》，1855 年出版了著作《心理学原理》。他在这一系列研究中，提出"生存斗争"和"适者生存"的原则是生物界和人类历史进化的动因。生存斗争不仅存在于生物界，而且存在于人类社会，他的"适者生存"（survival of the fittest）理论，确立了他进化论思想家的地位。1859年达尔文的《物种起源》一书出版，震动了理论界，斯宾塞深受鼓舞，他力图写出一部洞彻自然界与人类社会规律的哲学著作，这就是《综合哲学》，这部著作共有十卷，第一卷《第一原理》于 1862 年出版，最后一卷于 1896 年问世，历时三十多年，内容涵盖生物学原理、心理学原理、伦理学原理和社会学原理等。他认为人类社会是一个进化的有机体，"优胜劣汰、物竞天择"是自然和社会进化的根本动力。人类社会进化的必然结果是"优存劣亡"。

斯宾塞的思想在世界上引起了巨大影响，但他并没有将自己的理论命名为"社会达尔文主义"，1944 年美国历史学家 Richard Hofstadter 在其著作《社会达尔文主义与美国思维》中，首次使用"社会达尔文主义"一词来指称斯宾塞的思想。

除了斯宾塞，英国哲学家卡尔·皮尔逊（Karl Pearson，1857—1936）也是一位社会达尔文主义者，他完善了斯宾塞的理论，将进化论思想运用于伦理学、优生学、历史、社会学等各个方面，为社会达尔文主义的完善做出了重要贡献。

社会达尔文主义思想于 19 世纪 60 年代传入美国。美国出版商陆续出版了斯宾塞的《社会静力学》、《第一原理》等著作，这些著作广为流传，美国知识界著名人物如实用主义哲学家约翰·杜威（John Dewey）、文学家杰克·伦敦（Jack Landon）、社会学家李斯特·沃德（Lester F. Ward）等人都受到了社会达尔文主义的影响。社会达尔文主义在美国的传播可以分为两个阶段①：第一个阶段是"个人"社会达尔文主义阶段，主要从 19 世纪 60 年代到 19 世纪末，它以"生存斗争"为口号鼓吹人与人之间的竞争关系，为美国社会的人剥削人、垄断扩张制造借口。第二个阶段是"种族"达尔文主义阶段，从 19 世纪末到 20 世纪中期，借社会达尔文主义鼓吹民族之间的生存斗争，宣扬欧洲白人种族是优等民族。第二次世界大战爆发之后，由于法西斯主义所造成的世界灾难，德国纳粹更是大肆宣扬种族优等论，他们借用的往往是社会达尔文主义的理论，因此社会达尔文主义逐渐被美国知识界所抛弃。

19 世纪 70 年代，达尔文进化论传入日本。1878 年，美国动物学家莫尔斯（E. Morss）在东京大学举行进化论讲座，此次讲座引起了巨大反响，进化论所阐发的"生存竞争"的残酷性正与日本的危机意识相契合，一时间达尔文主义广泛传播。日本在民族危机感的心态之下，很自然地将达尔文主义加工为社会达尔文主义。加上一批有西欧留学经历的日本思想家将斯宾塞的社会达尔文主义带到日本，一时间，社会达尔文主义大行其道。著名的启蒙思想家加藤弘之就是宣传社会达尔文主义的代表人物。1882 年，加藤在《人权新说》中运用社会达尔文主义的观点对人权理论进行猛烈抨击，鼓吹"优胜劣败"的原理。社会达尔文主义的泛滥，与日本一些传统的腐朽观念结合在一起，最后孕育出了军国主义思潮，酿成第二次世界大战的惨祸。

中国接受进化论思潮是通过两条管道：第一条管道是严复的《天演论》。严复早年就读于福州船政学堂，1877 年公派到英国留学，先入朴次茅斯大学，后转到伦敦格林威治皇家海军学院学习。在英留学期间，严复一方面学习海军知识，另一方面对英国的政治制度潜心研究，并与时任英国公使的郭嵩焘成为忘年交。1879 年，严复毕业后回国。其时李鸿章要大办北洋水师，但当时的海军是知识密集型军种，李鸿章缺乏海军人才，于是将福州船政学堂的留英、留法学生全部搬到北洋水师中重用。严复被任命为北洋水师学堂教习。但严复在李鸿章手下并不得志，他渐渐被排挤出了权力核心。在失意孤独之时，严复不断对政治制

---

① 鞠维伟：《论萨姆纳及美国社会达尔文主义》，硕士学位论文，山东大学，2009 年，第 31 页。

度进行思考。1895年中日甲午海战以中方彻底失败而告终，严复在天津报纸《直报》上发表了《论世变之亟》、《原强》、《辟韩》、《救亡决论》等文章，借用西方理论，尤其是进化论思想鼓吹变法。1898年，严复翻译的《天演论》出版，该书翻译自赫胥黎的《进化论与伦理学》，但是严复通过意译的方式，加上自己的"案语"，实际上将达尔文主义、赫胥黎的思想与斯宾塞的社会达尔文主义结合在一起，为中国实行变法而大声疾呼。《天演论》出版后，引起知识界的极大反响，一时间"物竞天择"、"适者生存"的警语大倡。这场进化论风潮一直从知识界燃烧到整个社会，以至于时人给孩子起名多用"竞存"、"天择"、"适之"等字，如著名学者胡适就字"适之"，军阀陈炯明的"字"就是"竞存"。进化论传播的第二条管道主要是以梁启超为代表的留日知识分子，在1898年严复的《天演论》正式出版之前，实际上该书早在1896年已经以手抄本的形式在知识精英阶层中间传播，像吴汝纶、梁启超等都接触过手抄本，梁启超将进化论思想介绍给他的老师康有为，康有为大加赞赏。1898年戊戌变法失败后，梁启超逃往日本，在日本接触到社会达尔文主义思潮后，梁启超对社会达尔文主义"优胜劣败"的口号极力宣传，使得这种思潮在青年知识分子中间非常受追捧。

中国的进化论思潮一开始就不是纯粹的求知，而是借用外来思想推动中国走上富强之路的实践。中国的进化论实际上是三种进化论的混合物，一是生物学的达尔文主义，它是科学的、实证的，它的主要结论是"自然选择"，但它的适用范围只是生物界，被选择出的物种是适应环境的，但与优或劣无关。像老鼠、蟑螂可能在某些环境中比人类更适应环境，但这并不表明它们是优的；二是拉马克进化论，它的基本观点是"用进废退"、"后天获得性状能够遗传"，尤其是"后天获得性状"的问题，是缺乏科学依据的，但是与中国人所崇尚的"自强不息"的观念相契合，因而得到传播；三是社会达尔文主义，它将优与胜、劣与败画上了等号，实际上将结果等同于伦理，这是为侵略张目的理论。但是，因为近代中国受到资本—帝国主义的欺凌，为了反抗，不得不采取社会达尔文主义的思维方式。

生存斗争理论的实质是以自然的竞争取代人类之间的合作，将人等同于动物。它借自然规律的名义排斥人道主义，动乱年代它借战争的名义推销，和平年代它又借市场竞争的名义推销。这种理论必然排斥弱势群体，因此要想解决弱势群体问题，必须清除这种思潮的影响。

五　社会保障理论

"社会保障"（Social Security）一词首次官方使用于美国 1935 年的《社会保障法案》。社会保障是指国家为了维护经济发展和社会稳定，通过立法和行政措施设立的，以国民收入分配和再分配的形式，保证社会成员基本经济生活需要的制度。① 社会保障从产生之日起，主要是通过收入再分配的方式实现社会公平，它主要是通过政府立法和行政的措施暂时或长期为无收入来源者提供经济资助，以保障社会成员基本经济条件的安全。西方社会保障理论根源于马克思主义，这些理论主张对贫困人群、弱势群体给予一定的福利和政策支持。

（一）马克思、恩格斯、列宁的社会保障思想

马克思、恩格斯、列宁的社会保障理论，是从早期资本主义社会的生产力状况出发，对包括社会救济、社会风险、社会福利等内容进行研究的理论。实现人的自由而全面的发展，是马克思、恩格斯社会保障理论的终极目标。马克思、恩格斯的社会保障理论具有以下内容：一是建立共产主义社会，以实现共同富裕，进而促进人的自由而全面的发展。马克思认为："当工人阶级自己占有自己的剩余价值时，社会生产力的发展如此迅速，以致尽管生产将以所有人的富裕为目的，所有的人可以自由支配的时间还会增加。因为真正的财富就是所有个人的发达的生产力。"② 恩格斯认为，在共产主义社会，生产资料归社会占有以后，不仅可以保证物质生活的富裕，而且可以保证人的体力和智力得到自由的发展。二是在社会主义阶段，社会保障要遵循分配公平原则。马克思认为，在以生产资料公有制为主体的社会主义国家，由于生产力水平不高，产品还没有极大丰富，人们各种需要的满足要以劳动量为依据，劳动量与需要的满足量成正比。马克思的公平观首先是劳动权利的公平，每个劳动者都有参加劳动的权利。社会保障属于再分配环节，要更加注

---

① 王伟：《社会保障理论渊源及其历史发展探讨》，《中央民族大学学报》（哲学社会科学版）2002 年第 6 期。

② 《马克思恩格斯全集》（第 31 卷），人民出版社 1995 年版，第 104 页。

重公平。在社会主义社会，社会成员对于社会保障的享受程度，必须以社会的发展程度来确定。① 三是国家负有社会保障的责任。列宁认为，实施社会保障是无产阶级专政国家的责任，只有通过无产阶级国家，才能保证社会保障制度的统一性、平等性和有效性，也只有无产阶级专政国家才能为工人阶级营造一个政治、经济上解放的、安全的社会政策网络。② 列宁提出："国家对失去劳动能力的老年工人发给抚恤金"和"厂主有供给学校经费、给工人以医疗帮助的义务"。十月革命胜利后，苏维埃政权发表了《关于社会保险的政府通告》，指出：新的保险制度扩大到所有雇佣工人与城乡贫民；适用于各种丧失劳动能力的人以及鳏寡孤独和失业者。《劳动者社会保障条例》中规定：凡是失去劳动能力而暂时失去生活资料来源者，都有权享受社会保障。社会保险由国家承担责任主体，他说："最好的工人保险形式是国家保险。"

（二）国家干预主义的社会保障理论

国家干预主义，是指由国家干预和参与社会经济活动，它在一定程度上削弱私人经济活动的范围，由国家承担多种生产、交换、分配、消费等经济职能的思想和政策。③ 国家干预主义的社会保障理论主要有德国新历史学派、费边社会主义、福利经济学、瑞典学派、凯恩斯主义等。

德国新历史学派的主要代表人物有古斯塔夫·施穆勒、卢杰·布伦坦诺等，该学派吸收了马克思主义的一些观点，被称为"讲坛社会主义"。该学派认为，国家是集体经济的最高形式，国家的公共职能在进步的文明社会中应不断地扩大和增加，凡是个人努力所不能达到或不能顺利达到的目标，都理应由国家来实施。④ 国家应该通过立法，实行社会保险、劳资合作、孤寡救济等一系列社会措施，自上而下地实行经济和社会改革。新历史学派的主张得到了俾斯麦政府的认可，成为德国实施社会保障的理论依据。1883 年，德国推出了世界上第一部《疾病社会保险法》，1884 年颁布了《工伤事故保险法》，1889 年颁布了《老年

---

① 梅哲：《马克思恩格斯的社会保障思想研究》，《马克思主义研究》2005 年第 6 期。

② 梅哲：《列宁的社会保障思想研究》，《马克思主义研究》2007 年第 8 期。

③ 范爱国：《国家干预主义思想的演进及对我国的政策启示》，《重庆工业高等专科学校学报》2003 年第 3 期。

④ 李珍：《社会保障理论》，中国劳动社会保障出版社 2001 年版，第 39 页。

和残障社会保险法》。

费边社会主义的名称是由"费边社"（Fabian Society）这个团体名称而来，它是资本主义从自由竞争向垄断阶段过渡的产物，当时阶级矛盾急剧尖锐化，该学派试图用温和的方法实现它希望的"社会主义"，它成立于 1884 年，其代表人物有文学家萧伯纳、社会理论家悉德尼·韦伯等。该团体借用了一位叫费边的古罗马将军之名，费边将军以缓进与等待机会出击而著名。费边社会主义学派的核心观念是自由、平等和互相关怀，这些理念表现出强烈的集体主义倾向。费边社会主义提出了对现代社会保障制度有重要影响的主张，如国家最低生活标准、资源的社会管理、以累进税缩小贫富差距、整顿教育等。[①]

福利经济学是最早对社会保障进行经济研究的学派，它形成于 20 世纪初。福利经济学分为新旧两派。旧福利经济学的代表人物是庇古，庇古在 1920 年出版了代表作《福利经济学》，其理论以边际效用递减规律为基础，把国民收入量的增加和均等化的收入分配作为研究主题，他提出了资源最优配置的标准、社会福利最大化标准和外部性理论。[②]他经过严密的经济学论证后得出结论，把收入从相对富裕的人转移到相对贫穷的人手中，从整体来说，会增加一个国家的经济福利。其主要的社会政策主张是：增加必要的货币补贴，改善劳动者的劳动条件，使劳动者的患病、残疾、失业和养老能得到适当的物质帮助和社会服务；向高收入者征收累进制的所得税，向低收入者增加失业补助和社会救济，以实现收入的均等化，从而增加普遍的福利效果；建立普遍的养老金制度。或按最低收入，进行普遍补贴的制度，通过有效的收入转移支付实现社会公平。[③] 20 世纪 30 年代，西方经济学家在批判庇古的旧福利经济学的基础上创立了新福利经济学，其主要代表人物有萨缪尔森（P. A. Samuelson）、卡尔多、希克斯（J. R. Hicks）、西托夫斯基（T. Scitorsky）等。新福利经济学家运用"帕累托最优"、"序数效用论"、"无差异曲线"、"补偿原理"和"社会福利函数"等分析工具来

---

① 陈丙奎：《西方社会保障三大理论流派述评》，《华东理工大学学报》（社会科学版）2006 年第 3 期。

② 张丹婷：《社会保障经济理论中的流派之争》，《经济研究导刊》2011 年第 25 期。

③ 耿忠平编著：《社会保障学导引》，同济大学出版社 2003 年版，第 27 页。

说明政府应当通过个人福利的最大化来增进整个社会的福利。①

瑞典学派是社会民主主义流派的又一学派，该学派以斯德哥尔摩大学为主阵地，故又称斯德哥尔摩学派。瑞典学派形成于 20 世纪 20—30 年代，在第二次世界大战以后，形成了一整套带有社会民主主义色彩的小国开放型混合经济理论。该学派的主要代表人物有 G. 缪达尔、E. R. 林达尔、E. 伦德堡、D. 哈马舍尔德、B. 奥林、I. 斯塔尔和 A. 林德贝克等，该学派主张在经济上实行混合经济，在分配上主张依靠政府的干预，通过宏观经济调节来克服经济周期的波动，以实现就业，同时用累进所得税和转移支付等收入再分配的方法实现收入均等化。瑞典学派在理论上探讨了福利制度，同时其政策主张在实践上也得到应用。

凯恩斯主义产生于 1929—1933 年的世界经济危机之后，为了应对危机，1936 年英国经济学家凯恩斯在《就业、利息和货币通论》一书中，提出国家全面干预和调节经济生活的政策主张，他认为资本主义存在生产过剩的危机和失业问题，其原因是有效需求不足。针对有效需求不足造成的失业问题，凯恩斯提出实行扩张性的财政政策，用举债的方法扩大政府支出，承担公共事业投资，承担社会福利责任，对社会贫困人群实行救济等。在凯恩斯的国家干预思想中，社会保障占有一定的地位，他主张通过累进税和社会福利等办法重新调节收入分配，还提出要实行最低工资制，限制工时等主张。罗斯福"新政"可以看作凯恩斯理论的一次伟大实践，新政的主要措施之一就是制定社会保障政策，这些社会保障政策为美国走出危机、建立福利国家起了重要作用。

（三）经济自由主义的社会保障理论

经济自由主义以亚当·斯密"无形的手"的理论为基础，认为市场机制具有完美的自动均衡能力，生产要素及其价格可以通过市场机制的自我调节完成均衡。政府插手经济活动会使情况变得更糟，因此政府唯一要做的就是充当经济的"守夜人"。② 经济自由主义分为古典自由主义和新自由主义。古典自由主义代表人物是亚当·斯密、边沁、密尔等，其理论的影响力从 18—19 世纪一直持续到 20 世纪早期，他们极力

---

① 章晓懿主编：《社会保障：制度比较》，上海交通大学出版社 2004 年版，第 28 页。

② 唐彬：《市场还是政府？——经济自由主义与干预主义的斗争历程》，《理论月刊》2006 年第 5 期。

否定社会救济的作用，反对《伊丽莎白济贫法》，认为它阻碍了劳动者的自由流动和对就业的自由选择，进而干涉了经济自由。但是，斯密等人还是主张政府应该提供必要的"公共产品"，扮演好"守夜人"的角色。① 20世纪30—70年代是国家干预主义占上风的时期，凯恩斯理论缓和了资本主义经济危机并促进了资本主义经济发展，但随着经济的发展和"滞胀"局面的出现，到20世纪70年代末，新经济自由主义开始兴起。新自由主义的主要理论流派有现代货币学派、弗莱堡学派、理性预期学派、供给学派等。其中现代货币学派的代表人物是密尔顿·弗里德曼，他反对国家干预，认为市场力量可以使经济走向均衡。在社会保障方面，弗里德曼认为，高效率来自市场竞争，对低收入者给予"最低生活水平的维持制度"，有损于自由竞争和效率。因此，弗里德曼反对对低收入者发放差额补助，他主张采用负所得税。② 这样，能够帮助低收入者维持生活水平，又不挫伤人们的工作积极性。总的来说，新自由主义社会保障思想的要点有以下五点：第一，崇尚经济自由，反对社会公平和分配正义。他们认为人为的财富分配要求会导致社会失去前进的动力。第二，反对国家和政府干预经济，强调个人责任和市场作用的发挥。第三，反对强制性保险，提倡有选择性的保障制度。第四，主张削减社会福利，倡导社会保障领域内的竞争。第五，主张改革福利政策，实行激活性劳动就业政策。激活性劳动是指改革社会保障制度，严格失业保障资格申请，缩短失业保障期限，降低失业保障水平，并将保护性劳动就业政策与积极就业政策相结合，从而激活失业者，促使他们积极地重返劳动力市场。③

（四）中间道路学派的社会保障理论

作为一种学说，中间道路理论产生于20世纪30年代。1938年英国前首相麦克米兰出版了《中间道路》（*The Middle Way*）一书，书中提出既要使经济获得发展，又要为人民提供一定的社会福利。麦克米兰在福利问题上的观点实际上与凯恩斯、马歇尔等人有相近之处，他们都认

① 陈元刚等：《经济自由主义思潮与社会保障制度》，《重庆工商大学学报》（社会科学版）2014年第10期。

② 王志伟：《现代西方经济学流派》，北京大学出版社2002年版，第124页。

③ 柯卉兵：《新自由主义社会福利理念及政策实践评析》，《南都学坛》（人文社会科学版）2006年第3期。

为市场在分配资源、促进增长和保证个人自由方面是最有效的，但市场机制需要调节和控制。中间道路派反集体主义，但是不反对国家干预，不支持民主社会主义，也不同意完全自由放任。中间道路理论在20世纪50—70年代曾经作为英国、德国和美国不同时期经济政策的理论依据。进入20世纪80—90年代，西方自由经济造成了新的危机，中间道路学派以新的面孔即"第三条道路"出现。随着克林顿入住白宫和布莱尔当选首相，两人宣称奉行"第三条道路"，他们主要的理论来源是传统中间道路学派和新的代表人物安东尼·吉登斯。具体来说，中间道路学派的基本观点有以下几点：第一，在政府与市场关系上，认为政府应当对福利负主要责任，政府应当保障人们的财产权，通过保障制度使人们获得安全感，为人提供基本的生活条件。但是，该学派又对政府提供保障有所保留，不赞成国家过多地提供福利，认为这样会造成个人的依赖和惰性，福利应当是政府、非政府组织和个人共同参与的结果。第二，在收入和再分配上，中间道路学派强调社会的整体性，要维护社会的秩序和稳定。分配的不公平是导致社会秩序混乱的重要原因，所以政府要对分配的不公平、不公正进行干预。关注弱势群体问题，要通过资源的再分配解决失业、贫困、贫富差距拉大等社会问题。第三，在福利的提供上，主张福利政策的制定和执行要提高效率。要注意破除垄断，通过私营部门和社会组织的介入，使社会服务提高质量和效率。第四，在价值取向上，中间道路学派认为，对于一个健康的社会来说，个人责任非常重要。如果采用过高的福利政策，一方面国家负担沉重，另一方面会造成个人对国家的过度依赖，会损害个人的生活。应该使个人获得机会上的平等，要追求公平的社会而不是单纯追求结果均等。① 通过以上介绍，我们可以发现，中间道路学派是在妥协和矛盾中发展起来的折中理论，它是自由主义和福利制度的混合和折中，而不是一种创新。

---

① 成志刚：《西方社会保障理论主要流派论析》，《湘潭大学社会科学学报》2002年第5期。

第三章　以人为本
——社会性弱势群体保护的理据

社会性弱势群体的出现是与社会转型和社会发展相伴随的一种现象，但是对社会性弱势群体的保护并不是没有争议的，这些争议具体表现为个人责任论、改革代价论、社会达尔文主义等，要排除这些干扰，保护社会性弱势群体，为他们的发展提供条件就要深入贯彻落实科学发展观，深刻理解"以人为本"理念。以人为本理念是对马克思主义人本思想的继承和发展，是科学发展观的核心，是对我国传统"民本"思想和西方资产阶级人文主义的超越和发展，它为社会性弱势群体的保护提供了坚实的理论基础。

第一节　"以人为本"的概念分析

"以人为本"作为科学发展观的核心，它是以胡锦涛为总书记的党中央在我国改革的攻坚阶段和发展的关键时期，总结我国改革发展的历史经验和教训，吸收借鉴世界各国的思想理论，继承和发展马克思列宁主义、毛泽东思想、邓小平理论和"三个代表"重要思想而提出来的重要理论。2003 年 10 月，胡锦涛在中国共产党第十六届三中全会通过的《中共中央关于完善社会主义市场经济体制若干问题的决定》中提出了"坚持以人为本，树立全面、协调、可持续的发展观，促进经济社会和人的全面发展"[①]。在中国共产党第十七次全国代表大会上，"以人为本"被确定为科学发展观的核心，"科学发展观，第一要义是发展，

---

① 《十六大以来重要文献选编》（上），中央文献出版社 2005 年版，第 465 页。

核心是以人为本，基本要求是全面协调可持续，根本方法是统筹兼顾。"① 为了准确把握"以人为本"的科学内涵，有必要对"以人为本"的概念作出细致分析。

一　以人为本的"人"和"本"

人是什么？这是一个十分复杂的问题。在前马克思时期，思想家们对人的本质的回答主要有四种观点：自然本质主义、精神本质主义、社会本质主义、非理性本质主义。② 马克思第一次科学地破译了"人是什么"的问题，马克思认为，"人的本质不是单个人所固有的抽象物，在其现实性上，它是一切社会关系的总和"③。"以人为本"中的人，不是作为生物物种的人，而是作为哲学社会科学对象的人。根据马克思主义的观点，人总是现实的人，是从事实践活动和历史行动的人。在马克思那里，人有三种存在维度：类、群体和个体。也就是说，作为每一个人，既是类意义上的人、社会意义上的人，还是个体意义上的人。近代西方人本主义往往把人的存在仅仅理解为类的存在，是一种抽象的"人"。他们忽视人的个性差异和社会差异，强调人的普遍性。我国古代一些政治家和思想家，也能够看到"民"的力量，但他们常常将"民"看作被动的、客体的，他们忽视了类意义上的人的权利、人的平等、人的价值。

根据马克思主义关于人的三种存在形态理论，我们强调的以人为本中的"人"，应包括：类存在意义上的人、社会群体意义上的人和具有独立人格和个性的个人。

人首先是在和动物相区别的意义上，作为人这个"类"而存在的。"人是自然界演化到一定历史阶段的物质运动的特殊形态的产物，是肉体的、有自然力的、有生命的、现实的、感性的、对象性的存在物，是唯一由于劳动而摆脱纯粹动物状态的'类'的存在。"④ 劳动这种生命

① 本书编写组：《十七大报告辅导读本》，人民出版社2007年版，第14页。
② 陈曙光：《马克思破译人学"斯芬克司之谜"的历程与方法》，《中南大学学报》2008年第2期。
③ ［德］马克思：《关于费尔巴哈的提纲》，载《马克思恩格斯选集》（第1卷），人民出版社1995年版，第60页。
④ 李慎明：《以人为本的科学内涵和精神实质》，《中国社会科学》2007年第6期。

活动和生产活动，将人同动物的生命活动区别开来。马克思认为，人的类特征就是自由的、自觉的活动。人的活动具有能动性的特征，人既是认识世界和改造世界的主体，又是被认识和被改造的对象。人作为类存在，既强调了人类区别于神、动物、自然的特性，但同时也要防止人类中心主义。作为"人"类的一员，不论出身、职业、地位、肤色、民族多么不同，人都应该获得同等的尊重，应该享有同等的人类尊严。尽管西方极力标榜"民主"、"自由"等观念，但是，我们看到在现实的世界秩序中，一些国家推行霸权主义和强权政治，不尊重别的国家的人的自由和人权，为了本国利益而发动战争，无视平民的生命、财产安全。在信息时代的条件下，以美国为代表的发达国家，利用其技术优势，肆意监听监视别国公民和领导人，赤裸裸地侵犯人的基本权利。美国前 CIA（美国中央情报局）技术分析员爱德华·斯诺登的爆料和其后的遭遇就是明证。同时，在一个国家内部，人也因为某些现实因素而没有获得同等的尊重。社会性弱势群体问题就是这种问题的表现。另外，以人为本包含了对人类中心主义的反动，在尊重人类价值的同时，不能蔑视一切物的存在。恩格斯说："我们每走一步都要记住：我们统治自然界，决不能像统治异族人那样，因为我们本身始终都是属于自然界和存在于自然之中的。"[①]

从"群体"的维度看，人的存在是群体性的存在，人必须要过群体性的生活，要坚持集体主义，这是马克思主义的重要原则，也是中华民族的优良传统。人在社会合作中生存，在社会交往中提高，人是社会的动物，必须要在社会中谋取职业，扮演一定的社会角色，发生一定的社会交往。人作为群体意义的存在，决定了人的生存和发展必然伴随着社会的发展，因此个人要服从集体的整体利益、长远利益。当然，我们在强调集体主义的同时，不能将集体主义绝对化，不能以集体的名义片面忽视、否定和排斥个人。当前，要特别注意以公共利益名义而侵害个人具体利益的情况，特别注意抽象地肯定"人民"而具体地否定"个人"的情况。"为人民服务"应该要落实到具体的个人那里，不能因为征地、拆迁对于国家整体发展有利而片面地牺牲某些群体和个人的利益，

---

①　［德］恩格斯：《自然辩证法》，载《马克思恩格斯选集》（第四卷），人民出版社1995 年版，第 384 页。

不能因为城市整洁有序而片面地牺牲小商小贩的利益。这种以集体名义压制个人往往是社会性弱势群体产生的重要原因。真正的集体主义是对个人的保护，而不是对个人的否定。真正的集体主义乃是马克思所设想的共产主义社会里"每个人的自由发展是一切人的自由发展的条件"①。

从"个体"维度来看，人的存在体现为个人的存在。马克思哲学的出发点是现实的个人，这个"个人"是社会中的个人，是社会共同体中的个人，是与他人处于相互关系中的个人，是以他人、集体的存在为前提的个人，而不是极端个人主义的个人。② 马克思在《共产党宣言》中这样描述理想社会："代替那存在着阶级和阶级对立的资本主义旧社会的，将是这样一个联合体，在那里，每个人的自由发展是一切人的自由发展的条件。"③ 在这里，马克思指出，每个人的自由发展，是一切人自由发展的基础。从一定意义上讲，没有一个个有生命的个体，也就没有整个人类、人类社会和人类历史；但人的普遍性存在方式，则是现实的个人以及他们的活动和他们的物质生活条件。④ 个人是人类、社会的基本单位，没有个人的人类、社会是空洞的，同样离开了人类、社会，个人只是动物性的存在，称不上完整意义上的人。个人只有与他人合作，共同参与社会生活和社会劳动才成其自身。从这个意义上说，马克思主义的个体观是与资本主义的个人主义根本对立的。个人的独特性不是以"我"为本，任何一个理性的社会，都不应当提倡极端的个人主义。个人是无法离开社会而生存的，个人的独特性，根本的在于其个性、潜力和能力。马克思指出："任何人的职责、使命、任务就是全面地发展自己的一切能力。"⑤ 马克思对个体的人的自由而全面的发展的强调，超越于资本主义的人权理论。一般的人权理论，包括应然人权、法定人权和实然人权三个层次。所谓应然人权，指的是道德意义上的人权。法定人权指的是宪法和法律所规定的人的基本权利。而实然人权指的是在一定的政治经济条件下，人们能够得到切实保障的那部分人权。

---

① ［德］马克思、恩格斯：《共产党宣言》，载《马克思恩格斯选集》（第1卷），人民出版社1995年版，第294页。

② 陈曙光：《关于"以人为本"形上之思》，《哲学研究》2009年第3期。

③ 《马克思恩格斯选集》（第1卷），人民出版社1995年版，第294页。

④ 李慎明：《以人为本的科学内涵和精神实质》，《中国社会科学》2007年第6期。

⑤ 《马克思恩格斯全集》（第3卷），人民出版社2002年版，第330页。

由于资本主义阶级社会性质的限制，应然人权、法定人权和实然人权一般呈现递减的状态。我国宪法规定了尊重和保障人权的重要内容，我们的目标是要做到保障好人的基本权利，同时将应然人权、法定人权和实然人权逐步统一起来，直至实现人的自由而全面发展的宏伟目标。

以人为本的"本"指的是什么？按照字义理解，可以解释为事物的根本、基础，社会历史的主宰、主体、主导，指导思想和行动的原则，工作的出发点和归宿，价值标准、尺度，以及哲学上的本原、本质，经济学的本位，等等。① "本"作为一个哲学范畴一般有两层含义：其一是本质、本原、本体的意思，即谁先谁后、谁产生谁，这是存在论意义上的理解；其二是指事物的根本，这是价值论意义上的理解。东汉许慎在《说文解字》中说："本，木下曰本，一在其下。"古人以"本"来比喻事物的某部分在整体中占有比较重要的地位。

从存在论上来讲，"本"字指的是万物的本原。"人本"是相对于"神本"、"物本"、"君本"而言的。"人本"最初是西方人文主义思想家用于反对中世纪神学的"神本"而提出来的，它主张尊重现实的人，主张人在精神上获得解放，它推动自由、平等、人权等观念在西方扎根，推动了历史进步。费尔巴哈用人本主义理念批判宗教神学，提出"人的绝对本质、上帝，其实就是他自己的本质"。

但是，作为科学发展观"以人为本"的"本"主要是从价值论来理解的，是对人在社会发展中的主体地位、作用和价值的肯定。以人为本就是以人为根本，以人为出发点，以人为落脚点。我们强调以人为本中的"本"，需要放在各种关系中来理解：（1）相对于人对人的依赖，人对物的依赖，它把人作为主体。所谓人对人的依赖，主要是指人对狭隘的人情关系和权力意志的依赖，人成为依附性的人。人对物的依赖，就是对金钱、物质财物的依赖，人成为物的奴隶。以人为本的人应该要突出人的主体地位，既是权利的主体，又是责任的主体。（2）相对于人被边缘化而言，它把人看作一切事物的最终本质和根据。（3）相对于人作为手段而言，它把人作为目的。我们往往关注人之外的世界多，

①　陈志尚：《准确把握以人为本的科学内涵》，《北京大学学报》（哲学社会科学版）2005 年第 3 期。

而关注人本身不够，人总是为人之外的东西而存在，而不是为自己而存在。①

二　以人为本的现实含义

"以人为本"是以"现实的人"为依据的，"以人为本"就是以现实的人为根本的价值尺度和价值目标。在我国，"现实的人"不是指抽象的、孤立的个人，而是指最广大的人民群众。坚持"以人为本"，就是要"以实现人的全面发展为目标，以人民群众的根本利益出发谋发展、促发展，不断满足人民群众日益增长的物质文化需要，切实保障人民群众的经济、政治和文化权益，让发展的成果惠及全体人民"。"就是要在经济发展的基础上，不断提高人民群众物质文化生活水平；就是要尊重和保障人权，包括公民的政治、经济、文化权利；就是要不断提高人们的思想道德素质、科学文化素质和健康素质；就是要创造人民平等发展、充分发挥聪明才智的社会环境……当前工作中的一个重要方面，是着力解决关系人民群众切身利益的突出问题。"②"以人为本"作为科学发展观的核心，它不是停留在价值层面上的抽象原则，而是被赋予了具体的科学内涵。

（一）"以人为本"的前提和基础：大力加强经济建设和发展生产力

大力加强经济建设，大力发展社会生产力，不断满足人民群众的物质文化需要，这是"以人为本"的基础和前提。马克思、恩格斯在《德意志意识形态》中指出："我们首先应当确定一切人类生存的第一个前提，也就是一切历史的第一个前提，这个前提是人们为了能够'创造历史'，必须能够生活。但是为了生活，首先就需要吃、喝、住、穿以及其他一些东西。因此第一个历史活动就是生产满足这些需要的资料，即生产物质生活本身。"③马克思主义经典作家的这些论断说明了物质资料的生产、物质的生产力，是一切社会和人向前发展的根本动力。我国当前还处在社会主义初级阶段，我国现阶段的主要矛盾还是人

---

① 韩庆祥：《"以人为本"的科学内涵及其理性实践》，《河北学刊》2004 年第 5 期。

② 温家宝：《提高认识统一思想牢固树立和认真落实科学发展观》，2004 年 2 月 21 日，中华人民共和国中央人民政府网（http://www.gov.cn/test/2005—06/26/content_9581.html）。

③ 《马克思恩格斯选集》（第 1 卷），人民出版社 1995 年版，第 78—79 页。

民日益增长的物质文化需要同落后的社会生产之间的矛盾。我们必须继续坚持以经济建设为中心，集中力量发展社会生产力。大力发展生产力，不仅体现在满足人民群众的物质需要上，而且体现为满足人民群众的文化需要。精神文化需要是人和动物最大的区别，只有经济建设搞好了，社会生产力提高了，才能为满足人民群众的精神文化需要提供坚实的基础。只有不断发展生产力，才能使人最终成为生产和文化的主人。只有生产力高度发展，社会才能提供更加丰富的文化精神产品，人才能有更多的时间用于自身各方面的全面发展。我们一方面要毫不动摇地继续坚持发展生产力，以经济建设为中心；另一方面要抵制资产阶级的腐朽思想和观念，坚决摒弃把人的发展等同于物欲的满足的思路，这不仅背离了社会演进的规律，也玷污了人性和人格的尊严。

（二）"以人为本"的出发点和归宿：最广大人民群众的根本利益

首先，人民群众是社会发展的主体。自然活动与社会活动是完全不同的。恩格斯说过，在自然界中，"全是没有意识的盲动的动力，这些动力彼此发生作用，而一般规律就表现在这些动力的相互作用中"。"相反，在社会历史领域内进行活动的，是具有意识的、经过思虑或凭激情行动的、追求某种目的的人，任何事情的发生都不是没有自觉的意图，没有预期的目的的。"[①] 社会活动是人自觉参与的活动，社会发展的主体是人，体现为最广大的人民群众，人民群众是一切社会活动的承担者。离开了人民群众的有意识的自觉参与，一切社会活动，无论是物质还是精神活动，都是不可能实现的。因此，要坚持人民群众对社会发展的主体地位和作用。其次，人民群众是推动社会进步的根本动力。人民群众是历史的创造者，生产力的发展和生产关系的变革，归根到底都要通过人民群众的实践来实现。人民群众创造历史，既通过物质动力，也通过精神力量。恩格斯说："历史是这样创造的，最终的结果总是从许多人的意志的相互冲突中产生出来，而其中每一个意志，又是由于许多特殊的生活条件，才成为它所成为的那样。这样就有无数相互交错的力量，有无数个力的平行四边形，由此就产生出一个合力，即历史结果，而这个结果又可以看作整体地、不自觉地和不自主地起作用的力量

---

① 《马克思恩格斯选集》（第 4 卷），人民出版社 1995 年版，第 247 页。

的产物。"① 物质力量和精神力量的总和，就是人民群众的动力。最后，人民群众是发展的最终归宿。一切发展必须依靠人民，一切发展为了人民，"全心全意为人民服务"是毛泽东民本思想的核心内容。毛泽东说："共产党人必须随时准备坚持真理，因为任何真理都是符合人民利益的；共产党人必须随时准备修正错误，因为任何错误都是不符合人民利益的。"② 胡锦涛同志提出了"立党为公、执政为民"的思想是科学发展观的精髓。发展生产力，其目的是满足人民群众的物质生活需要；发展先进文化，建设高度的精神文明，其目的是不断满足人民群众的精神文化生活需要，实现人的全面发展；建设高度的政治文明，其目的是不断满足人民群众的政治生活需要，保障人民群众的政治权利。我们的发展，就是要不断解决前进中的矛盾和问题，最终目的是发展好、维护好、实现好最广大人民的根本利益。

（三）"以人为本"的实质：以人的全面发展为最终目标

首先，人的基本需要的满足程度是发展的基本出发点和价值尺度。发展意味着进步，意味着人的各种物质需要和精神文化需要能够不断地被满足。人类物质需要和精神文化需要的多样性要求经济社会要协调发展、全面发展和可持续发展。既然社会发展的出发点是满足人的需要，那么对人类生存和发展的满足程度便成为衡量社会发展的基本价值尺度。其次，人的发展本身已经成为经济社会发展的最大资源。以人的发展考察社会的发展，是唯物史观的基本观点。马克思主义认为，人的全面发展是人的发展的最高阶段，它摆脱了社会关系对人的控制。人本身的天赋、创造性和能力的充分而自由的发展是社会的最大财富，是财富的最本质部分。现代社会的发展业已证明，人类自身的发展已经成为社会发展的最大资源。社会现代化，归根到底是人的现代化。美国社会学家英克尔斯说："一个国家可以从国外引进作为现代化最显著标志的科学技术，移植先进国家卓有成效的工业管理方式、政府机构形式、教育制度以及赋予制度真实生命力的广泛的现代心理基础，如果执行和运用这些现代制度的人，他们自身还没有从心理、思想、态度和行为方式上都经历一个向现代化的转变，失败和畸形发展的悲剧结局是不可避免

① 《马克思恩格斯选集》（第1卷），人民出版社1995年版，第71—72页。
② 《毛泽东选集》（第3卷），人民出版社1991年版，第864页。

的。再完美的现代制度和管理方式，再先进的技术工艺也会在一群传统人的手中变成废纸一堆。"① 最后，人的全面发展是经济社会发展的终极目标和最高原则。社会发展史说到底是人的本质力量发展的历史，人的全面发展是社会发展的大趋势。我们判断一个社会进步的标准，主要在于这个社会能够创造更好的条件，使人的需要得到满足，人的才能得到发挥，人实现更好的发展。所以马克思认为，共产主义社会就是"以每个人的全面而自由的发展为基本原则的社会形式"②。

第二节 "以人为本"的理论渊源

一 以人为本是马克思主义人本思想的继承和发展

马克思主义经典作家虽然没有明确提出"以人为本"的概念，但是以下理论可以作为我们今天强调以人为本的基础。

一是马克思主义的人的存在与本质理论。马克思主义哲学认为，人有三种基本的存在状态：人作为人这个类的类存在；人作为群体意义上的存在，如工人、农民、知识分子等；人作为个人而存在，如张三、李四等。马克思主义还认为，人的类本质是自由的自觉的活动。③ 这就意味着，人应该走向实现人的活动的自由自觉性质的社会，人最终要成为社会历史的主体和目的，社会历史在其运动过程中是逐渐走向以人为本的。④

二是马克思主义人本思想强调"人是目的和工具的统一"。马克思说："每个人为另一个人服务，目的是为自己服务；每一个人都把另一个人当作自己的手段相互利用。这两种情况在两个人的意识中是这样出现的：（1）每个人只有作为另一个人的手段才能达到自己的目的；（2）每个人只有作为自我目的（自身的存在）才能成为另一个人的手段（为他的存在）；（3）每个人是手段同时又是目的，而且只有成为手段才能达到自己的目的，只有把自己当作自我目的才能成为手段。"⑤ 人

---

① ［英］克尔斯：《人的现代化》，四川人民出版社 1985 年版，第 4—8 页。
② 《马克思恩格斯全集》（第 23 卷），人民出版社 1972 年版，第 649 页。
③ 韩庆祥：《"以人为本"的科学内涵及其理性实践》，《河北学刊》2004 年 5 月。
④ 同上。
⑤ 《马克思恩格斯全集》（第 30 卷），人民出版社 1995 年版，第 198 页。

的目的性和工具性是统一的，离开了目的性而强调工具性，则"以人为本"就失去了对象，社会的发展就会陷入价值虚无；离开了工具性而强调目的性，则"以人为本"就失去了实现的手段和依靠力量。

三是马克思主义的人的解放和人的全面发展的理论。马克思主义认为，人既是剧作者又是剧中人，人总是按照自己的尺度来看待和对待历史；人的全面发展主要指每个人的需要、能力、社会关系和个性的全面发展；社会历史是人的依赖走向物的依赖再走向自由个性的历史，是走向人的全面发展的历史。这体现了马克思主义对人的终极关怀。① 根据马克思主义的人的解放和全面发展理论，"以人为本"的"本"应当放在各种关系中理解：其一，相对于人对人的依赖、人对物的依赖而言，把人当作主体。其二，相对于人被边缘化而言，把人看作一切事物的最终本质和根据。其三，相对于人作为手段而言，把人作为目的。

"以人为本"正是在继承了马克思主义人本主义的主要思想的基础上而被提出来的，它是对马克思主义人本思想的继承和发展。中共十六届三中全会在《关于完善社会主义市场经济体制若干问题的决定》中明确提出了"坚持以人为本，树立全面、协调、可持续的发展观，促进经济社会和人的全面发展"。2004 年 3 月，胡锦涛同志在中央人口资源环境工作座谈会上指出："坚持以人为本，就是要以实现人的全面发展为目标，从人民群众的根本利益出发谋发展、促发展，不断满足人民群众日益增长的物质文化需要，切实保障人民群众的经济、政治和文化权益，让发展的成果惠及全体人民。"② 从以上党和国家领导人的论述中可以看出，"以人为本"是与马克思主义人本思想一脉相承的，是在改革发展经验基础上的发展。

二 以人为本是中国共产党发展经验和执政经验的升华

中国共产党成立至今，始终坚持以人为本的精神，为了中国最大多数人的根本利益而不懈奋斗，并形成了党的全心全意为人民服务、相信群众自己解放自己、向人民群众学习、干部的权力是人民赋予的等群众

---

① 韩庆祥：《"以人为本"的科学内涵及其理性实践》，《河北学刊》2004 年 5 月。

② 胡锦涛：《胡锦涛在中央人口资源环境工作座谈会上的讲话》，载《十六大以来重要文献选编》（上），中央文献出版社 2005 年版，第 850 页。

观点以及一切为了群众、一切依靠群众，从群众中来、到群众中去的群众路线。一切为了群众，表明人民群众是价值主体，全心全意为人民服务是党的根本宗旨。

（一）毛泽东的"以人为本"思想

在革命战争年代，中国共产党之所以能够得到人民群众的拥护、能够取得革命战争的胜利、能够团结社会各界精英人士，关键在于坚持人民群众的价值主体地位。毛泽东作为新中国的缔造者，他一生为中国人民谋幸福，他有着丰富的以人为本的思想和人文情怀。毛泽东的以人为本的立场、观点和价值取向主要表现为：（1）人民主体观——"群众是真正的英雄"。毛泽东指出："世间一切事物中，人是第一个可宝贵的。在共产党领导下，只要有了人，什么人间奇迹也可以造出来。"[①]毛泽东所指的人，主要是指人民群众，主体是从事物质生产活动的劳动群众，他们是历史的创造者。他指出："群众是真正的英雄，而我们自己则往往是幼稚可笑的，不了解这一点，就不能得到起码的知识。"[②]毛泽东特别看重民众联合起来的力量，他说："国民党现在实行他们的堡垒政策，大筑其乌龟壳，以为这是他们的铜墙铁壁。同志们，这果然是铜墙铁壁吗？一点也不是！……真正的铜墙铁壁是什么？是群众，是千百万真心实意地拥护革命的群众。这是真正的铜墙铁壁，什么力量也打不破的，完全打不破的。"[③]毛泽东始终坚持人民群众是真正的英雄的观点，坚决地相信群众，紧紧地依靠群众。（2）人民动力观——"人民，只有人民才是创造世界历史的动力"。毛泽东看到了人民群众对于革命和历史的巨大推动作用，提出了"人民，只有人民才是创造世界历史的动力"[④]的论断。对于如何激发人民群众的动力，毛泽东既重视"物质利益"又注重"精神鼓动"。他看到了物质利益对生产和革命的激励作用，他说："要保证人们吃饱饭，然后人们才能继续生产，没有这一条是不行的。"[⑤]他又说："要得到群众的拥护吗？要群众拿出他们的全力放到战线上去吗？那么，就得和群众在一起，就得去发动群众

---

①　《毛泽东选集》（第4卷）人民出版社1991年版，第1512页。

②　《毛泽东选集》（第3卷）人民出版社1991年版，第790页。

③　《毛泽东选集》（第1卷）人民出版社1991年版，第139页。

④　《毛泽东选集》（第3卷）人民出版社1991年版，第1031页。

⑤　《毛泽东文集》（第8卷）人民出版社1999年版，第133页。

的积极性，就得关心群众的痛痒，就得真心实意地为群众谋利益，解决群众的生产和生活的问题，盐的问题，米的问题，房子的问题，衣的问题，生小孩子的问题，解决群众的一切问题。"① 当然，与西方资产阶级的个人主义、享乐主义的注重物质利益，并且以物质利益为主要追求，或以物质利益引诱、控制人不同，毛泽东对"物质利益"的注重颇类似程朱理学"天理"与"人欲"的辩证关系所表达的倾向。对于程朱理学来说，"欲"不同于"人欲"，"欲"包括正当的欲望，如基本的衣食住行、柴米油盐等基本需要，这归为"天理"，而超出正当需要之外的，如追求奢侈的物质享受，则才被称为"人欲"。毛泽东对群众物质利益的强调主要是指"天理"的这部分正当需要。那么，除了满足人民群众正当的物质利益，要调动群众的积极性，主要的还是要靠"精神鼓励"。他说："物质利益是一个重要原则，但总不是唯一的原则，总还有另外的原则，教科书中不也是常说'精神鼓励'原则吗？同时，物质利益也不能单讲个人利益、暂时利益、局部利益，还应当讲集体利益、长远利益、全局利益，应当讲个人利益服从集体利益，暂时利益服从长远利益，局部利益服从全局利益。"② 毛泽东认为，"人是要有一点精神的"，物质力量是有限的，精神的力量是无穷的。中国革命依靠小米加步枪能够打败飞机加坦克，重要的是强大的精神力量的作用。毛泽东多次强调："保持过去革命战争时期的那么一股劲，那么一股革命热情，那么一种拼命精神，把革命工作做到底。"③（3）人民利益观——"全心全意为人民服务"。毛泽东继承了马克思主义为大多数人谋利益的思想，他把为人民谋利益看作自己毕生的价值追求。他说："无论是中国还是外国，古代还是现在，剥削阶级的生活都离不了老百姓。他们讲'爱民'是为了剥削，为了从老百姓身上榨取东西，这同喂牛差不多。喂牛做什么？牛除耕田之外，还有一种用场，就是能挤奶。剥削阶级的'爱民'同爱牛差不多，我们不同，我们自己就是人民的一部分，我们的党是人民的代表。"④ 毛泽东反复强调人民的利益是我们从事一切工作的出发点。与中国传统思想观念不同，以毛泽东为

① 《毛泽东选集》（第1卷）人民出版社1991年版，第139页。
② 《毛泽东文集》（第8卷）人民出版社1999年版，第134页。
③ 《建国以来毛泽东文稿》（第6册），中央文献出版社1992年版，第400页。
④ 《毛泽东文集》（第3卷）人民出版社1999年版，第57—58页。

代表的共产党人不是耻于言利，他们喜欢谈利益，但不是个人的私利，而是最广大人民的根本利益。毛泽东说："唯物主义者并不一般地反对功利主义，但是反对封建阶级的、资产阶级的、小资产阶级的功利主义，反对那种口头上反对功利主义、实际上抱着最自私最短视的功利主义的伪善者。世界上没有什么超功利主义，在阶级社会里，不是这一阶级的功利主义，就是那一阶级的功利主义。我们是无产阶级的革命的功利主义者，我们是以占全人口百分之九十以上的最广大群众的目前利益和将来利益的统一为出发点的。"① 毛泽东将全心全意为人民谋利益看作党的根本宗旨，他在《为人民服务》中说："我们共产党和共产党所领导的八路军、新四军，是革命的队伍。我们这个队伍完全是为着解放人民的，是彻底地为人民的利益工作的。"② 他在《论联合政府》一文中指出："我们共产党人区别于其他任何政党的又一个显著的标志，就是和最广大的人民群众取得最密切的联系。全心全意地为人民服务。"③

（4）人的全面发展观——培养"德、智、体"全面发展的社会主义"新人"。毛泽东的社会主义"新人"的培养既需要教育，又需要构建合理的政治制度、社会制度。从教育方面来说，毛泽东强调要德、智、体全面发展，他说："我们所主张的全面发展，是要使学生得到比较完全的和比较广博的知识，发展健全的身体，发展共产主义的道德。"④ 他要求青年"拿起锤子能做工，拿起锄头犁耙能种田，拿起枪杆子就能打敌人，拿起笔杆子就能写文章"。⑤ 毛泽东非常强调人的道德素质，他将毫不利己、专门利人，全心全意为人民服务作为社会主义"新人"的最高标准。他说："一个人的能力有大小，但只要有这点精神，就是一个高尚的人，一个纯粹的人，一个有道德的人，一个脱离了低级趣味的人，一个有益于人民的人。"⑥ 对于毛泽东来讲，教育不仅是学校教育，还包括社会教育，在实践中的学习、锻炼，由此延伸，政治制度、社会制度也成为教育的一部分。他强调劳动的作用，强调男女平等，强

---

① 《毛泽东著作选读》（下册），人民出版社 1986 年版，第 541—542 页。
② 《毛泽东选集》（第 3 卷）人民出版社 1991 年版，第 1004 页。
③ 同上书，第 1094 页。
④ 《毛泽东文集》（第 7 卷），人民出版社 1999 年版，第 399 页。
⑤ 《社论》，《人民日报》1966 年 8 月 1 日第一版。
⑥ 《毛泽东选集》（第 2 卷），人民出版社 1991 年版，第 660 页。

调群众的民主活动等也可以说是教育的组成部分。

（二）邓小平的"以人为本"思想

改革开放以来，邓小平同志从中国改革开放和社会主义现代化建设的实际出发，创造性地提出了自己的以人为本思想。邓小平的以人为本思想包括以下几个方面：（1）尊重人——尊重人民群众的主体地位和首创精神，尊重劳动者和人才。邓小平从中国改革开放的大局出发，认为要建设社会主义事业，人是最关键的因素。他说："中国的事情能不能办好，社会主义和改革开放能不能坚持，经济能不能快一点发展起来，国家能不能长治久安，从一定意义上说，关键在人。"① 邓小平所强调的"人"，主要是人民群众和各级领导干部，其中人民群众的生产生活实践和在实践中形成的智慧需要予以充分重视，他说："改革开放中许许多多的东西，都是由群众在实践中提出来的。报告中讲我的功绩，一定要放在集体领导范围内，绝不是一个人的脑筋就可以钻出什么东西来，是群众的智慧，集体的智慧。我的功劳是把这些事物概括起来，加以提倡。"② 邓小平继承马克思主义基本原理，他强调："人是生产力中最活跃的因素。这里讲的人，是指有一定的科学知识、生产经验和劳动技能来使用生产工具、实现物质资料生产的人"，他一方面重视劳动的重要作用，另一方面面对新技术革命，邓小平也认识到科学技术、知识水平对推动生产力进步中的重要作用，他说："劳动者只有具备较高的科学文化水平，丰富的生产经验，先进的劳动技能才能在现代化的生产中发挥更大的作用。"③ "我们国家，国力的强弱，经济发展后劲的大小，越来越取决于劳动者的素质，取决于知识分子的数量和质量。一个十亿人口的大国，教育搞上去了，人才资源的巨大优势是任何国家比不了的。有了人才优势，再加上先进的社会主义制度，我们的目标就有把握达到。"④ （2）依靠人——重视物质利益对于调动人民群众积极性的作用。在相当长的一段时间里，我们忽视了物质利益原则在调动人民群众积极性当中的作用，过分政治挂帅，过分强调精神鼓动的作用。精神激励的作用当然是不可或缺的，也是非常重要的，但是精神激

---

① 《邓小平文选》（第3卷），人民出版社1993年版，第380页。
② 《邓小平文选》（第2卷），人民出版社1994年版，第230页。
③ 同上书，第88页。
④ 《邓小平文选》（第3卷），人民出版社1993年版，第120页。

励不能代替正当的物质利益，正当的物质利益是人的生存基础，在马斯洛关于人的需要的层次序列中处于基础地位。他说："不讲多劳多得，不重视物质利益，对少数先进分子可以，对广大群众不行，一段时间可以，长期不行。革命精神是非常宝贵的，没有革命精神就没有革命行动。但是，革命是在物质利益的基础上产生的。如果只讲牺牲精神，不讲物质利益，那就是唯心论。"① 邓小平认识到物质利益的重要性，制定了按劳分配的政策，他说："所谓按劳分配，就是多劳多得，少劳少得，不劳不得。……不鼓励劳动有贡献的人，不让他们多收入一点，不让那些在艰苦劳动条件下劳动的人多收入一点，这是违反马克思主义，违反社会主义原则的。"② （3）为了人——提高人民群众生活，实现共同富裕。邓小平始终将改善人民生活水平放在优先的地位，他提出了关于社会主义本质的论断，"社会主义的本质，是解放生产力，发展生产力，消灭剥削，消除两极分化，最终达到共同富裕"③。基于实现"共同富裕"的目标导向，邓小平认为，虽然社会主义允许一部分人先富起来，但是要先富带动后富，而不是要出现一个贫富分化的社会，那不是社会主义。他说："我们提倡一部分地区先富裕起来，是为了激励和带动其他地区也富裕起来，并且使先富裕起来的地区帮助落后的地区更好地发展。"④ 基于共同富裕的目标，他不赞成资本主义道路，他说："如果走资本主义道路，可以使中国百分之几的人富裕起来，但是绝对解决不了百分之九十几的人生活富裕的问题。而坚持社会主义，实行按劳分配的原则，就不会产生贫富过大的差距。"⑤

（三）江泽民的"以人为本"思想

江泽民同志的"以人为本"思想，体现了他对马克思唯物史观的继承和发展，同时也体现了他对毛泽东思想和邓小平理论的借鉴和创新。具体来说，江泽民"以人为本"思想包括以下内容：（1）核心内容：重视人的力量，提升人的素质。江泽民同志认识到，当今世界的竞争，

---

① 《邓小平文选》（第2卷），人民出版社1994年版，第146页。
② 中共中央文献研究室编：《邓小平思想年谱（1975—1997）》，中央文献出版社1998年版，第38—39页。
③ 《邓小平文选》（第3卷），人民出版社1993年版，第373页。
④ 同上书，第111页。
⑤ 同上书，第64页。

人是决定性的力量，国家应该将全社会各种人的力量发挥出来，马克思的阶级分析方法虽然仍然有效，但要避免"以阶级斗争为纲"，应该要充分调动社会各阶层的力量，他说："包括知识分子在内的工人阶级，广大农民，始终是推动我国先进生产力发展和社会全面进步的根本力量。在社会变革中出现的民营科技企业的创业人员和技术人员，受聘于外资企业的管理技术人员、个体户、私营企业主、中介组织的从业人员、自由职业人员等社会阶层，都是中国特色社会主义事业的建设者。"① 他不仅重视社会各阶层在建设社会主义社会中的力量，而且他尤其重视人才的作用，他说："要确立人才资源是第一资源的思想，克服见物不见人和重使用轻培养的倾向。要树立全面的人才观，克服人才单位、部门所有的狭隘观念。要广纳贤才、知人善任，既重视有所成就的人才，也关注具有潜能的人才；既重视国内人才，也积极吸引海外人才；既重视国有企事业单位的人才，也要把民营科技企业的专门人才和受聘于外资企业的专门人才纳入视野。人才培养使用要讲投入产出，讲效益。对人才培养的投入，是收益最大的投入。人才资源的浪费是最大的浪费。要按照全面发展的要求，提高人才自身的思想道德素养和科学文化素质，充分发挥人才的主观能动性和创造精神。"② 而要想造就千千万万的人才，唯有大力发展教育事业，他说："在我们这样一个有近十二亿人口、资源相对不足、经济文化比较落后的国家，依靠什么来实现社会主义现代化建设的宏伟目标呢？具有决定意义的一条，就是把经济建设转到依靠科技进步和提高劳动者素质的轨道上来，真正把教育摆在优先发展的战略地位，努力提高全民族的思想道德和科学文化水平。这是实现我国现代化的根本大计。"③ （2）基本出发点和落脚点：关注人民利益，关心群众疾苦。江泽民十分注重做好群众利益工作。他说："要赢得群众拥护，最根本的是要把实现和维护最广大人民群众的利益作为我们一切工作的出发点和落脚点，努力使工人、农民、知识分子等基本群众共同享受到改革发展的成果。党的一切方针政策，都要以是否符合最广大人民群众的利益为最高标准，以最广大人民群众满意不满意

---

① 《江泽民文选》（第3卷），人民出版社2006年版，第539页。

② 同上书，第319页。

③ 《江泽民文选》（第1卷），人民出版社2006年版，第369页。

为根本准则。"① 关注群众利益，首先体现为关心群众疾苦，尤其是弱势群体的疾苦。他说："我们党的宗旨是全心全意为人民服务。我们搞社会主义，是要解放和发展生产力，消灭剥削和贫穷，最终实现全体人民共同富裕。贫穷不是社会主义。一部分人富起来，另一部分人长期贫困，也不是社会主义。鼓励一部分地区、一部分人先富起来，先富带动和帮助后富，最终实现共同富裕，是我们既定的政策。这个政策不能变。我在西南、西北一些地方看到，有些农户家徒四壁，连玉米糊糊都喝不饱，有的吃盐、喝水都相当困难。看到这些，心里很不安。"② 又说："当我们在车站上、车厢里看到拥挤不堪的人群时，当我们看到孩子们在简陋甚至危险的教室上课、数万名幼儿入托入园难使年轻父母愁眉不展时，当我们了解到有的怀孕女工因上班挤车造成流产、全市有两万名职工上下班路上要花四小时以上的时间时，当我们看到一场暴雨使十一万户居民家中进水时，心里就感到深深不安。人民群众是我们国家的主人，我们是人民的公仆，有责任为他们解除后顾之忧。……我们决定在目前国家财力有限的情况下，本着实事求是的精神，积极想办法，每年扎扎实实为人民群众办几件看得见、摸得着、群众又急需解决的实事。"③（3）提升人的素质——努力促进人的全面发展。江泽民将人的全面发展作为现阶段的重要奋斗目标，他认为，人的全面发展首先是物质和精神全面发展的统一。他说："我们建设有中国特色社会主义的各项事业，我们进行的一切工作，既要着眼于人民现实的物质文化生活需要，同时又要着眼于促进人民素质的提高，也就是努力促进人的全面发展。这是马克思主义关于建设社会主义新社会的本质要求。"④ "一个民族物质上不能贫困，精神上也不能贫困；只有物质和精神都富有才能成为一个有强大生命力和凝聚力的民族。"⑤ 江泽民不仅主张整个社会要促进人的全面发展，而且他更强调青年人的全面发展，他说："为了挑起振兴中华的重担，青年人应该有崇高的理想，有正确的世界观和人生观，有献身精神，有丰富的知识和真才实学，有脚踏实地的工作作风，

---

① 《江泽民文选》（第2卷），人民出版社2006年版，第445页。
② 同上书，第535页。
③ 《江泽民文选》（第1卷），人民出版社2006年版，第14—15页。
④ 《江泽民文选》（第2卷），人民出版社2006年版，第294页。
⑤ 《江泽民同志理论论述大事记要》，中央党校出版社1998年版，第44页。

有高度的纪律修养和高尚的道德风尚，有坚强的意志和健康的体魄。"①
江泽民提出人的全面发展思想，还强调人的全面发展是社会发展与人的
发展的统一。"推进人的发展，同推进经济、文化的发展和改善人民物
质文化生活是互为前提和基础的。人越全面发展，社会的物质文化财富
就会创造得越多，人民的生活就越能得到改善，物质文化条件越充分，
又越能推进人的全面发展。"②

（四）胡锦涛"以人为本"思想的深刻内涵

中国共产党十六大以后，以胡锦涛为总书记的党中央继承毛泽东思
想、邓小平理论和"三个代表"重要思想中以人民群众的根本利益为
根本价值取向的精神内核，明确提出了"以人为本"的科学发展观。
"以人为本"与中国共产党的宗旨一脉相承，是对中国共产党执政经验
的总结和升华。贯彻以人为本，要对以人为本的三层含义有深刻的
理解。③

第一，科学发展观的以人为本，最根本的是以最广大人民群众的根
本利益为本，而不是"以物为本"、"以 GDP 为本"。所谓"以物为
本"，就是见物不见人，只知道发挥物，即机器、设备和资本等"死劳
动"的有限效应；不知道只有人才是生产力中最活跃、最革命的因素，
才是第一可宝贵的，因而不能充分调动最广大人民群众的积极性、主动
性、创造性。④ 所谓"以 GDP 为本"，就是以眼前利益为本，以显性利
益为本，以政绩为本。大多数人的利益是最紧要和最具有决定性的因
素。"以'最广大人民的根本利益'为本"，就是要"以实现人的全面
发展为目标，从人民群众的根本利益出发谋发展、促发展，不断满足人
民群众日益增长的物质文化需要，切实保障人民群众的经济、政治和文
化权益，让发展的成果惠及全体人民。"⑤ 改革开放以来，我国经济连
续三十多年高速发展，我国的综合国力和人民群众生活水平有了大幅度
提高，经济增长确实是社会进步的推动力量，是促进人的发展的基础。
人们想当然地认为，有了经济增长，其他各方面的进步是能够自然实现

① 韩庆祥等：《马克思开辟的道路》，人民出版社 2005 年版，第 82 页。

② 《江泽民文选》（第 2 卷），人民出版社 2006 年版，第 295 页。

③ 吴忠民：《以人为本的三层含义缺一不可》，《理论导报》2008 年 3 月。

④ 李慎明：《以人为本的科学内涵和精神实质》，《中国社会科学》2007 年第 6 期。

⑤ 《十六大以来重要文献选编》（上），中央文献出版社 2005 年版，第 369 页。

的。在这种思想支配下，社会出现了 GDP 崇拜而见物不见人，迷恋物质利益驱动而忽视精神价值。经济的发展和物质的丰富并没有带来人民所期望的幸福生活，反而带来了精神的空虚、环境的恶化和资源的紧张。发展的现实提醒我们：发展要以人为本位，只有以人为本位的发展才是正确的和合理的。发展的最终目的是满足人的各种需要，人是发展的目的本身。

第二，发展是以绝大多数人为本的发展，而不是以少数人为本的发展。以广大人民利益为重的"大多数"的观念，是中国共产党人最根本的价值取向。社会发展的成果应当让社会绝大多数成员共享，也就是说，随着经济社会的发展，每个社会成员的物质利益得到保障，生活水准不断提高，人的潜能得以开发，人的尊严得以保证。如果出现贫富分化严重的情况，社会财富聚集于少数人手中，社会大多数人的物质利益没有随着社会经济发展而相应提高，社会的弱势群体受到强势群体的剥夺，其尊严得不到保障，那么这样的社会就不符合以人为本的要求。社会绝大多数成员共享发展的成果，这是现代文明的标志，也是发展得以持续的要求。目前，我国不同的社会阶层的利益不相一致，其根源在于资本和劳动的不相一致。我们应当充分地利用甚至发展资本，但"不能把资本的拥有者的利益作为人的共同利益加以维护与推崇"[1]。资本拥有者的利益和劳动者的利益从根本上是对立的，尽管在某些环节和某种程度存在一定的一致性。因此要首先保护劳动者的根本利益。[2] 正如西斯蒙第所说："在某个国家，如果广大人民群众经常感到匮乏，生活极不稳定，意志被挫折，精神被斫丧，人格被贬低，即使上层阶级获得至高无上的人类幸福，充分发挥一切才能，享有一切人民权利，享尽人间的乐事，这个国家仍然是一个被奴役的国家。"[3] 在改革和发展中，我们不可避免地需要付出改革和发展的代价，要考虑广大人民群众的承受力，但是我们需要慎重对待这种代价，要尽量避免这种代价过多地让社会性弱势群体承担，改革的博弈过程要让社会各阶层成员参与。在付出

---

① 陈学明、金瑶梅：《以人为本以"什么样的人"和"人的什么"为本》，《哲学研究》2009 年第 8 期。

② 陈曙光：《以人为本"元"论》，博士学位论文，武汉大学，2010 年，第 112 页。

③ ［法］西斯蒙第：《政治经济学新原理》，何钦译，商务印书馆 1964 年版，第 19—20页。

代价的同时，要通过社会保障等制度建设，对社会性弱势群体的权益进行保障。只有坚持以绝大多数人为本的发展，才能使人民群众积极地认同改革、认同发展，才能为改革和发展提供长效的推动力量。我们可以看到，在经济发展的过程中，如果以西方新自由主义为指导，会出现贫富分化不断加剧的"马太效应"，新自由主义，其实质是以资本为本，是以少数人为本，这是我们需要警惕的。

第三，发展是以无数个具有平等权利的个体人为本的发展。以人为本的理念应当落实到具体的个体的人那里。在现代社会，社会是由无数个具有平等权利的个体人所构成的。国家和集体存在的目的在于保护个体人的基本权利，不能以整体社会代替独立的个人。一个社会的所有成员的基本权利都应该得到保护，这些权利包括生存权和发展权。从这个意义上说，社会性弱势群体需要得到保护，并不主要是因为这个群体数额庞大，而主要是因为他们是社会的独立个体，他们应当享有作为人的基本权利。

第三节　以人为本是保护社会性弱势群体的理论基础

"以人为本"理念强调人既是目的也是手段。一方面，从"人是目的"来说，社会发展的价值载体应当是人，这个"人"不是抽象的人，而是具体的人，其中当然包括社会性弱势群体这一重要组成部分。而且，作为改革发展代价的主要承担者，政府应该对社会性弱势群体予以更多的保护，该群体的幸福作为发展的价值载体就显得更加突出。另一方面，从"人是手段"来说，社会性弱势群体具有劳动能力，他们的困境有其能力低下的因素，但是更主要的是因为他们遭到了社会排斥，社会性弱势群体不应当是社会的包袱，他们是社会发展的重要动力。从当前的社会现实来看，社会性弱势群体可以说是整个社会"木桶"的短板，他们比较"脆弱"，他们的发展、他们的和谐、他们的稳定是整个社会发展、和谐、稳定的标尺。

一　人是目的——社会性弱势群体是科学发展的价值载体

（一）社会性弱势群体的幸福是社会发展的目的

以人为本的发展观强调要尊重人的生命和价值，强调人的主体地位，要求以人为中心对社会的政治、经济和文化进行全方位的改造，建立起充分肯定人的价值和尊严的新的社会秩序。① 贯彻以人为本的发展观，就要把社会性弱势群体的幸福作为社会发展的目的，要排除"社会达尔文主义"和"改革代价论"两种错误思想的干扰。

社会达尔文主义（Social Darwinism）的主要代表人物最著名的有英国的斯宾塞（Herbert Spencer）和白哲特（Walter Bagehot）、美国的索姆奈（William Graham Sumner）。其中，英国社会学家斯宾塞被称为"社会达尔文主义之父"，他在19世纪中叶将进化论理论引进到人类社会，后来社会达尔文主义在世界范围内成为一股思潮，这股思潮一般认为，人类社会的发展是一个优胜劣汰的过程，应该对这个过程保持尊重，不加干扰。19世纪末，中国著名翻译家严复将赫胥黎的《天演论》介绍到中国，他通过意译加按语的方式，融合了赫胥黎、达尔文和斯宾塞的观点，对斯宾塞的观点加以发挥，使之服从和服务于中国"救亡图存"的历史任务。稍后，著名的维新人士梁启超受到日本社会达尔文主义思潮的影响，出于急于摆脱民族危亡境地、尽快唤醒国民的考虑，梁启超对社会达尔文主义大加宣传，使得这种思潮在青年知识分子中间非常流行。社会达尔文主义的要害在于将"优"与"胜"、"劣"与"败"画等号，进而颠倒因果，将"胜败"作为检验"优劣"的标准，这是公然为侵略张目的理论。第一次世界大战爆发后，这种思潮逐渐退潮，但其深层影响力和思维方式仍然发挥作用。在革命年代，它附着于战争而流行。在改革开放的年代，这种思潮又借"市场竞争"的话语而继续流行。20世纪80年代以来，我国的市场化步伐不断加快，市场竞争促进了市场活力的增强，同时也导致了社会性弱势群体问题的突出。但是，有人认为，市场经济必然是优胜劣汰的，因此社会性弱势群体的产生也是正常的，应该任其自生自灭。这种理论是站不住脚的，其存在的问题表现为以下几点。

第一，要尊重市场经济规律，不能扭曲市场竞争，但是市场不是万能的，应该对市场产生的不良后果进行补救。市场配置资源具有决定性、基础性的作用，这是改革开放以来所形成的基本结论，不容否定。

---

① 吕世伦、张学超：《"以人为本"与社会主义法治——一种法哲学上的阐释》，《法制与社会发展》2005年第1期。

但是市场机制存在失灵的问题，具体表现为：其一，因为垄断而导致的不完全竞争问题。垄断产生垄断价格，导致低效率，损失经济福利，而且，为获得与维持垄断地位，垄断企业将进行非法的"寻租"活动，导致经济福利进一步减小。垄断导致资源配置缺乏效率和社会不公，虽然垄断企业获得垄断利润，但消费者的利益与社会的经济福利都受到损失。其二，外部性问题。外部性又称为溢出效应、外部影响或外差效应，指一个人或一群人的行动和决策使另一个人或一群人受损或受益的情况。经济活动的外部性包括正外部性和负外部性两种。正外部性是某个经济行为个体的活动使他人或社会受益，而受益者无须花费代价。如教育系统培养出人才，对整个社会都是有利的。建造一栋美观的建筑，形成一道亮丽的风景，对大家都是有利的。负外部性是某个经济行为个体的活动使他人或社会受损，而造成负外部性的人却没有为此承担成本。如工厂排出污水、汽车排出尾气影响了整个环境，这导致社会大众整体受害。其三，马太效应。因为市场机制遵循的是资本与效率的原则。一方面，从市场机制自身作用看，资本拥有越多在竞争中越有利，效率提高的可能性也越大，收入与财富向资本与效率也越集中；另一方面，资本家对其雇员的剥夺，使一些人更趋于贫困，造成了收入与财富分配的进一步拉大。其四，失业和区域经济不协调问题。失业是市场机制作用的主要后果，从微观看，资本追求规模经营，劳动力被机器排斥；从宏观看，经济运行周期波动，劳动力需要不稳定。区域经济不协调也是市场机制的重要表现，经济条件优越，发展起点比较高的地区，劳动力素质和管理水平也相对较高，可以支付的资源要素的价格也较高，从而能够吸引优质的资源，由此导致落后地区因为资源的流失而越发落后。其五是信息的不对称。因为参与经济活动的人所具有的信息是不同的，一些人利用信息优势进行欺诈，从而造成市场机制的失灵。通过以上因素可以看出，市场并非万能，市场也并不公平，因此需要法律保障、宏观调控，还有包括社会保障体系在内的社会政策予以补救。

第二，我国正处于社会转型和体制转轨时期，公平竞争的体制机制还不够健全和完善，在这种环境下所产生的"被淘汰者"不能称为"劣质"的，所谓的优胜者也不一定是"优质"的。单就社会性弱势群体之一的下岗失业人群来说，其产生的因素一般表现为：一是因为国有企业"减员增效"，在社会保障体系尚不健全的情况下，这部分下岗人群年龄较大、劳动技能单一，很难实现再就业，基本生活都难以保障。其实，在下岗群体当中，不乏工艺精湛的老工人、老师傅，甚至还有当年的劳动模范，但是因为国营企业经营不善导致这部分人下岗，他们当然不能称为劣质的。二是因为经济周期性波动而失业的农民工群体。当前，我国城乡分割的二元体制还没有破除，各项劳动就业政策还不够健全，农民工的劳动权益缺乏保障，在经济形势不好时，他们往往是最容易失业的人群。而政府提供的一些社会就业岗位往往优先供给具有当地户籍的城镇人口，这对于农民工当然是不公平的。三是改革和社会变迁而导致的失业。如因为征地和拆迁，原来从事农业生产、工业劳动或经营性活动的人，因为失去了土地、集体工厂或小餐馆等劳动条件而导致失业。这部分人或劳动技能比较单一、思路不够开阔，或资金有限，不足以开辟新的就业渠道。因此，对于这些问题一方面要改革现有的体制机制，使之更为公平合理，另一方面要对竞争所出现的社会性弱势群体予以扶助。

第三，社会达尔文主义是一种淘汰理论，是不人道的和不经济的。人的出生是极端偶然的事情，人无法选择自己的父母、家庭、亲属关系、民族、性别、智商等因素，而这些因素将在人生中发挥重要作用。虽然现代法律注重保障人的基本权利，但完全的起点公平仍然难以实现。在这样的情况下，人都是戴着出身的枷锁在行进，社会达尔文主义理论实际上是一种淘汰理论，他不断地甄别落后者，并把落后者定义为价值上的劣者，然后予以淘汰。淘汰理论的问题之一在于将整体凌驾于个体之上，希望不断地淘汰落后的个体而获得整体的优化，这种理论不断地寻找整个社会最短的木板，并将最短的木板抽掉，进而收缩木桶，这样整个木桶的高度获得提升，但木桶容量却不断萎缩。一个社会先进和落后总是相对的，将落后不断淘汰的结果是组成社会的个体不断被牺牲，直至社会解体。淘汰理论的问题之二在于将人看作工具，而不是目的本身，而负责操纵这些工具的是资本，是强力，这种思路是文明的倒退。淘汰理论的问题之三在于这种理论没有看到这些落后者身上的闪光点，没有寻求一种合理的制度帮助、扶助人获得发展。现代社会，人是最可宝贵的财富，对人的智力投资是最具性价比的投资，与淘汰人相比，帮助人、扶助人更加符合社会发展规律。所以说，社会达尔文主义不仅是不人道的，而且是不经济的。

改革代价论认为，社会的发展需要付出一定的代价。当前社会出现大量的弱势群体是体制改革、社会变革的产物，一些人因此处于不利的情况是为改革所付出的代价。① 改革代价论对于分析社会性弱势群体产生的原因有一定的可取之处。但是，不能因此而认为社会性弱势群体应该承担改革的代价。我们应该看到，改革过程中既有好的一方面，有些人通过诚实劳动、合法经营，通过资本、技术、管理、劳动等生产要素参与分配而实现了发财致富，进而成为改革的受益者和社会的强势群体。但是，我们也要看到，在改革的过程中，有的人通过非法的、不合理的、非规范的方式而分享改革发展的成果，他们通过偷税漏税、垄断经营、假冒伪劣、权力寻租、贪污受贿等各种方式获得收入，有的人通过侵吞国有资产而获得暴利。这些方式实际上损害了整个社会的利益，而这种损害的代价最后落在了社会性弱势群体的身上，这是不合理的。改革肯定要付出代价，但是这个代价应该全社会共同承担，而不应该由某一群体承担，要让全体社会成员共享改革的成果，而不是由少数强势群体的成员独享这个成果。必须要把改革纳入法制化的轨道，必须充分保障人的基本权利，人的基本权利是神圣的，不容剥夺。在初次分配中要注重效率，打击各种非法经营、垄断经营，清理整顿市场经济秩序，在分配中要充分重视公平，要通过社会保障体系保障人的生活，通过税收等手段调整收入分配，要给予社会性弱势群体利益表达的机会和获得发展的机会，真正让全体社会成员共享改革的成果。

（二）社会性弱势群体的全面发展是社会发展的目的

社会性弱势群体的人力资本价值偏低是该群体陷入困境的重要原因，加大对社会性弱势群体的人力资本投入是促使其脱困的重要条件，但是，我们应该看到，包括人力资本投入在内的社会性弱势群体的全面发展是社会发展的目的本身，人的发展不仅包括生活水平的提高、生活条件的改善，还包括人能够参与政治事务、社会事务并拥有良好的社会声望，更重要的是人的发展还包括人的知识水平的提升、个人自尊自信的增强、个人价值的实现。人的全面发展首先是目的，其次才是手段。

把社会性弱势群体的全面发展看作社会发展的目的，就要摒弃"个人责任论"的错误观点。个人责任论又称作主观责任论，它将造成弱势

---

① 冯彦君：《社会弱势群体法律保护问题论纲》，《当代法学》2007 年第 7 期。

的根本原因归结为个人的能力欠缺和努力程度不够，进而认为应该由这些个体自己承担不利的后果。① 个人责任论在人的能力与社会制度的关系上片面强调人的能力的因素，这种论调抹杀了人的权利，是我国传统文化之片面强调个人修养的现代变种。我国传统文化只强调人的责任、人的义务，要求人加强自身修养，但是却缺乏对统治者的约束，导致统治的腐败和对人性的极端压制，这种思路已经被证明走不通了。现代社会首先强调人的权利的重要性，保障人的权利是第一位的，在保障人的权利的前提下，形成了人权对政府公权力的制约机制，促使权力的运行为人民服务、接受人民监督，这是现代政治文明的重要成果。

个人责任论的要害在于把人的素质提高片面地看作手段，而没有看到通过制度的改善进而促进人的全面发展才是社会发展的目的。个人责任论是有害的，在这种理论下，政府、团体和个人看着弱势群体在生存线上挣扎而心安理得。② 我们贯彻以人为本的发展观，就是要在社会性弱势群体与政府责任的关系上，要强调政府的责任，社会性弱势群体获得帮助不是恩赐，而是政府的责任和社会的责任。应该看到，社会性弱势群体中的某些人的弱势状态与他们自身的主观因素有关，但是对于大部分社会性弱势群体来说，他们的困境更多的是社会的责任，社会有责任帮助他们。

同时，我们也要反对片面救济论。片面救济论的观点认为，社会性弱势群体能力低下，缺乏发展的潜力，因此只是对他们救济，而不注重促进他们全面发展。这种思路也是有害的，它容易养成社会性弱势群体的消极、懒惰心理，造成贫困文化的遗传，对于该群体的真正脱困是不利的。

二 人是手段——社会性弱势群体也是科学发展的重要动力

（一）社会性弱势群体也是经济发展的动力

解决社会性弱势群体问题必然要增加整个社会的经济投入，因此，有人直观地认为，解决社会性弱势群体问题会加大经济发展的压力，导

---

① 冯彦君：《社会弱势群体法律保护问题论纲》，《当代法学》2007 年第 7 期。

② 王新生、罗志刚：《以人为本视角下社会弱势群体保护的理论探析》，《湖南财经高等专科学校学报》2007 年第 12 期。

致经济效益的下降，社会性弱势群体是经济发展的沉重包袱。这种观点有一定的道理，社会性弱势群体如果解决不好确实会成为社会的包袱，但是另一方面，我们要对社会性弱势群体的经济效益作科学的分析。从正面看，社会性弱势群体为我国经济的增长做出了重要贡献。同时，从反面看，如果社会性弱势群体问题得不到解决将拖累我国的经济发展。

首先，社会性弱势群体是推动我国改革开放三十多年经济增长的重要力量。有研究显示，1982—2000 年，我国人口红利对 GDP 增长的贡献比率高达26.8%，或者说，改革开放以来，我国经济的高速增长，有1/4以上是靠大量的廉价劳动力支撑的。[①] 所谓人口红利，是指在一个时期内生育率迅速下降，少儿与老年抚养负担均相对较轻，总人口中劳动适龄人口比重上升，从而在老年人口比例达到较高水平之前，形成一个劳动力资源相对比较丰富，对经济发展十分有利的黄金时期。资料显示，在改革开放以来的中国经济增速中，有28%来自物质资本，24%来自劳动力的数量，24%来自劳动力的质量，21%来自人口流动，还有3%是无名因素（比如管理水平等）。[②] 由此可见，我国丰富的劳动力数量对于我国经济增长的促进作用是十分明显的。社会性弱势群体是我国劳动人口中的重要组成部分，他们规模庞大，在改革开放以来的经济发展中，他们是推动我国改革开放三十多年经济增长的重要动力。

表 3—1　　　　　　中国各年份人口抚养系数及老龄人口比例[③]

年份	人口抚养系数	65 岁以上人口的比例（%）	年份	人口抚养系数	65 岁以上人口的比例（%）
1960	78	4.8	2010	40	8.1
1970	79	4.3	2020	44	11.5
1980	67	4.7	2030	49	15.7
1990	50	5.6	2040	61	21.4
2000	46	6.9	2050	64	22.7

---

① 王红梅：《充分兑现人口红利实现经济持续增长》，《西北人口》2008 年第 1 期。

② 同上。

③ 王涤：《中国各年份人口抚养系数及老龄人口比例》，《商业经济与管理》2002 年第 3 期。

　　根据人口学原理，一般我们将人口抚养系数或人口负担系数（非劳动年龄人口与劳动年龄人口的百分比）在 50% 以下的时期称为"人口红利期"。从表 3—1 中可以看出，我国的人口红利期始于 1990 年，结束于 2030 年，前后持续时间大约为 40 年，而到 2010 年前后，中国的人口负担系数降到最低。直到 2030 年，中国完全进入老龄化社会，人口红利期结束。这是大多数人口学家的主流观点。

　　当前，制约我国人口红利发挥作用的瓶颈性因素表现为两个方面：其一，就业压力大，大量的城镇下岗失业者、农村剩余劳动力、新生劳动力需要就业，在这种压力下，我国的失业率逐年上升。仅以城镇失业率为例，1990 年城镇失业率为 2.2%，2000 年提高到 3.1%，2003 年提高到 4.3%。[①] 这个数字还没有把大量的农村富余劳动力统计在内。大量的失业人口势必造成劳动力资源的极大浪费。其二，阻碍劳动力流动的因素仍然存在，使得人口红利效应的发挥受到影响。我国城乡分割的二元体制带给农民的不公平待遇加大了农民进城务工的成本。这种情况使得农村劳动力的顺利转移受阻，影响到人口红利的实现。我们可以看出，影响我国人口红利发挥作用的两个因素具体体现在社会性弱势群体身上。

　　因此，改革开放 30 年来，我国的社会性弱势群体作为廉价的劳动力为经济的快速增长做出了重要贡献，同时，从 2010 年到 2030 年的人口红利期内，我国的社会性弱势群体还能够继续为经济增长做出贡献。

　　其次，社会性弱势群体有利于促进我国宏观经济健康运行。从统计的角度看，始终是富人寡而穷人众。富人的消费水平固然很高，但是数量毕竟有限，而且在全球化时代，富人总是比较容易地转移自己的财富或异国消费。因此富人对消费的拉动作用是微弱的。相对于富人而言，社会性弱势群体在数量上存在优势，低收入者具有较高的消费欲望，因此社会性弱势群体有利于扩大有效需求，刺激经济健康发展。改革开放以来，我国经济长期依靠投资和出口两驾马车拉动，这样的经济增长基础是不稳固的，当务之急是扩大内需。扩大内需的主体力量并不是富裕阶层，而是社会性弱势群体及中间阶层。富裕阶层的基本消费早已饱和，扩大内需有限。而社会性弱势群体急于获得生活必需品和教育、医

_____

① 王红梅：《充分兑现人口红利实现经济持续增长》，《西北人口》2008 年第 1 期。

疗等公共品，这个消费队伍庞大，他们的消费行为可以有效拉动社会的总需求，同时，他们投入教育、医疗的消费可以带来长远的收益，有利于整个社会的长远发展。

（二）社会性弱势群体也是我国社会发展的动力

一个社会发展的标志是建立一个和谐、稳定的社会，每一个人都能够感受到社会大家庭的温暖。具体来说，按照十六届六中全会决议对于社会主义和谐社会的描述，就是要建立"民主法治、公平正义、诚信友爱、充满活力、安定有序、人与自然和谐相处"的社会。社会性弱势群体的困境并不完全是其个人素质问题，更重要的是发展机会的缺少。社会性弱势群体就像"休克鱼"，他们本身具有一定的发展能量，但是因资源配置而处于"休克"状态，因此，如果能够成功"激活"，他们可以成为社会发展的推动力量。

首先，解决社会性弱势群体问题有利于社会的安定有序。在一个国家里，如果有一部分人始终处于边缘境地，在物质和文化方面被排斥在社会之外，那么这部分人可能会产生不满，产生对社会的疏离情绪，成为社会的隐患。亚里士多德认为，贫困会激起祸乱。他说："在所有情况下，我们总是在不平等中找到叛乱的起因，凡照顾到公共利益的各种政体就都是正当或正宗的政体；而那些只照顾统治者们的利益的政体就都是错误的政体或正宗政体的变态（偏离）。"① 当社会性弱势群体把自己的贫困归结为社会的不公时，他们中的一些人就会产生反抗行为。犯罪会成为社会性弱势群体为了生存而报复社会的一种方式。因此，解决好社会性弱势群体问题，有利于降低社会动乱的风险，维护社会的稳定，降低社会治理的成本，减轻社会的负担。

其次，解决社会性弱势群体问题有利于社会实现公平正义。如果说经济发展的首要价值是效率，那么社会发展的首要价值是公平。实现社会的公平正义无疑需要关注和解决社会性弱势群体问题，反过来社会性弱势群体本身也是推动社会公平正义的重要力量。社会的公平正义不是静止的，它是一个动态的、历史的过程。社会的公平正义需要社会性弱势群体的推动，公平正义的维持也需要该群体的参与，同时，关注和解决社会性弱势群体问题本身就是公平正义的重要内容。

---

① 亚里士多德：《政治学》，商务印书馆 1965 年版，第 132 页。

最后，解决社会性弱势群体问题有助于增强社会活力，激发人民群众的积极性。中国共产党提出要最广泛最充分地调动社会的积极因素，最大限度地化解消极因素，就是要在政策上促进、在制度上保障整个社会的创造活力。社会性弱势群体是中国特色社会主义现代化建设中的重要组成部分，关注并解决他们的利益问题，可以充分调动他们的积极性，发挥他们的才能和创造力，使得这一庞大群体的人力资源和智力资源得到充分运用，使他们充分融入社会主义建设的伟大事业中。关注社会性弱势群体，就是要充分贯彻尊重劳动、尊重知识、尊重人才、尊重创造的方针，逐步提高劳动收入占社会总收入的比重，让知识、资本、技术、管理等创造财富的要素充分涌流，造福于全社会。

总之，在民主法治的环境里，以促进社会的和谐稳定和民生幸福为最终目的，切实关注社会性弱势群体问题，给他们创造发展的机会，激发该群体的积极性，使社会各阶层、各群体各尽所能、各得其所，才能真正建设成和谐美好的社会。

（三）社会性弱势群体也是政治发展的动力

一个民主法治、公平正义的社会，应该对社会所有成员的基本人权进行充分的保障。恩格斯指出，应当"结束牺牲一些人的利益来满足另一些人的需要的情况"，"所有人共同享受大家创造出来的福利"①。社会性弱势群体作为社会中的重要组成部分，他们规模庞大，应当同样获得生存、自由、发展和享受幸福的权利。一方面，保障人的基本权利是一个社会的责任和义务，是一个政权获得合法性的根本。罗伯特·达尔（Robert A. Dahl）谈到合法性时，将其比喻为一个蓄水池：只要它能够保持在一定的水平线上，便能保持稳定。如果它一旦低于这个水平，将身处险境。一个政权通常需要得到大多数民众的认可才能维持其权力。从政治学的角度来说，一个制度的合法性取决于它是否获得民众的普遍认同。一个政权要想获得持久的合法性，必须要解决权力的来源问题，必须要充分保障民众的基本权利。美国政治哲学家罗纳德·德沃金说："权利理论只要求一个社会中的所有人都必须得到同等的关心和对待，

---

① 恩格斯：《共产主义原理》，载《马克思恩格斯文集》（第1卷），人民出版社2009年版，第689页。

所有的人都必须成为政治社会的真正平等的成员。"①

　　另一方面，社会性弱势群体也是人权事业发展的重要推动力量。人权事业的进步最薄弱的环节在社会性弱势群体，没有弱势群体主体意识的觉醒，则人权事业将举步维艰。而在弱势群体当中，较之于生理性弱势群体，社会性弱势群体规模更大，力量更强，对于推动人权事业的发展具有举足轻重的作用。人权是一种机制，是推动政治不断良性发展的机制。通过对人权的保障，通过公民人权意识的觉醒，会形成对政治权力的约束和强有力的监督。只有人权的"进"，才有政治权力的"退"，在一进一退之间，政治文明将获得巨大进步。现代政治理论普遍认为，中产阶层是推动政治发展进步的主力军，但是我们如果站在历史的动态的角度观察政治发展，我们会发现，政治发展进步的过程往往是社会性弱势群体推动人权事业发展进而改善自身处境不断转化为中产阶层的过程。西方两头小、中间大的"橄榄形"的社会结构不是凭空出现的，而是社会发展进步的结果，是弱势群体不断脱困、转化的结果。在中国这种农民占多数，资源短缺、人口众多的国家，社会结构的优化更是长期的复杂的过程，在这个过程中，社会性弱势群体将负起推动政治发展、改善自身处境的重任。同时，社会性弱势群体对政治文明的推动作用不仅表现为显性的方面，更表现为隐性的方面。社会性弱势群体处境的改善使整个社会的每个成员受到德性的激励，社会性弱势群体的发展和幸福为政治权力涂上了正义的光辉。有良心的政治才是有持久动力的，才是可欲的和可求的。

　　（四）社会性弱势群体是文化的发展的推动力

　　精神文明建设是中国特色社会主义理论体系的重要组成部分，是全面建设小康社会与社会主义和谐社会的重要组成部分。精神文明的进步离不开文化事业和文化产业的发展。

　　一方面，文化的发展需要惠及全民，文化的普及要重点向农村地区、偏远地区、欠发达地区倾斜。要加快建设覆盖城乡的公共文化服务体系，让社会性弱势群体的每个成员都能获得文化发展的成果。毛泽东《在延安文艺座谈会上的讲话》中说过，需要的不是"锦上添花"，而

---

　　① ［美］罗纳德·德沃金：《认真对待权利》，信春鹰、吴玉章译，中国大百科全书出版社1998年版，第16页。

是"雪中送炭"。在中国这样一个经济文化基础比较落后的国家建设社会主义，文化的普及确实重要和紧迫。社会性弱势群体具有获得文化的强烈愿望，获得文化是他们提升自己、开阔眼界的重要方面。文化事业只有深入基层、深入群众、深入社会弱者的生活才能具有生命力、感召力。文化的发展有其特殊性，价值观的指引是其核心所在，只有以人为本，尤其是关心社会弱者的文化，才是有感染力的文化。同时，文化产业虽然比较注重经济利益，但是不能脱离社会效益，必须经济效益和社会效益兼顾，片面地追求感官刺激的文化，缺乏价值观指引的文化是没有生命力的。

另一方面，社会性弱势群体是文化事业和文化产业的重要市场。文化事业的发展体现的是公共服务，而社会性弱势群体迫切需要接受文化。社会性弱势群体不仅需要科学的文化指引，更加需要科学文化知识的普及。同时，文化产业的发展需要拓展市场。文化产业是文化事业的重要组成部分，我国是个人口众多的国家，社会性弱势群体规模庞大，是具有潜力的巨大市场，文化产业的发展要想拓宽市场，不能仅仅局限于中产阶层和富裕阶层，而应该向农村、向不发达地区拓展市场，这是对我国文化产业实力的重大考验，也是文化产业获得发展空间的重大机遇。

三 人是标准——社会性弱势群体是科学发展重要标尺

（一）社会性弱势群体问题是和谐社会建设的尺度

党的十六大报告指出："要在本世纪头20年，集中力量，全面建设惠及十几亿人口的更高水平的小康社会，使经济更加发展、民主更加健全、科教更加进步、文化更加繁荣、社会更加和谐、人民生活更加殷实。"这是中共首次在正式场合提出"和谐社会"的概念。中共十六届四中全会通过的《中共中央关于加强党的执政能力建设的决定》明确提出要构建"全体人民各尽其能、各得其所而又和谐相处"的社会主义和谐社会。中共十六届六中全会通过的《中共中央关于构建社会主义和谐社会若干重大问题的决定》中指出："我们要构建的社会主义和谐社会，是在中国特色社会主义道路上，中国共产党领导全体人民共同建设、共同享有的和谐社会。"

和谐社会是一个具有极高价值追求的社会理想目标，建设和谐社会是人类的共同理想。从柏拉图的《理想国》到空想社会主义的《乌托邦》，再到马克思主义的共产主义社会理想，从我国古代的"老有所依，壮有所用，幼有所长，鳏寡孤独废疾者皆有所养"的"大同"社会的美好理想，到太平天国的"无处不均匀，无处不保暖"的美好许诺，再到建设社会主义和谐社会目标的提出，人类对理想的社会始终孜孜以求。

和谐社会主要表现为以下三个方面的和谐。

一是社会各阶层之间保持一种良性互动、互惠互利的关系。要保证社会各阶层、各群体团结、共荣，必须要实现相互之间的公正的互惠互利。处于强势地位的阶层的利益增长不能损害弱势群体的利益，强势阶层的状况的改善要以弱势群体状况的改善为前提。

二是社会各阶层、群体得到公正的回报，体现分配正义。公正的回报并不等于平均分配，而是体现社会群体对社会的贡献，要能够充分调动社会各阶层、各群体的积极性，使整个社会处于一种良性竞争的状态。

三是社会各阶层、群体之间相互开放和平等进入。和谐社会应该是一个开放的社会，"前程为才能开放"，任何阶层不能凭借强势地位而人为地设置障碍，来排斥其他阶层和群体的社会成员进入本阶层。

在改革过程中，由于社会性弱势群体的存在，已经成为社会发展的风险因素，是社会稳定的巨大隐患，因为社会性弱势群体恰恰是社会的各个群体中经济承受力和心理承受力较弱的群体，成为社会结构的薄弱带，一旦社会各种矛盾激化，经济压力和心理负荷累积到相当程度，影响到他们的生存，社会风险将首先从这一最脆弱的群体身上爆发。社会性弱势群体问题是和谐社会的风险因素，是和谐社会的"短板"，是和谐社会关系调整的核心，社会性弱势群体的状况是和谐社会建设的标尺。

第一，社会性弱势群体的状况是判断和谐社会之公平、正义、利益均衡、社会稳定的重要标准。和谐社会最深厚的基础就在于社会公平与正义。从社会阶层结构看，要使不同利益群体和谐相处，最突出的就是要使强势群体和弱势群体之间达到一种利益均衡的状态。社会性弱势群体在经济、政治、文化和社会生活等方面处于劣势，他们日益被边缘化往往会产生强烈的挫折感和被剥夺感。社会的公平正义首要地体现为社会性弱势群体的状况得到改善，正如美国当代著名哲学家罗尔斯所指出的那样，"最少受惠者的最大利益"是正义的基础。

第二，社会性弱势群体的状况是判断和谐社会人与人之间和谐状态的重要标准。在和谐社会的背景下，人与人之间的关系应当是和睦和融洽的，人们相互尊重、互惠互利。和谐社会人与人良好关系的维系需要法制和道德共同发挥作用，整个社会人际关系融洽，对个人前途和国家未来充满期待。判断一个社会是否具有这种和谐状态的首要指标是社会性弱势群体是否得到了社会的关爱和帮助，社会是否为每个人，尤其是社会性弱势群体的发展准备了条件，社会的"最少受惠者"——社会性弱势群体的生活状态是否良好，是否对未来充满信心。

第三，社会性弱势群体是判断和谐社会是否充满活力的重要标准。充满活力是和谐社会的重要方面，充满活力标志着整个社会朝气蓬勃、健康向上、具有发展前景。一个充满活力的社会应该调动整个社会成员的积极性，整个社会成员各尽所能、各得其所而又和谐相处，分配过程体现公平。如果一个社会贫富分化加大，少数强势群体巧取豪夺，而广大的社会性弱势群体缺乏发展机会，整个社会劳动收入占总收入的比重过低，则这样的社会是缺乏发展后劲的。当然，如果片面注重平等，尤其是结果平等，强行拉平贫富差距，吃"大锅饭"也是不公平的，是不可取的，其带给社会的往往是低效率和死气沉沉。总之，一个社会是否充满活力的标准主要体现在社会性弱势群体是否能够获得劳动的机会，是否通过自己的劳动改善自己的处境，并通过积累而摆脱弱势群体的状态。

（二）社会性弱势群体问题是政治文明程度的重要尺度

胡锦涛在中共十七大报告中指出，人民民主是社会主义的生命。发展社会主义民主政治是我们党矢志不渝的奋斗目标。民主政治是社会主义政治文明的基本特征。人类社会是经济、政治、文化和社会诸领域相互联系、相互作用、发展进步的统一整体和动态过程，是物质文明、精神文明、政治文明、社会文明等不断发展进步的过程。物质文明反映了社会制度对生产力发展的推动作用和进步程度；精神文明反映了整个社会道德、文化、科学、艺术、宗教等思想观念和意识形态的发展状况和进步程度；政治文明反映了社会政治法律制度的发展状况和进步程度。它反映了特定社会的物质文明建设、精神文明建设和社会建设的制度化、规范化水平。① 中共十六大把发展社会主义民主政治，建设社会主义政治文明作为全面建设小康社会的重要目标，这是我们在建设有中国特色的社会主义实践中取得的重要认识。

马克思主义认为，政治文明是私有制产生后，伴随着阶级和政党的产生而在政治领域形成的一切政治进步和文明成果的综合。政治文明可以分为三种表现形式：政治意识文明、政治制度文明、政治行为文明。② 其中，政治意识文明是一种意识形态和观念认识，政治制度文明是一种制度、方针、政策，政治行为文明是具体的政治实践行为。文明的政治意识是政治文明的灵魂和精神指导，文明的政治制度是政治文明的主要标志和行为规范，文明的政治行为是政治文明的外在表现和真实体现。

政治文明的实质是人的平等、自由及其实现程度。如果人与人之间不存在平等和自由，就没有政治文明；如果人与人之间有了一定范围、一定程度的平等和自由，就有了一定程度的政治文明；如果大多数人之间都实现了实质的而不仅仅是形式的平等和自由，那就是高度的政治文明。政治文明，无非是文明的政治，而不是野蛮的政治，不是粗野和蛮横的政治。③

"以人为本"是政治文明的本质要求。从表面看，政治的物化层面虽然主要是国家的政治理念、政治制度、政治体制等宏观问题，但是政治作为事关人类生存和发展的事业，它实际上关键回答的是人类的生存和发展问题。从人的命运出发，关心和改善人的生活方式，保障和扩大人的权利，提高他们的生存和发展的质量，就是政治文明的应然本色，更是政治文明发展完善的必然规律。④

关注社会性弱势群体，给予社会性弱势群体更多的发展机会，保障社会性弱势群体的合法权利是政治文明程度的重要标尺，具体体现在以下三个方面。

---

① 杨信礼：《科学发展观研究》，人民出版社 2007 年版，第 157 页。
② 陈军科、姜家宗：《政治文明引导和谐社会的进程》，《华北电力大学学报》（社会科学版）2009 年第 3 期。
③ 高阿秋：《政治文明对构建和谐社会的基础性意义》，《鸡西大学学报》2009 年第 3 期。
④ 胡文木：《政治文明对构建和谐社会的意义》，《西安外事学院学报》2007 年第 3 期。

　　第一，社会性弱势群体关系到政治意识的文明程度。政治意识是政治文明的灵魂和精神指导，没有文明的理念很难产生文明的制度和文明的行为。文明的政治意识的核心是以人为本，而社会性弱势群体更是整个社会的"短板"，因此，社会性弱势群体状况是政治意识文明与否的重要标志。中国共产党从成立伊始就高举为工农劳苦大众谋福利的旗帜，树立"全心全意为人民服务"的崇高宗旨，这体现了政治意识的高度文明。为了把文明的政治意识深入共产党员的灵魂，毛泽东同志在1942年发起了著名的"延安整风"，通过"惩前毖后、治病救人"的思想教育活动，在党内广泛开张批评与自我批评，通过整风纯洁了党的意识，建立起高度文明的政治意识，全党达到了空前的团结。正是有了高度的政治意识，中国共产党才能领导人民取得抗日战争和解放战争的伟大胜利，取得了社会主义建设的巨大成就。改革开放以来，我们党继续秉承优良传统，广泛开展了深刻的思想教育活动，通过"讲学习、讲政治、讲正气"的"三讲"活动和"三个代表"重要思想学习活动、"保持共产党员先进性"教育活动、"科学发展观"教育活动等一系列教育，力求保持文明的政治意识。

　　第二，社会性弱势群体关系到政治制度的文明程度。政治制度是政治意识的体现，是政治意识的具体化和显性化，缺少了政治制度，政治意识就无所依托。政治制度的制定过程必须要充分体现民主，要公共决策民主化、程序化、科学化，必须要重视和发挥社会各界人士的作用，涉及国计民生的重大事项必须充分听取群众的意见。社会性弱势群体往往在政治制度的制定方面缺乏发言权，由此导致的问题是社会性弱势群体在政治博弈中处于不利地位，长此以往，会使得政治制度偏离政治意识文明的发展方向，出现异化现象。因此，政治制度的形成过程必须保障人民群众的知情权、参与权、表达权和监督权，尤其要保障社会性弱势群体的政治权利。同时，政治制度不仅要程序化，而且要根据具体的执行效果做出相应的调整，既要追求程序正义，也要保障结果正义。

　　第三，社会性弱势群体关系到政治行为的文明程度。政治理念、政治制度最后体现为具体的政治行为，人民群众对于党和政府是否支持和拥护也具体体现为政治行为。中国共产党作为一个长期执政的历史悠久的政党，必须要经受住考验，党的执政地位不是一劳永逸的，必须要时刻回答政治合法性的问题。所谓"合法性"，具体表现为人民群众对政府的心理认同程度。社会性弱势群体作为社会的弱者，其境况的好坏，关系到人民群众对政府的心理认同，关系到民心向背。是否真正关心社会性弱势群体，是一个社会政治文明程度的试金石。

（三）社会性弱势群体的利益是处理改革发展稳定关系的重要标志

正确处理改革发展稳定的关系，是我们党领导中国特色社会主义事业不断取得成功的一条基本经验。改革开放30年之所以能够顺利推进，取得辉煌成就，也得益于正确认识和处理改革发展稳定的关系。邓小平同志指出："改革是中国的第二次革命"，"发展才是硬道理"，"稳定压倒一切"。江泽民同志强调，改革是一场深刻的社会变革，必然要求进行利益调整、体制转换和观念更新。实践证明，三者关系处理得当，就能总揽全局，保证经济和社会的顺利发展；处理不当，就会吃苦头，付出代价。

改革发展稳定三者具有不可分割的内在联系，贯穿于社会主义现代化建设的全过程。改革是发展和稳定的动力，发展是改革和稳定的目标，稳定是改革和发展的前提。改革是一场深刻的社会变革，必然涉及社会利益格局和利益关系的调整，涉及人民群众的切身利益。在改革的过程中，如果把握不准、处置不当，就会影响经济社会发展和危害安定团结的大局。

十七大报告指出：要处理好改革发展稳定的关系，必须把改革的力度、发展的速度和社会的可承受程度结合起来。改革发展稳定之间存在互相促进的关系，但是也可能因为政策的失误而导致互相影响，之所以出现失误，其根本问题在于改革、发展、稳定没有使人民群众得到实惠，没有得到人民群众的拥护。

社会性弱势群体是人民群众中的脆弱群体，其对改革、发展、稳定中出现的问题感受最深、承受力最弱，他们往往是改革成本的直接承担者，对于社会性弱势群体的观察和了解是深入把握改革发展稳定关系的重要节点。

第一，社会性弱势群体的状况如何是改革成效的标尺。改革开放是强国之路，十一届三中全会以来，我国取得了举世瞩目的伟大成就，这与我们不断深化改革，不断改变那些与经济发展不相适应的生产关系密切相关。在经济方面，我们不断推进社会主义市场经济体制的改革，不断增强经济活力，不断改善人民群众生活水平。政治方面，我们不断推进民主政治建设，推进行政体制的深刻变革。这些改革发挥了巨大作用。但是，也要注意到，改革不等于"折腾"，个别地方存在改革的形式化、改革的功利化、改革的简单化的倾向。所谓改革的形式化，是指一些地方只注重做表面文章，追赶潮流，大谈改革，但是"改革"大多只是停留在学习文件上，学习、讨论之后并没有解决实质问题，实际上改革停滞不前。所谓改革的功利化，表现为一些地方貌似实行了"新理念、新思路、新方法"，不切实际地花样翻新，一时心血来潮而盲目改革，作风不踏实，个人色彩浓厚，改革缺乏后劲，缺乏长效措施。所谓改革的简单化，是指一些地方对自身情况及存在的问题缺乏深刻思考和深入调查，对别人的方法简单模仿、生搬硬套，结果导致矛盾百出、问题丛生。这些所谓的改革，其实是劳民伤财的政绩工程、形式工程，有百害而无一利。检验改革的标尺，首先看改革成果是否有利于全社会的发展，是否有利于普通群众生活状况的改善，尤其是社会性弱势群体状况的改善。其次要具体衡量改革的利弊，是否为社会的下层民众，尤其是社会性弱势群体创造了机会，是否有利于他们的发展。那些仅仅让社会性弱势群体承担改革的代价而不顾及他们发展的改革是不可取的。

第二，社会性弱势群体的状况如何是发展方向的标尺。发展是执政兴国的第一要务，是处理社会各种复杂矛盾的根本。在发展的过程中，容易产生三个问题：其一，思想僵化、保守，贻误发展机遇。有些地方的发展没有突出重点，眉毛胡子一把抓，缺乏明确的方向，谨小慎微，不求有功但求无过，贻误时机。其二，热衷外延发展，忽视内涵发展。一些地方片面贪大，搞粗放式发展，只求规模不求效益，盲目搞开发区，搞重复建设，浪费了人力、物力、财力。其三，重经济发展轻社会发展。一些地方唯 GDP 是图，而不顾及资源、能源、环境的承载能力，不重视发展的社会效益，导致一些地方 GDP 指标上去了，但是人民群众的生活水平却下来了。民生是社会的根本，是执政价值的首要取向，发展中的这些问题无一不与民生问题息息相关，只有能够促进人民群众幸福感提高，尤其是社会性弱势群体幸福感提高的发展才是方向正确、后劲充足的发展。

第三，社会性弱势群体的状况如何是社会稳定程度的标尺。社会稳定是改革和发展的基础，没有稳定什么也干不成。但是社会稳定应该是建立在人民群众安居乐业基础上的稳定，这样的稳定才是有价值的和可持续的，但是有些地方，对稳定做片面的理解，治标不治本。其一，有的地方采取压制意见、损害人民群众合法权利的方式维护稳定。他们把"稳定压倒一切"做片面理解，为了稳定不惜违反法律，侵犯人民权利。其二，有的地方为了稳定而模糊矛盾，采取"和稀泥"的办法，不敢触动改革攻坚的核心问题，为了稳定而牺牲改革发展。这两种做法都是片面的和有害的，维护稳定核心在于解决好人民群众的利益问题，保证人民群众安居乐业，尤其要保障社会性弱势群体的安居乐业。社会性弱势群体是社会稳定的极大威胁，他们中失业问题突出，生活缺乏保障，了解一个社会的稳定情况，首先要了解社会性弱势群体的生活情况。

处理好改革发展稳定三者的关系，就要把改革的力度、发展的速度和社会的可承受程度结合起来，其结合点在于人民群众的生活水平能够得到持续提高，而其中社会性弱势群体的生活水平更是重中之重。

第四章　科学发展

——社会性弱势群体解决的整体思路

　　2007 年 10 月，在党的十七大上，胡锦涛总书记在《高举中国特色社会主义伟大旗帜，为夺取全面建设小康社会新胜利而奋斗》的报告中，正式将科学发展观确立为指导中国发展的重大战略思想。他指出，科学发展观第一要义是发展，核心是以人为本，基本要求是全面协调可持续性，根本方法是统筹兼顾。它为我们指明了进一步推动中国经济改革与发展的思路和战略，明确了科学发展观是指导经济社会发展的根本指导思想，标志着中国共产党对于社会主义建设规律、社会发展规律、共产党执政规律的认识达到了新的高度，标志着马克思主义的中国化，标志着马克思主义和新的中国国情相结合达到了新的高度和阶段。

　　胡锦涛说，科学发展观，是对党的三代中央领导集体关于发展的重要思想的继承和发展，是马克思主义关于发展的世界观和方法论的集中体现，是同马克思列宁主义、毛泽东思想、邓小平理论和"三个代表"重要思想既一脉相承又与时俱进的科学理论，是我国经济社会发展的重要指导方针，是发展中国特色社会主义必须坚持和贯彻的重大战略思想。

　　胡锦涛指出，科学发展观，是立足于社会主义初级阶段基本国情，总结我国发展实践，借鉴国外发展经验，适应新的发展要求提出的重大战略思想。强调认清社会主义初级阶段基本国情，不是要妄自菲薄、自甘落后，也不是要脱离实际、急于求成，而是要坚持把它作为推进改革、谋划发展的根本依据。我们必须始终保持清醒头脑，立足社会主义初级阶段这个最大的实际，科学分析，深刻把握我国发展面临的新课题、新矛盾，更加自觉地走科学发展道路，奋力开拓中国特色社会主义更为广阔的发展前景。

科学发展观是我国经济社会发展的指导思想，也是统筹解决社会性弱势群体问题的指导思想。以科学发展观为指导，解决社会性弱势群体问题，要统筹公平和发展，将社会救助与消除社会排斥相结合，将可行能力提升与文化观念改变相结合，既重视形式公平，又重视实质公平；既注重宏观发展，又关注微观个体；既注重物质救助，又注重观念改变。多管齐下，共同促进社会性弱势群体问题的解决。

第一节　统筹公平和发展，解决社会性弱势群体问题

一　关于"公平"概念的辨析

"公平"是存在较大争议的一个词，在英文中有三个词：Justice，fairness，equality，常被译为公正、正义、公平、公道、正当、合理、平等、均衡等。在汉语中，这些词的含义相近但是并不相同。目前我国的公平理论大多是从西方翻译过来的，因此对上述概念并没有明确区分，显得含混不清。这种含混不清进而影响到对于"公平"与"效率"关系的讨论，因此对于"公平"概念以及与此相关的"善"、"正义"、"平等"等概念进行辨析就显得十分必要。

正义（Justice）是指善（Good）的事物和信念，它意味着一种道德上的"应当"，是一个社会的首要价值。但是，正义与善又不完全相同，正义从属于善，是协调各种利益关系、为社会健康发展所必需的善。[1] 例如：政府对社会性弱势群体进行救助，这是政府"应当"的行为，是正义之举；但是，某慈善家对社会性弱势群体进行救助，就超越了正义的层次，它不是一种"应当"的行为，而是一种仁义之举。也就是说，社会的正面价值皆可称为"善"，而"善"行中"必须"或"应当"做的行为才是"正义"。

公平（fairness）与正义一样，针对的是社会成员权利与利益分配合理性的问题，公平的含义更宽泛，主要是指遵循一定的游戏规则，在此游戏规则下各方一视同仁。[2] 而至于此游戏规则所依据的道德原则和所产生的后果则不予关注。而正义则强调结果是否"善"的问题。例如：

---

① 贾可卿：《"公平"辨正》，《云南社会科学》2006年第6期。

② 同上。

金融大鳄"索罗斯"利用市场经济的游戏规则,针对亚洲国家的金融问题而大发金融危机财,索罗斯参与市场竞争可以说是公平的,但是显然谈不上是正义的。

平等(equality)与公平的区分尤其重要。平等是指社会成员在权利和利益分配上的相同,没有差别。平等有时候是公平的一种特殊情况,就像正方形是矩形的特殊情况一样。例如:选举投票,一人一票,这首先是公平,而且也是平等。但是,平等与公平往往是有冲突的。计划经济时期,大锅饭盛行,每个人得到的收入都差不多,这是平等,但显然不够公平。有的人加班加点,付出的劳动比别人多,但收入分配上并没有体现出差别,这是不公平的。有的人是高技术人才,他研发的新技术极大地提高了社会生产力,但收入分配上没有差别,也是不公平的。总之,平等和公平相差巨大,不能混淆,如果发生冲突,则应该坚持公平优先。

总而言之,社会发展的目标是"善",政府应该行"正义"之举。正义高于法律规范,高于公平。公平强调的是利益和权利分配的合理性,强调符合既定的、公认的准则。平等强调的是利益和权利分配相同或均等,平等在某种情况下是公平的一种特殊形式,但是平等与公平往往是不同步的。

二 公平的三个层次

(一)权利公平

权利公平是社会公平的内在要求,是实现公平的逻辑起点和实践起点。公平体现的是社会成员在利益和权利上的一视同仁,不因阶级、地位、家庭、种族、性别、财产而有所差别。公平首先体现在人的各项基本权利的公平上。没有权利公平,则其他层次的公平也无从谈起。权利公平要求对社会成员的生存权和发展权予以切实保障,通过法律、制度和其他社会规则予以规定和安排。我国的宪法和法律对于人的各项基本权利有明确的规定。例如:我国宪法第二章"公平的基本权利和义务"中明确规定:中华人民共和国公民在法律面前一律平等(第三十三条);中华人民共和国年满十八周岁的公民,不分民族、种族、性别、职业、家庭出身、宗教信仰、教育程度、财产状况、居住期限,都有选举权和被选举权(第三十四条);中华人民共和国公民有言论、出版、集会、结社、游行、示威的自由（第三十五条）；等等。

权利公平是实现人权的基本保证。人权是人应该享有的基本权利，具有真实而广泛的内容。"在现代社会，保护人权是社会基本制度中的一项重要内容，也是社会的重要目标取向之一。通过人权的保护，可以实现社会的平等和公正，实现以人为本的健康发展。人权所包括的内容十分广泛，如适当生活水准权、适当住房权、健康权、自决权、发展权、自由迁徙权、财产权、社会保障权、劳动权和就业中的权利、教育权、文化权等，而且，其具体项目的清单有不断拉长的趋势。"① 对人权的保护体现着底线公平，权利公平是对每个人的社会地位和人参与社会活动资格的普遍确认。

权利公平是人的自由和尊严的体现。自由和尊严是人的天性，人具有天然的平等权利。但是，人的自由和尊严存在于社会发展的一定阶段和特定的社会制度内，社会发展的不充分和制度的缺陷可能使人的自由和尊严受到侵犯。在等级社会里，如奴隶社会和封建社会，人所面对的社会关系体现为等级秩序，人的自由和尊严无法得到尊重。社会主义制度是人类能够建立的非常先进的制度，这为我们保障基本的人权创造了条件。但是，权利公平仍然取决于经济社会发展的程度和水平。我国仍然是一个发展中国家，在现阶段的中国，人的生存权和发展权是十分重要的，尤其是生存权应该放在首位。只有生存权得到了保障，社会成员才能进一步行使经济、政治、文化及其他各项权利。

（二）机会公平

机会公平是指公民在享有基本政治权利的前提下，能够在实际生活中普遍参与社会发展并分享由此带来的成果。机会公平表现为两个方面：一方面，都有平等的参与机会，主要体现在自由选择、职务升迁、资源利用等方面的机会平等；另一方面，都有获得平等的发展潜力、施展才干的机会，主要体现在接受教育和培训、获得信息等方面的机会平等。权利公平主要是一种静态的规定，是事前的公平，而机会公平则是权利公平在现实中的进一步体现和落实。弗里德曼在《自由选择》"天生平等"一章中，对"机会公平"做了充分的说明。他说："实实在在的机会均等——即所谓'同等'——是不可能的。一个孩子天生就是瞎

---

① 吴忠民：《走向公正的中国社会》，山东人民出版社 2008 年版，第 122 页。

子，而另一个孩子则视力完好；……显然，他们并不是生下来就享有同等的机会。而且，也无法使他们的机会同等。""同人身平等一样，机会平等也不能完全按字面来理解。它的真正含义的最好表达也许是法国大革命时的一句话：前程为人才开放。任何专制障碍都无法阻止人们达到与其才能相称的，而且其品质引导他们去谋求的地位。出身、民族、肤色、信仰、性别或任何其他无关的特征都不决定对一个人开放的机会，只有他的才能决定他所得到的机会。按照这种解释，机会均等只不过是具体的说明人身的平等和在法律面前平等的含义。与人身平等一样，机会均等之所以有意义和重要，正是因为人们的出生和文化素质是不同的，因此，他们都希望并能够从事不同的事业。"①

机会公平具有多方面的内容和要求，最基本的是起点的机会公平和发展的机会公平。起点的机会公平是指具有相同禀赋的社会成员拥有同样的社会起点。发展的机会公平是指社会成员在发展中，不应当受到人为的或社会性的因素的阻碍。哈耶克说："百年以前，亦即传统的自由运动发展至高潮的时候，人们一般都是以这样的主张来表达其平等要求的，即'任才能驰骋'。这一要求包括三个含义：一是阻碍某些人发展的任何人为障碍，都应当被清除；二是个人所拥有的任何特权，都应当被取消；三是国家为改进人们之状况而采取的措施，应当同等地适用于所有的人。"②

（三）分配公平

所谓分配公平，是指分配的结果上要兼顾全体公民的利益，防止过于悬殊的贫富分化，以利于共同富裕的逐步实现。分配公平是一种事实上的、结果上的公平。仅仅做到了权利公平和机会公平，只是一种形式上的公平，只有在权利公平和机会公平的基础上，对分配的结果进行矫正，才是公平的真正实现。分配公平实际上是对弱势群体的倾斜性的保护。分配公平引起的争议较大，西方自由主义经济学家大多主张机会公平而排斥分配公平。英国古典经济学家亚当·斯密认为，机会均等是最神圣的人权，剥夺公民的机会均等权是对人权的最大侵犯。机会公平可

---

① ［美］米尔顿·弗里得曼：《自由选择》，胡骑等译，商务印书馆1982年版，第135页。

② ［英］冯·哈耶克：《自由秩序原理》（上），邓正来译，生活·读书·新知三联书店1997年版，第111页。

能带来结果的不均等，而结果的不均等恰恰是机会公平的魅力所在。试想，如果最后的结果都一样，机会公平还有什么吸引力？因此，出于对可能出现的"大锅饭"或"劫富济贫"思路的担忧，西方自由主义经济学家一般对分配公平予以否定。

但是，从理论和我国现实的情况看，分配公平是必要的，主要是因为：其一，人的禀赋是不同的。虽然我们提倡机会公平，但是机会公平很难实现，人的出身是无法选择的，人一生下来，人的智力、相貌、家庭关系、财产、地域等状况是基本注定的，很难发生改变。这种禀赋的差别导致了完全的机会公平很难实现。其二，我国正处于转型时期，仍然处于社会主义初级阶段，各种制度不够健全和完善，实际上权利公平和机会公平还不能得到充分的保障，因此在这种状况下出现的结果是不那么公平的，实际上，社会性弱势群体往往成为改革代价的承担者。其三，即使权利公平和机会公平能够得到完全的实现，从人道主义的角度来看，在这样的环境中产生的竞争的失败者也是应该予以保护的。其四，竞争会出现"马太效应"，强势群体会侵占弱势群体的资源，从而破坏机会公平和权利公平。

上述三层公平是层层递进的，权利公平是最基本的公平，在此之上，机会公平作为运行的规则而发挥作用。权利公平与机会公平都是形式上的公平。在过去很长一段时间，我们更多地关注分配公平，而对权利公平和机会公平认识欠缺，经常把它们理解为一种形式，是掩盖了实质公平的虚假公平。实际上，形式上的公平是构成公平内涵的制度要素，并不是徒有其表的。只有形式上的公平并不等于实质公平的实现，但如果没有形式上的公平，实质上的公平更是无从谈起。①

三 "公平"与"效率"关系的争论

公平和效率的争论由来已久。何为"效率"？这是经济学研究的中心问题，具体来说，在特定的资源和技术的条件下尽可能地满足人类的需要，这就是效率问题。在经济学中，运用最广泛的同时也是较少争议的效率定义是帕累托效率，即"帕累托最优"原则。帕累托最优指的是这样一种状态：如果没有一个人可以在不使其他人境况变坏的条件下

---

① 贾可卿：《"公平"辨正》，《云南社会科学》2006 年第 6 期。

使自身境况变得更好，那么，这时的资源配置就被称为帕累托最优。在实际生活中，如果出现有人得利、有人受损的情况，如何评判优劣？经济学家认为主要看社会总福利是否增加。

帕累托效率首先假定市场是完全竞争的，如每个消费者或生产者都是价格接受者，并相应做出最优的抉择等。但是，经济学界对帕累托效率提出了批评。其中，有经济学家指出，帕累托效率在完全竞争的条件下是可行的，但没有考虑公共商品（如义务教育、医疗）、外部因素存在等情况。对于我国来说，由于市场经济体制还不够健全和完善，因此，"效率"意味着不断推进社会主义市场经济，遏制垄断，使市场这只"看不见的手"真正地发挥作用，开展充分的自由竞争。

在公平与效率的关系上，国外代表性的观点有以下两种。

第一种：公平优先论。公平优先论当代著名的代表是美国哲学家罗尔斯。罗尔斯在《正义论》一书中提出了他的"词典式"序列。他的第一正义原则是公平自由原则。第二正义原则是机会公平原则和差别原则。其中，罗尔斯明确强调，第一原则优先于第二原则，第二原则中，机会公平原则又优先于差别原则。归纳起来，罗尔斯的排序是：第一，自由和人权。第二，机会公平。第三，结果平等。[1]

公平优先论的理由有以下几点：（1）社会发展的目的在于人的幸福，因此，公平、平等是社会发展的首要价值。（2）不公平的收入可能会导致权利的不公平，因为在市场经济条件下金钱和权利可以交换，而权利又是获得收入和财富的源泉。收入不公平，不仅有损于人的尊严和社会发展的目的，而且也不利于效率的实现。

第二种：效率优先论。持效率优先论的大多以经济学家为主，在西方自由主义经济学家大多持此观点，著名的代表有希克斯、哈耶克、弗里德曼。他们认为，虽然公平是人类社会的基本诉求，但是，效率与自由是天然地联系在一起的，排斥效率则会动摇自由主义的基础，会对个人的基本自由造成侵害，会损害市场机制的正常运行。不仅有损效率，而且最终也无法实现公平。他们认为，公平的获得决不能牺牲效率，公平只能通过市场竞争机制来实现。

新自由主义学派的领袖弗里德曼认为，公平就是机会公平，效率就

---

① ［美］罗尔斯：《正义论》，何怀宏译，中国社会科学出版社 1988 年版，第 73—85 页。

是资源的有效合理配置。如果国家或各种组织试图依靠非市场原则促进公平，那么："由特殊干预行动对自发过程中造成的分配状况的'纠正'就一个原则相同的适合于每一个人而言从来不可能是公正的。"① 在哈耶克看来，市场规则如果是公正的，机会也是均等的，那么结果的公正也是无可置疑的。

我国学者对效率与公平关系的思考是在改革开放以后。改革开放初期，在效率与公平的关系上，我国学者主要有三种观点：第一种观点认为公平优先。因为公平是人类社会一直追求的目标，以牺牲公平来取得效率是违背社会主义原则的。② 这种观点强调按劳分配制度就是公平与效率的结合。第二种观点是效率优先。认为只有把效率放在第一位，才能促进经济发展和社会财富增加，在更高层次上实现公平。如果超越历史条件去追求公平，不仅不能提高效率，而且会延缓公平的最终实现。③ 第三种观点是互补论。公平能够促进效率，没有适度的公平，便没有充分的效率。效率有助于实现公平，低效率带来的是低层次的公平，高效率才能创造"共富"的公平。在改革的过程中，要遵循以尽可能小的不平等换取尽可能高的效率的原则。④

随着公平与效率关系讨论的不断深入，其在社会上引起了注意，也进一步影响到改革开放的进程。1993 年 11 月，中共十四届三中全会通过了《中共中央关于建立社会主义市场经济体制若干问题的决定》，决定提出，"个人收入分配要贯彻按劳分配为主体、多种分配方式并存的制度，体现效率优先、兼顾公平的原则"⑤。这是对于效率优先、兼顾公平原则的第一次明确认同。这一原则在中国的经济生活中产生了重要的影响，一方面使中国的 GDP 总量在 2008 年年底达到了世界第三的水平；另一方面贫富分化也在加大，基尼系数悬于高位。

中央的决定得到了大多数人的认同，应该说该决定是理论与实践相结合的产物。《决定》提到的"效率"非常明确，就是按贡献分

---

① [英] 冯·哈耶克：《法律、立法与自由》，邓正来等译，中国大百科全书出版社 2000 年版，第 142 页。

② 孙胜利：《社会收入分配不公问题讨论综述》，《经济学动态》1989 年第 4 期。

③ 姜作培：《公平与效率关系简论》，《广西党校学报》1988 年第 3 期。

④ 刘焕珍等：《论经济中公平与次序的权衡》，《吉林财专学报》1988 年第 3 期。

⑤ 《中共中央关于建立社会主义市场经济体制若干问题的决定》，人民出版社 1993 年版。

配。而《决定》中间的"公平"，特指个人收入分配中的公平，即分配公平或结果公平，实际上指的是结果的均等。属于我们前面讨论的三种"公平"的第三种。第一种公平的"权利公平"，是法治社会的基础，已经得到了宪法和法律的明确规定，自然不能存有丝毫的犹疑。第二种公平的"机会公平"正是我国改革的主要目标。而第三种公平的"结果公平"虽然存在理论上的争议，盲目地把主要目标设定为"结果公平"，将会导致杀富济贫，是改革的倒退。但是，我国当前的改革正处于推进社会主义市场经济体制的过程中，各方面的政策措施还不够配套和完善，在这种环境下所出现的结果的不公平往往反映了政策措施的漏洞，理应受到一定程度的重视，但是又不能因为这些问题而否定改革的根本方向。应该说这个决定体现了理论和实践相结合的智慧。

进入 21 世纪的新阶段，效率与公平关系的争论仍然没有停息，反而因愈加扩大的贫富差距而变得日益尖锐。有学者质疑"效率优先、兼顾公平"的提法，社会上也议论纷纷。社会各界产生怀疑主要源于以下几个事实：第一，贫富分化的继续加大，基尼系数超过 0.45 的警戒线水平；第二，住房、教育、医疗、养老、就业等民生问题突出；第三，劳动收入占初次分配中的比重逐年下降；第四，弱势群体的问题突出。应该说这几个问题都是社会的焦点问题，但是从理论上说与"效率优先、兼顾公平"的原则关系不大。"效率优先、兼顾公平"的原则针对的是个人分配领域，而愈演愈烈的贫富分化很大程度上是由于权力与资本结盟而形成的，一部分官员以权谋私，一部分企业主垄断经营、非法经营，这是赤裸裸的违法犯罪问题，显然与该原则无关。至于民生问题，基本不属于个人收入分配领域，而大多是因为社会公共品提供不足，也就是说民生问题突出主要不是因为个人"钱少"，而是因为社会必需品"太贵"。社会性弱势群体的问题和劳动收入偏低的问题与收入分配有一定的关系，但是这种关系只是因果链的后面一环，而核心的问题在于权利公平和机会公平没有得到充分保障。中共十七大指出："要坚持和完善按劳分配为主体、多种分配方式并存的分配制度，健全劳动、资本、技术、管理等生产要素按贡献参与分配的制度，初次分配和再分配都要处理好效率和公平的关系，再分配更加注重公平。"① 十七大的提法改变了"效率优先、兼顾公平"的表述，应该说十七大的表述充分认识到"结果公平"的重要性，这种重要性源于维护社会性弱势群体的基本权利的重要和纠正因改革过程中的制度漏洞而产生的偏差，并不是否定效率的重要性。因此，十七大的提法虽有改变，对结果公平的关注也有所增强，但是基调并没有变，这是我国改革开放 30 年宝贵经验的总结，不能动摇。

社会上对于公平与效率的一些争论往往存在概念上的模糊，并不能称为真正的争论。有的人主张不需要注重效率，只要保证社会公平，效率自然会增长。其实这种观点是把第二种公平的机会公平等同于第三种公平的结果公平。而有的学者主张无须关注公平，效率自然会促进公平。这种观点则是把机会公平作为效率的必要组成部分。从这些争论我们可以看出，不管效率与公平的关系如何，公平的第一种——权利公平和第二种——机会公平是现代社会制度的根基，这是我国需要着力推进的。

从我国社会性弱势群体的现状来看，社会性弱势群体的第一种公平还没有得到充分实现。各种侵犯个人基本权利的现象还时有发生，甚至有些法律法规和地方政府机关的有关文件上还存在着公然侵犯个人权利的条款。同时，在机会公平方面也做得不够。当前的中国社会，一定程度上还存在"身份社会"的特征，个人参与社会活动面临各种身份上的限制，比如性别、年龄、学历、户籍等与工作本身无关的限制。这诸多限制不仅不利于社会公平的实现，而且不利于效率的实现。

四 "公平"的缺陷和发展的重要性

实现社会公平对于一个社会的和谐稳定无疑是重要的，也能够促进整个社会的长远发展，同时对解决社会性弱势群体问题提供了坚实的保障。但是，"公平"概念本身就意味着对形式规则的强调，它强调规则面对所有人，权利公平强调法律基本权利的保障，机会公平强调有限的机会对所有社会成员的开放，分配公平强调收入分配要有所调控，这个调控主要是托底，辅之以控高，它也是面向所有人的。但是，即使完全实现了三大公平，社会性弱势群体问题可能仍旧没有得到解决：一是权

---

① 胡锦涛：《高举中国特色社会主义伟大旗帜，为夺取全面建设小康社会新胜利而奋斗》，人民出版社 2007 年版。

利公平方面，尽管法律法规明确规定了公民的基本权利，所有社会成员一视同仁，没有任何不公，但由于社会性弱势群体权利保护意识不足，自信心萎缩、文化层次低下、法律知识缺乏，或者经济生活拮据，因而不敢、不会、不能、不愿维护自己的权利，那么权利公平还是没有得到实质的落实；二是机会公平方面，尽管所有的机会对所有社会成员开放，但因为总的机会十分有限，仍然会出现大量的竞争失败者，而社会性弱势群体更是率先被淘汰的失败者；三是分配公平方面，即使社会保障制度和调节贫富分化的措施落实得足够好，如果整个国家和社会经济实力不够雄厚，也会出现社会保障入不敷出、难以为继等问题。像2009 年 12 月逐渐显现的希腊债务危机就是一个典型。导致希腊债务危机的直接原因是希腊政府财政状况显著恶化，全球三大信用评级机构惠誉、标准普尔和穆迪相继调低希腊主权信用评级，因此出现希腊债务危机。而此次危机的深层原因是希腊经济发展模式单一，经济片面依赖旅游业，而社会保障水平超出了公共财政的承受能力，从而导致长期入不敷出。

因此，可以看出，科学发展观所强调的"第一要义是发展"对于实质解决社会性弱势群体具有极端重要的意义。

科学发展观第一要义是发展，这同当年邓小平同志提出的"发展才是硬道理"的思想，同江泽民同志提出的"发展是党执政兴国第一要务"的思想是一脉相承的。发展对于解决社会性弱势群体问题极端重要。只有发展，才能为社会提供更多的机会。只有发展，才能建立覆盖城乡的社会保障体系。只有发展，才能为社会提供更好的教育、医疗、养老等社会服务。当然，对于社会上有人担心"强调公平会影响发展，强调发展又会影响公平"的问题，如前所述，作为"公平"重要部分的"权利公平"和"机会公平"与发展和效率并不构成矛盾，实际上，权利公平和机会公平贯彻得越彻底，社会越充满活力，发展得也会越快越好。但是，分配公平与效率会存在一定的影响，但"效率"并不等同于"发展"，发展是包括人在内的，以人为主要动力和目的的。分配公平贯彻得好，对发展越有利，会促进社会的和谐，促进社会风气的向善，会更加增强精神文明和政治文明。因此，必须要坚定不移地科学发展，而公平又是科学发展的题中之意，必须加大力度贯彻下去。

第二节　社会救助与消除社会排斥相结合，
解决社会性弱势群体问题

科学发展强调的是以人为本的全面、协调、可持续的发展，保证整个国家的公平和宏观的发展是解决社会性弱势群体的基础，但这还是不够的。就像一个得了慢性病的病人，强调体育锻炼和均衡营养固然是对的，它能够保证病人逐渐增强免疫力，并避免其他人也沦为这样的病人，但要想解决这种病症，治好这个病人，还需要针对性的药物和特殊的调理，包括改变不良的生活习惯、调整心态，等等。

一　坚持平等与倾斜原则

社会性弱势群体的关怀在实践中必须坚持平等原则，这是基础和前提。在平等的基础上，还要根据社会性弱势群体的实际状况，实行倾斜保护。在这个问题上，我们主要是要吸收和借鉴美国哲学家罗尔斯的观点。

约翰·罗尔斯（John Bordley Rawls）是当代美国著名的哲学家、政治学家。他是20世纪西方新自然法学派的主要代表之一，同时也是20世纪最伟大的哲学家之一。他于1951年发表了论文《用于伦理学的一种决定程式的纲要》。此后他专注于社会正义问题，并潜心构筑一种理性性质的正义理论，陆续发表了《作为公正的正义》（1958）、《宪法的自由和正义的观念》（1963）、《正义感》（1963）、《非暴力反抗的辩护》（1966）、《分配的正义》（1967）、《分配的正义：一些补充》（1968）等文。在此期间，罗尔斯着手撰写《正义论》一书，前后三易其稿，终成20世纪下半叶伦理学、政治哲学领域最重要的理论著作，于1971年正式出版发行，旋即在学术界产生巨大反响。罗尔斯最引以为傲的正义学说，以洛克、卢梭和康德的社会契约论为基础，论证西方民主社会的道德价值，反对传统的功利主义，认为正义是社会制度的主要美德，就像真理对思想体系一样；非正义的法律和制度，不论如何有效，也应加以改造和清除。

在《正义论》中，罗尔斯提出了"作为公平的正义"的概念，并推出正义的两个原则。罗尔斯的正义论首先从"无知之幕"的原初假设出发，他提出了两个基本原则：“第一个原则：每个人对与所有人所拥有的最广泛平等的基本自由体系相容的类似自由体系都应有一种平等的权利。第二个原则：社会和经济的不平等应这样安排，使它们：①在与正义的储存原则一致的情况下，适合最少受惠者的最大利益；②并且依系于在机会公平平等的条件下职务和地位向所有人开放。”① 第一个原则是平等原则，要求所有社会成员平等地分配基本权利和义务；第二个原则是正义原则，即如果社会存在不平等，那么其结果能给每个人，尤其是那些最少受惠者的社会成员以补偿。实际上，罗尔斯要强调的是：“所有的社会基本善——自由和机会、收入和财富以及自尊的基础——都应被平等地分配，除非对一些或所有社会基本善的一种不平等分配有利于最不利者。”② 罗尔斯认为，在原初状态下，社会财富和收入分配应该是平等的，但是我们所处的现实社会，有些人由于种种原因而处于不利状况，这种不平等是随处可见的，因而他认为社会和经济的不平等应该满足两个条件。第一个条件是：“它们所从属的公职和职位应该在公平的机会平等条件下对所有人开放。”③ 用以保证那些拥有同样能力和天分并具有同样意愿的人具有相同的成功机会。第二个条件是：“它们应该有利于社会之最不利成员的最大利益。”这就是差别原则，它旨在保护社会的“最少受惠者”。这种差别原则强调的是对天赋较低或家庭背景较差者的补偿。罗尔斯正义原则的合理之处在于它既保证形式上的平等，但同时又关注实质平等。差别原则更多地代表了社会中弱势群体的要求，体现了对弱者的伦理关怀。

罗尔斯对实质平等的关注是一大进步。按照西方公平理论的假设，每个人的起点、条件都是无差别的绝对平等的，这是一种乌托邦的设想。正如马克思在《哥达纲领批判》中所说的那样：资产阶级的“平等权利”像一切权利一样是不平等的。所以合理的制度安排应该是在保障社会公平的前提下，实行倾斜原则，给社会弱者以适当的补偿，通过合理的制度倾斜以实现其权利。在我国建设社会主义和谐社会的今天，

---

① ［美］约翰·罗尔斯：《正义论》，何怀宏等译，中国社会科学出版社1988年版，第60—61页。

② 同上书，第303页。

③ ［美］约翰·罗尔斯：《作为公平的正义——正义新论》，姚大志译，上海三联书店2002年版，第70页。

在大力贯彻落实科学发展观的今天，我们应该在保障基本公平的前提下，关注弱势群体（包括社会性弱势群体）的实质平等，就要对他们进行必要的救助和帮扶，同时这个救助和帮扶不应只限于物质领域，还应该包括在政治和文化领域消除社会排斥。

二　社会排斥的概念和危害

社会排斥的概念是与贫困问题的研究相伴随的。西方发达国家进入后工业社会之后，出现了新的贫困和不平等现象。这种新出现的贫困主要不是个人的原因引起的，而是大规模的经济变迁引起的。西方学者们对这种"新贫穷"问题的研究中，社会排斥的概念得以提出。

社会排斥是研究社会性弱势群体的一个核心概念，所谓"社会排斥"，原是针对大民族完全或部分排斥少数民族的种族歧视或偏见的，这种偏见和歧视建立在一个社会有意达成的政策基础上，当主导群体已经握有社会权利而不愿意别人分享之时，社会排斥便发生了。社会政策研究者借用"社会排斥"这个词，其意是指主导群体在社会意识和政策法规等不同层面上对边缘化的贫弱群体的社会排斥。[①] 社会性弱势群体"往往由于民族、等级地位、地理位置、性别以及无能力等原因而遭到排斥。特别严重的是在影响到他们命运的决策之处，根本听不到他们的声音"。[②] 从人类生活的不同领域出发，社会排斥可以分为经济层面的社会排斥、政治层面的社会排斥、文化层面的社会排斥和社会关系网络的排斥。经济层面的社会排斥主要是指人们在进行经济活动获得生活资料的过程中遭到的排斥，主要表现在劳动力市场上的差别对待、消费市场的拒入和经济收入匮乏即贫困三个方面。政治层面的社会排斥是指人们参与政治的权利被剥夺。包括知情权、参与权、选举权、被选举权、表达权、监督权，等等。他们缺乏政治利益表达的正常渠道，不参加任何社团组织和城市社区活动，也不能根据自己的意愿选举出自己的代表参与到与其他利益群体的"博弈"过程中，在政治决策时他们也处于"缺位"状态。文化层面的社会排斥具体的体现是文化上的歧视、

---

① 郑杭生、李迎生：《全面建设小康社会与弱势群体的社会救助》，《中国人民大学学报》2003 年第 1 期。

② 克莱尔：《消除贫困与社会整合：英国的立场》，《国际社会科学杂志》第 17 卷第 4 期。

观念意识上的排斥等。社会关系网络的排斥是指社会性弱势群体往往在城市与农村的"夹缝"中生存，使得他们脱离原来的地缘群体和血缘群体到城市中再建构自己的关系网络，在此过程中他们不同程度地受到多方面的限制和排挤。

　　社会排斥对社会性弱势群体的危害是巨大的。其不良影响主要表现为以下几个方面：一是导致贫困。社会排斥最为直接的一个后果就是贫困，这从社会排斥概念的起源就可以看出。马克思说，人是一切社会关系的总和。人是社会的人，人只有在社会参与中才能获得生活物资、获得自信和培养自己的才干。社会性弱势群体的贫困的解决也需要该群体融入社会，社会排斥会导致贫困并进一步导致贫困的固化。二是不利于社会整合。社会排斥使得社会性弱势群体在经济上、政治上、文化上都处于一种不利状态，削弱他们对社会的认同和凝聚力，从而产生阶层隔阂，更严重的是可能产生阶级对抗。现代社会是一个民主公平的社会，独立、自由、自我意识的发展使得他们对于排斥的忍受力降低，更易采取具体的行动表达他们的不满。三是造成社会焦虑和心理压力。社会性弱势群体不仅承受着巨大的经济压力，更承受巨大的心理压力。他们遭到社会排斥会深化其自卑感而封闭保守。融入社会的需要和现实的封闭状态造成了这一部分社会成员的紧张焦虑，这种状态超过了一定限度可能对社会安全造成负面影响。

　　社会排斥既有有形的，也有无形的，它对社会性弱势群体的脱困造成了巨大障碍。如果仅仅是社会救济而不注意解决社会排斥问题，往往收效不大。对于社会性弱势群体来说，经济政策的支持是核心环节，而就业又是重点。但是，要解决这些问题可能面临社会性弱势群体能力不足、观点落后、信心不足等问题，其政治权利的保障也不足，因此，需要综合着力，突出重点。不应就观念谈观念，就权利谈权利，如果孤立地解决问题，往往解决了显性的排斥，而隐性的排斥还在，随着时间的积累，社会排斥还会继续加重。

三　社会救助要与消除社会排斥相结合

　　进入 21 世纪以来，伴随着转型期与改革还没有到位，社会性弱势群体面临的各类社会排斥有加剧的趋势，贫富分化日趋严重，社会性弱势群体脱困工作困难重重。当前，社会性弱势群体脱困战略要注意以下几个方面的问题。

第一，在保持经济持续快速增长中实施社会性弱势群体脱困战略。面临着社会排斥的沉重压力，社会性弱势群体脱困的突破点在经济手段上。要促进经济增长，因为只有保持经济增长，才能不断提高人民的生活水平和质量，也有能力和空间解决就业问题。虽然经济转型和经济的快速增长并不能自动带来社会发展，但是，经济问题是基础，经济活动是最基本的实践活动，社会性弱势群体只有融入经济活动中才能谈得上观念的改变和能力的提高，才能在政治权利方面有所追求。

第二，要加强对社会性弱势群体的社会救助。社会性弱势群体面临经济上的困难、发展上的困难、能力上的弱势、权利保障不足等问题，无论从人权的角度，还是从社会可持续发展的角度，社会都应该对社会性弱势群体加强救助。这种救助应该是多层次的，不能仅仅是物质上的救助。救助要讲求效率，通过救助解决社会性弱势群体的核心问题。社会救助立足于救急，但也要立足长远，重点对教育、医疗等关系长远的方面加强救助。

第三，人力资本的投入和解决就业是社会救济和消除社会排斥的结合点。人力资本投入具有极其重要的意义，能够为社会性弱势群体脱困打下坚实的基础。我国当前正处于工业化的中期，而西方发达国家已经处于工业化的后期，在工业化后期，服务业的重要性逐步显现，只有加大对人力资本的投入，才能保证在未来的服务业社会里彻底摆脱社会排斥。要实行教育机会均等政策，保障社会弱者及其后代的受教育权利。针对社会排斥具有代际遗传的特征，人力资本的投入是治本之策。但是，人力资本投入见效时间长，对于现有的社会性弱势群体收效不明显，而关注就业不仅能够促进贫困的缓解，也能够在就业中使该群体的素质得到提升，使他们自尊、自立、自强，实现自我价值。有了这个基础，消除其他方面的社会排斥就比较容易。

总之，消除社会排斥必须有整体思维，既要突出重点，又要整体推进，既要社会救助，又要立足长远，只有这样，社会性弱势群体才能真正脱困，并得到发展。

第三节　可行能力和文化观念相结合

一　增强社会性弱势群体的"可行能力"

（一）阿玛蒂亚·森"可行能力"理论的简单回顾与启示

印度著名经济学家、1998 年诺贝尔经济学奖获得者阿玛蒂亚·森以其在福利经济学上的卓越贡献而为世界所称道，其对弱势群体矢志不渝的关注为其赢得了"经济学的良心"的美誉。在森的经济学思想中一个突出之处是他对发展观的创新理解。他把自由与发展联系起来予以考虑，森认为："发展可以看作扩展人们享有的真实自由的一个过程，聚集于人类自由的发展观与更狭隘的发展观形成了鲜明的对照。狭隘的发展观包括发展就是国民生产总值（GDP）增长或个人收入提高或工业化或技术进步或社会现代化等的观点。"①

森对于西方自由理论有重大的发展。在西方，对于自由理论存在着长期的争论，著名政治学家伯林把自由区分为两种：消极自由（Negative Liberty）和积极自由（Positive Liberty），所谓消极自由，即免于被伤害的自由，是一种防御性的自由，其具体表现为公民的基本权利。所谓积极自由，即做某些事情的自由，是一种实质自由，人们寻求自己的幸福的自由。西方式资本主义自由观实际上是一种消极自由。但是，现代世界发展史证明，人类社会经济尽管经历了持续的增长，但是贫困人口不仅没有减少，反而持续增加。以中国模式为代表的社会主义显示出了在反贫困问题上的巨大贡献。阿玛蒂亚·森长期研究世界饥荒和贫困问题，在对正反两方面经验对照的基础上，森提出了"可行能力"的概念。森所强调的"可行能力"是一种实质自由，基本上属于"积极自由"的范畴。森认为，所谓"可行能力"（Capability）是指："一个人有可能实现的，各种可能的功能性活动组合。可行能力因此是一种自由，是实现各种可能的功能性活动组合的实质自由。"② 而所谓的"功能性活动"可以包括吃、穿、住、行、读书、看电视、社会参与（投

---

① ［印］阿玛蒂亚·森：《以自由看待发展》，任赜、于真译，中国人民大学出版社 2002年版，第 12 页。

② 同上书，第 72 页。

票选举、在公共媒体上发表言论观点、上教堂做礼拜),等等。"把这些活动列成一个清单,一个人的'可行能力'就是对于此人是可行的、列入清单的所有活动的各种组合。"①

森将发展看作达到个人全面自由的过程,"可行能力"是森对自由的独特的理解:人类发展的目的就是实现每个人可行能力的最大满足,而可行能力的向量之增长也就是人类自由的扩展。值得注意的是,因为森充分考虑到了个人异质性、环境多样性、社会氛围的差异、人际关系差别、家庭内部的分配,因此,没有使用功利主义理论所采用的幸福、快乐、财富之类的简单粗糙的标准去对"善"进行计算,而运用了可行能力这个范畴来说明问题。

(二)以"可行能力"看待和解决社会性弱势群体及其能力贫困

森的"可行能力"理论实现了对功利主义理论和自由主义理论一定程度的超越,也是对传统发展观的深刻反思,为看待社会性弱势群体和其能力贫困提供了新视角。在理解弱势群体问题上,森的"可行能力"理论提供了一个很好的视角。所谓弱势群体,就是该群体所获得的实质自由即可行能力低于社会正常水平。这种可行能力表现为个人状况与社会提供的机会相脱节。从"可行能力"视角看待弱势群体问题,很好地体现了弱势群体概念之相对性和绝对性。

从"可行能力"的角度看,社会性弱势群体的能力贫困是相对于社会提供的机会缺乏相联系而言的,这里讲的社会机会不仅包括人的基本权利的保障,而且包括诸如财产、荣誉等现实的条件。能力贫困与社会机会缺乏的关系主要表现为:其一,能力贫困与社会机会缺乏是相互依存的,所谓的能力贫困是相对于机会缺乏而存在的,如果一个社会提供的机会足够多,则能力贫困就显得相对少;其二,能力贫困与社会机会缺乏是相互转化的,社会机会的缺乏会阻碍人力资本的投入,从而导致社会性弱势群体之能力进一步弱势。同时,能力贫困会成为社会发展的巨大障碍,从而导致社会机会的提升缓慢;其三,能力因素与社会机会可以是相互促进的。社会机会是能力因素的对象化,整个人类社会都可以看作人的本质的对象化,人的能力的提升,不仅会促进财富的增长,

---

① [印] 阿玛蒂亚·森:《以自由看待发展》,任赜、于真译,中国人民大学出版社2002年版,第75页。

而且会促进社会制度的民主化，具体表现为社会机会的提升，而社会机会的提升，会给予社会性弱势群体更多的实践机会，从而促使他们在实践中提升自己的能力。

增强社会性弱势群体的"可行能力"，一是投资儿童、支持家庭。投资儿童、支持家庭是体现发展型社会政策人力资本投资理念的核心所在，帮助儿童和支持家庭是发展型社会政策的"上游干预"策略。这种社会政策能够切断贫困文化的代际传播，也是提高劳动力素质和国家竞争能力的策略。二是围绕就业治理能力贫困。归根到底，对很多人来说，失业和贫困问题是由于人力资本缺失而被劳动力市场排斥的结果，因而最根本的帮助方法就是使他们重新进入劳动力市场并且具有一定的竞争能力。只有在具体的就业过程中，个体的能力贫困才能真正得到有效治理。三是有效的教育和良好的社会疏导。教育不仅对提高个体适应社会的能力是重要的，而且是个体借此融入社会的重要方面。

二　改变社会性弱势群体的文化观念

社会性弱势群体虽然个体存在能力上的欠缺，但这种欠缺与生理性弱势群体相比是比较容易得到改变和提升的，但除了个人能力因素外，社会性弱势群体问题的解决还存在难度较大的文化观念因素。个体的文化观念与个人的能力和生活经历、家庭背景等情况息息相关，要改变这种文化观念绝非一朝一夕之功，但无论是从社会的发展还是人的全面发展来看，形成良好的文化观念又是解决社会性弱势群体的根本之策。

（一）要形成现代社会的公民精神

社会性弱势群体的弱势是不幸的，但如果物质上的弱势蔓延到精神方面，造成心理与意志之弱，那将是一件更不幸的事情。社会性弱势群体要想实现自由的发展，首先要树立公民意识与公民精神，要以主人的面貌面向生活，要自立、自强与自尊，不应自轻、自贱、消极、颓废。

社会性弱势群体人应该具有主体意识和独立人格，敢于做自己的主人。但现实生活中，一些人身上还存在一些臣民意识和贱民意识。所谓臣民意识，就是不敢维护和争取自己的合法权利，在政治活动中唯唯诺诺，对政府和法律机构畏缩，没有自己的主张。所谓贱民意识，就是有的人处于社会的底层，曾经受到过不公正的待遇，但他们想到的不是要维护自己的合法权利，而是对强权和暴力充满崇拜，向往不劳而获、腐朽寄生的生活。他们没有理想，没有追求，没有任何进取精神，过着得过且过的生活。据 2014 年 9 月 16 日中央电视台《新闻 1+1》的报道，记者崔光华用镜头记录下了"职业乞讨者"的真实生活，下面是新闻的文字稿：

> 早上 7 点多，他们选择在上班、上学人流密集的地段行讨，年长的老人躺在地上，一名中年女子在旁边磕头祷告。10 点 30 分左右，一位中年男子来到他们身边，将红桶里的钱悉数装进口袋，旁边的女子转而跟这名男子面带微笑，聊着天儿。中午 11 点 30 分，原本躺在地上身体虚弱的老人也背着两个行李袋，三人一同走向公交车站，转向下一个目的地。小食店和烟酒店的人是知道他们做什么的，因为他们经常在那个路口，已经有一两年了。他们的口中都有一个辛酸的故事，但是他们现实的作派，却很难让人信服。中午在饭店里面，他们点了一盘大盘鸡，然后饭店的人说没有。又跟饭店的人说那来鸡腿吧，还有几瓶啤酒，我觉得应该在六七十块钱左右。
>
> 在有酒有肉的午餐后，他们继续转站到商业聚集地工作，两个男子由于中午都喝了酒，瞬间倒地睡去，叶姓女子继续磕头祈祷。一个多小时后感觉疲惫的她，将地上的老人叫起来，瞬间上演了你方唱罢我登场，令人错愕的戏法。
>
> 根据观察，这个乞讨的队伍中大概有十几个人，他们会持续战斗到晚上 11 点。而后大家都会聚在饭店吃顿大餐，犒劳自己一天的辛苦。数数今天他们的收获，在大多数的零钱中有时还能看到几张红色的钞票。他们晚上吃得相对会比中午吃得要丰盛一点，吃完他们会集体清点一下当天的收入。一天下来我觉得两千块钱应该是有了。①

这些"职业乞讨者"的表现令人不齿，他们具有劳动能力，但却好吃懒做，以自己的尊严去骗取别人的施舍，竟然还以此为业，这样的贱民意识非常顽固，需要采取各种综合措施加以解决。

---

① 《职业乞丐揭秘：白天乞讨晚上喝酒吃大闸蟹》，2014 年 9 月 16 日，环球网（http://china. huanqiu. com/article/2014—09/5139078. html)。

公民概念是近代以来随着人类权利意识的觉醒而得到世界性传播的。近代意义上的公民，是立足于"自然权利"的基础上被加以理解的。卢梭对"公民"概念做出了解释，他说："自然人完全是为自己而生活的，他是数的单位，是绝对的统一体，只同他自己和他的同胞才有关系。公民只不过是一个分数的单位，是依赖于分母的，它的价值在于它同总体，即同社会的关系。好的社会制度是这样的制度：它知道如何才能够最好地使人改变他的天性，如何才能够剥夺他的绝对的存在，而给他以相对的存在，并且把'我'转移到共同体中去，以便使各个人不再把自己看作一个独立的人，而只看作共同体的一部分。……我认为，这种表现是真诚的，我们有理由相信它是真诚的，这样的人就是公民。……凡是想在社会秩序中把自然的感情保持在第一位的人，是不知道他有什么需要的。如果经常是处在自相矛盾的境地，经常在他的倾向和应尽的本分之间徘徊犹豫，则他既不能成为一个人，也不能成为一个公民，他对自己和别人都将一无好处。"① 公民是有着独立的人格、自觉的权利意识并有着确实践行自由权利的人。与公民身份相伴随的是公民意识，公民意识表现为主体意识、权利意识、平等意识、责任意识和参与意识五个方面。

（二）要打破弱势循环的文化怪圈

1959 年，美国社会学家和人类学家奥斯卡·刘易斯提出了"贫困文化"的概念。在此基础上，有关研究学者发现，弱势群体中存在一种贫困循环的怪圈：（1）生活于贫困境况中的人们，由于从小就受到贫困文化的熏陶，他们缺少向上的动力，环境也使他们难以有较高的成就动机；（2）低成就动机导致低社会流动，受教育的机会就少，层次较低，这使得他们在就业上的竞争力薄弱；（3）低教育水平、较弱的竞争力自然导致他们只能从事低收入职业，处于低的社会地位上；（4）低收入的职业和低的社会地位使他们更为贫困。②

通过研究发现，社会性弱势群体的循环的文化因素主要表现为两个方面：一是群体亚文化与社会主流规范体系的疏离。在现代市场经济和法治社会条件下，需要相应的竞争意识、能力意识、信用意识、效率意

① ［法］卢梭：《爱弥儿》（上卷），李平沤译，商务印书馆 1978 年版，第 9—11 页。
② 李强：《中国扶贫之路》，云南人民出版社 1997 年版，第 17—18 页。

识、责任意识等，一旦个体缺乏这种观念认识，就会慢慢地游离出主流意识之外。有调查显示，弱势群体对现代市场经济所要求的开放性、创新性等意识的认同率相当低，在对弱势群体进行的九种正向道德价值目标认同度调查中，富有现代意义的"不断开拓进取"和"乐于接受新事物"等的认同率仅为14.1%和8.1%，分别居于倒数第三位和倒数第一位。① 据"江西弱势群体生存状况与社会稳定研究"课题组的调查，弱势群体对改变自己的命运信心不足的占51%，具有信心的只有24.9%，信心指数相当低。② 二是社会性弱势群体的群体意识表达的失语。从传播学角度看，媒介话语权决定了一个群体在社会中的地位和利益表达音量的大小。一般来说，社会上具有一定文化知识、经济实力和社会地位高的群体往往容易影响公共舆论，而社会性弱势群体因为其文化知识相对缺乏，对新媒体技术的掌握比较滞后，又缺乏表达的欲望和闲暇时间，他们往往处于失语状态。

社会性弱势群体的文化意识对群体行为的选择具有重要影响，因而群体改善自身境况应该重视对其文化意识的重塑。这种重塑除了要加强社会性弱势群体与主流文化的对接、加强对媒介话语权的把握、加强对社会性弱势群体的文化关怀外，重要的还有文化观念与可行能力的双向互动。在对待社会性弱势群体的文化观念方面，我们不能犯"文化决定论"的错误。所谓文化决定论，就是片面地强调文化对一个国家的历史走向、一个个体的行为选择方面起决定性作用。我们说社会性弱势群体的文化观念对其行为有重要影响，他们的一些不良认识观念对于他们的脱困和发展构成了巨大阻碍，但这并不意味着文化是决定性的，也不意味着就文化而言文化。实际上，文化观念是现实环境、自身能力、成长经历等各方面的反映，它不是一成不变的。要改变这种文化观念，重要的是要跳出文化，要切实增强社会性弱势群体的"可行能力"，让社会性弱势群体切实通过个人的提高而获得发展、进步，从而将其带进社会发展的主流车道，这样他们的文化观念就会获得转变的契机，再辅之以文化教育，就能打破弱势循环的怪圈。

---

① 王桂芬：《当前我国弱势群体道德价值观特点实证解读》，《石油大学学报》2005年第2期。

② "江西弱势群体生存状况与社会稳定研究"课题组：《江西省弱势群体心理归因分析》，《江西公安专科学校学报》2005年第4期。

第五章 筑起三层公平网
保护社会性弱势群体

　　社会性弱势群体问题的出现，主因是社会公平出了问题，而这个问题的解决，就需要政府构筑起保护社会性弱势群体的三层公平网。第一层公平网为权利公平网，旨在保护社会性弱势群体享有基本的权利，这是最基础的公平，必须予以保障。第二层公平网为机会公平网，旨在为社会性弱势群体创造平等参与社会政治经济文化活动的机会。机会公平网是权利公平网的延伸。如果说权利公平网是在法律方面实现公平的话，那么机会公平网是在促进制度方面的公平。权利公平和机会公平实现之后，整个社会实现了"一分耕耘，一分收获"，没有人因为社会制度的因素而遭到不公平对待，这样一个社会就是一个比较公平的和充满活力的社会。但是，做到这些还不够。人生活在这个社会上，有些东西是自己无法选择的，比如人的出身、智商、健康状况以及继承的财产等，在人的努力和社会提供的机会一致的情况下，人也可能因为这些条件的差别而出现差别，这种状况需要予以矫正。另外，人类社会应该是一个友爱的社会，无论因为什么情况，人应该享有起码的生活条件，享有基本的做人的尊严。所以，第三层公平网——分配公平网必不可少。本章以三层公平网的构筑为主线，具体提出解决社会性弱势群体问题的对策措施。

第一节 权利公平网

一 促进社会性弱势群体政治参与

　　中共十七大强调："要从各个层次、各个领域扩大公民有序政治参与，最广泛地动员和组织人们依法管理国家事务和社会事务、管理经济和文化事业。"扩大社会性弱势群体的政治参与，能够有力地促进政治的民主化和法治化，能够有力地维护该群体的合法权利，对推进政治文明和社会稳定具有重要意义。

（一）社会性弱势群体政治参与的价值

社会性弱势群体的政治参与能够有效地维护该群体的权利，政治参与能够使社会性弱势群体作为国家和社会事务中活跃的主体而参与国家社会事务，使政治活动更好地为社会弱者服务。具体来说，社会性弱势群体政治参与的价值体现在以下几点。

第一，有利于反映社会性弱势群体的利益诉求。政治参与是一个国家的普通公民为了争取实现和维护自己的利益，直接或间接地对政治决策过程施加影响的行为。社会性弱势群体作为公民的重要组成部分，只有通过政治参与才能切实地实现自己的利益。社会性弱势群体具有一定的政治参与的能力，但是也具有一定的困难，引导该群体参与政治能够切实培养他们的参政能力。我国是人民当家做主的社会主义国家，社会性弱势群体具有参与政治的法律权利，但是社会性弱势群体的法律权利要想真正在实际生活中得到实现，离不开该群体自己的努力。扩大社会性弱势群体有序的政治参与是我国经济发展的客观要求，也是政治发展的客观要求。现代化的社会是一个利益多元的社会，是一个高度分工的社会，各利益主体为了谋求自身的利益，必须影响政治、参与政治。只有社会性弱势群体不断地参与政治，才能够实现自己的利益诉求和愿望，也才能不断改善自身的生存环境和社会地位。

第二，有利于民主政治的建设。民主政治是我国政治文明的主要方向。但是，民主政治建设是一个长期的复杂的过程，不可能一蹴而就。民主政治的建设需要处理好改革与稳定的关系、精英与民主的关系、法治与民主的关系，还要面临现实利益的羁绊，举步维艰。要推进民主政治建设，只是自上而下的推动是不够的，还需要自下而上的推动力。要解决这些难题，社会性弱势群体参与政治并在参政中获得提高是基础条件。基层民主是社会主义民主最广泛的实践。基层民主、自治制度的完善，将有助于推进社会性弱势群体的政治参与和整个国家民主政治建设。中共十七大报告明确指出，要"发展基层民主，保障人民享有更多更切实的民主权利。人民依法直接行使民主权利，管理基层公共事务和公益事业，实行自我管理、自我服务、自我教育、自我监督，对干部实行民主监督，是人民当家做主最有效、最广泛的途径，必须作为发展社会主义民主政治的基础性工程重点推进"①。

第三，有利于维护社会和谐稳定。政治参与必须要处理好改革和稳定的关系，良性的政治参与有利于维护社会的稳定和发展，推动民主进程，无序的政治参与则会导致社会的混乱和民主的破坏。必须要大力推进政治民主，否则社会的和谐稳定无法实现。社会性弱势群体因其文化层次偏低和缺乏一定的政治素养，其政治参与往往存在盲目和非理性的特征，而且该群体政治参与往往存在血缘、地缘、业缘的特征，当前基层民主选举中容易出现"黑金政治"、"贿选"、家族统治等问题。近年来，社会性弱势群体"体制外"政治参与存在一定的上升势头，主要表现为聚众上访、越级上访、非法聚集、冲击地方党政机关等，这些事件的多发对社会的稳定和政治的良性发展带来了威胁，必须要引起充分重视。非法的政治参与必须得到控制和处理，合法的政治参与也要合理有序。可以说，社会性弱势群体是最需要政治参与的人群，同时也是最需要政治参与经验的人群。解决这个难题不能简单化，不可能通过简单的教育就可以解决，必须在实践中提高政治认识。目前，我国社会性弱势群体十分庞大，且具有生活贫困、社会救助有限、相对剥夺感强烈等特点，这样他们可能对社会采取抵触性的态度，可能带来社会的不安定。因此，重视和关注社会性弱势群体的政治参与，满足他们的利益诉求，能为社会的和谐稳定创造条件。

第四，实现社会的公平正义。社会性弱势群体问题日益严重，违背了社会的公平正义。公正是人类社会的基本价值，是社会良性运转的基础。美国当代哲学家约翰·罗尔斯在《正义论》一书中指出："正义是社会制度的首要价值，正像真理是思想体系的首要价值一样。"② 在现代市场经济条件下，社会分化加深，社会成员贫富分化拉大，产生"马太效应"，从而使社会财富逐渐聚集于社会强势群体手中。更有甚者，一些强势群体通过违法的或垄断的手段，侵害弱势群体的利益，从而获得巨额的不正当利益。这种情况必须要得到纠正，而社会性弱势群体的

---

① 胡锦涛：《高举中国特色社会主义伟大旗帜，为夺取全面建设小康社会新胜利而奋斗——在中国共产党第十七次全国代表大会上的报告》，人民出版社2007年版，第30页。

② ［美］罗尔斯：《正义论》，何怀宏译，中国社会科学出版社1988年版，第1页。

政治参与能够促进这种情况的解决。

（二）完善政治参与制度，拓宽政治参与渠道

我国社会性弱势群体的利益表达机制的构建需要多方面的努力，要发挥已有制度的作用和发扬其优势，要构建多元化的表达渠道，努力做到社会性弱势群体利益表达方式的科学化和合法化。

第一，完善人民代表大会制度。首先，要扩大代表覆盖面，增加社会性弱势群体利益代表的比例，促进农民与市民代表资格平等。人民是政治的主体，是国家的主人。人民群众参与选举、参与决策、参与社会建设与管理、参与监督，这是宪法所赋予的不可剥夺的权利。社会性弱势群体的政治参与有利于把不同利益群体纳入现有政治体制内，有利于增进人民群众对执政党的认同感。随着市场经济发展，社会管理主体与利益主体多元化，新兴利益群体不断出现，要保障他们的政治权利。要扩大代表的覆盖面，让社会各利益群体和社会阶层都有机会参与政治活动，尤其要充分保障社会性弱势群体的政治权利。针对目前我国人大代表的构成状况，有必要设立专职的代表弱势群体的人大代表，这部分人大代表人数占代表总人数的比例必须与我国弱势群体的规模相一致。弱势群体的代表不一定是弱势群体的一员，但是一定要由弱势群体亲自选出并对弱势群体负责。其次，要严格人民代表资格审查，保证人民代表真正能够代表人民群众的切身利益。人民代表要深入群众，察民情、听民意、聚民智，在代表和人民之间搭起沟通桥梁。同时，健全信息公开制度，改变以往由于信息不对称而导致的代表和人民之间脱节的现象，保障人民群众的知情权，利用政情通报会、咨政会、听证会和新闻发布会，及时把国家政策方针向社会宣传，建立公民政治参与的信心。再次，要促进人大工作与维护社会性弱势群体利益工作的结合。把该群体反映的热点、难点和社会影响大的问题与人大专题审议工作相结合，把社会性弱势群体普遍关心的重点问题与人大执法检查工作相结合，把社会性弱势群体的申诉、控告等与人大评议工作相结合。① 最后，健全人民对代表的监督和评议制度。不受监督的权力容易产生腐败，因此要加强对人大代表的监督，人大代表要向民众负责，要重视人民的监督权利，公民只有组织起来形成强大的监督力量，才能真正发挥民主监督的

---

① 吕晓明：《弱势群体利益表达渠道研究》，《新西部》2009 年第 14 期。

作用。

　　第二，完善基层民主制度。基层民主是社会性弱势群体参与政治的主要平台，是基层群众依照党的政策和国家法律，按照一定程序，民主选举基层领导人，对基层公共事务和公益事业进行民主管理的实践活动。我国基层民主制度经过几十年的发展，取得了一定的成绩。农村村民委员会自治、城市基层民主和企事业民主都在全国得到了实践，但实践过程中也出现了一些问题，主要表现为选举混乱、个别干部以权谋私、一言堂、贪污腐败、官僚主义等问题，因此，基层民主制度亟须完善。首先，要完善基层民主法律体系，做到有法可依。进一步完善和加强与基层民主相关的法律法规，健全民主制度，丰富民主形式，保障人民群众当家做主。依法实行民主选举、民主决策、民主管理和民主监督，实现基层民主的制度化、法律化。要细化村民委员会组织法，制定切实可行的选举办法，严格选举程序，严格选举人资格审查。以地方立法的形式建立和完善基层民主选举和基层民主管理程序，保护社会性弱势群体的合法权利。其次，要细化和规范选举程序，加强监督。各地区进一步细化选举操作规程，加强技术手段对选举过程的监控，及时查处和纠正选举违法违规行为。同时，加强对基层干部的教育培训，教育他们坚持和发展基层民主，减少违法乱纪。加强对基层民主建设的监督，发挥法律的监督作用，同时发挥人民群众和新闻媒体的监督作用。再次，积极探索解决基层民主建设的新问题。随着社会流动性的加强，流动人口参与政治存在一定的难度，这给基层民主建设带来了全新的问题。要制定流动人口民主选举制度，保障流动人口的选举权和监督权。要处理好党的领导、人民当家做主和依法治国的关系，要吸收社会新阶层参加政治活动，维护他们的合法权利。

　　第三，健全政务公开制度。政务公开制度是行政机关将管理事项向社会公开的制度。政务公开是我国民主政治的本质要求，实行政务公开，有利于加强社会监督，预防和发现腐败，有利于提高机关办事效率，提高依法行政水平，有利于保障人民群众的知情权，有利于落实民主决策、民主管理和民主监督。2002 年 11 月，广州市率先破冰出台了一部推动政府信息公开的章程《广州市政府信息公开规定》后，上海、深圳、杭州、重庆等地方政府及国土资源部等中央部委纷纷推出了相关的法规、规章，由此催生了《政府信息公开条例》的颁布与实施，而就在《政府信息公开条例》发布前夕的 2007 年 2 月，当时全国已经有 31 个省（区、市）和 36 个国务院部门制定了政务公开规定，其中 11 个省（市）制定了政府信息公开的地方性法规。当前，我国继续大力推行政务公开制度，国务院和部委、省级政府都建立了新闻发言人制度，全国 80% 以上的县级政府建立了政府网站，县级以上政府定期发布政务信息，乡镇政府设立了政务公开栏。同时，为了更好地方便人民群众，很多地方建立了行政服务中心，相关信息及时公布。在推动政务公开的同时，党务机关逐步推行党务公开，村级自治组织推行村务公开，企业单位进行厂务公开，这些公开措施有力地发挥了信心公开和社会监督的作用。我国要进一步加强政务公开立法，确定政务公开的程序、方式、内容、时间和范围，用法律保障政务公开的实效性、准确性。

第四，加强决策听证制度和基层参与。近年来，既得利益集团通过利益结盟而损害底层社会性弱势群体利益的现象比较突出。只有通过制度创新，让广大群众监督决策和参与决策才能保障底层民众尤其是社会性弱势群体的利益。听证制度是社会性弱势群体掌握表达话语权，避免自己利益受损，让政府听到他们真实呼声的重要途径。社会性弱势群体的利益受损在很大程度上是强势群体为了维护他们自身的利益导致的。而强势群体目的得以实现的主要手段之一就是通过结盟，形成很大势力，从而对政府决策造成压力，使有关部门通过有利于他们自己的公共政策。[①] 要改变这种状况，社会性弱势群体必须要参与到公共决策当中去。十七大报告明确指出：要增加决策的透明度和公众参与度，制定与群众利益密切相关的法律法规和公共政策要公开听取意见，经过公开、公正的听证程序，提高决策的科学性，有利于群众理解和接受，保证政策推行的效果。当前，我国的听证制度还存在一些漏洞和问题，听证制度不够健全和完善，听证人员的选择、听证议题的制定、听证的程序和听证的范围、听证的公开度和透明度都存在一些问题，这些问题迫切需要在制度法律中得到明确的落实。行政机关应当将听证程序的范围进一步扩大，凡涉及公民权益的具体行政行为和抽象行政行为，都应实行听

---

① 林霞：《弱势群体的利益表达存在的问题及建议》，《经济与社会发展》2009 年第 9 期。

证程序，以保障公民的合法权利不受到侵害。①

第五，改革信访制度。信访制度是有中国特色的政治制度，它是指公民和组织在合法权利受到侵害时，以书信、电话、走访等形式反映情况、表达意愿、寻求补救，信访机关通过直接或间接的手段督促、协调政府职能部门有效解决问题的法律制度。信访制度是人民群众行使民主权利，管理国家事务的重要形式，是发挥社会主义民主，接受人民群众监督的重要渠道，是沟通政府和人民群众的重要桥梁，有利于政府了解社情民意、汲取群众智慧、为民排忧解难、接受群众监督。信访制度在我国的政治生活中发挥了重要作用，尤其在维护社会性弱势群体权利方面更是举足轻重。但是，信访制度在执行过程中也出现了一些问题，主要表现为执法不严、政策偏失、堵截上访、打击报复等问题。因此，应该对现有的信访制度进行改革。首先，要完善信访法律法规，实现信访工作法制化。根据现有"信访条例"，信访机关作为行政机构，本身没有处理权，只能转交有关部门处理，容易出现推诿扯皮，不利于事情解决。因此，要整合信访资源，规范信访权限，赋予信访机关对信访事件的处置权，并对有关部门责任人的处理权。当前我国信访机构庞大而分散，整个系统缺乏统一协调的机制，加之"信访机构是本级人民政府负责信访工作的行政机构"，没有独立的处理问题的权限，受制于本级政府，使得信访的实质功能得不到应有的发挥，从而流于形式。因此，信访机构可以由各级人大统一领导，并建立信访委员会制度，形成独立的审查机制。要明确信访程序和信访职能。信访部门要与行政机关脱钩，赋予信访部门独立的职责，规定明确的信访程序，严格保护信访人员和上访人员，实现信访工作程序化、法制化。要严格规定上访人员和信访机关的各项权利，上访人员有权要求信访部门对上访内容进行调查，并做出明确答复。上访人员要严格按程序上访，不准无理取闹。其次，畅通信访渠道，加强基层信访。基层是信访案件的源头，也是解决信访问题的最终落脚点，做好信访案件的源头控制，才能从根本上保证利益表达的有效性，信访制度要与其他渠道配合。②要通过信访例会、领导接

---

① 施美萍：《构建弱势群体的利益诉求机制的路径抉择》，《牡丹江大学学报》2009 年 10 月。

② 吕晓明：《弱势群体利益表达渠道研究》，《新西部》2009 年第 14 期。

待日、调查研究等形式畅通民意表达渠道。在继续畅通现有信访渠道的同时，促进信访的网络化，通过现代传媒手段，尤其是通过互联网收集来信来访。同时，要加强信访责任制，健全信访监督机制，提高信访队伍素质，培养一支业务精干、作风正派、廉洁高效的信访队伍。最后，要取消不合理的政绩考核指标。我们的政府是为人民服务的政府，要从执政观念上承认转型期利益分化的事实，改革越深入，矛盾冲突和利益表达也会随之增多，要纠正一些地方把"上访率"作为政绩考核指标的不合理做法，可以将具有独立监督和督办权力的信访部门的"立案率"和对合理上访事件的"解决率"作为本级政府部门的政绩考核内容之一。

（三）促进文化建设，提高社会性弱势群体参政素质

完善社会性弱势群体利益表达机制，首先要形成该群体的主体意识。有了主体化的利益表达意识，该群体才会对自己的利益要求有清醒的认识，才会更加自觉主动地影响公共政策，追求自己合理的利益要求。要教育社会性弱势群体树立正确的权利观念，增强维护自己合法权益的勇气和信心。[1] 由于我国历史上缺乏民主政治的基础和传统，而社会性弱势群体的文化水平又相对不高，因此需要加强现代政治文化建设，提高社会性弱势群体的参政素质。

第一，建设新型政治文化。要弘扬主流政治文化，破除小农意识、权威崇拜，要学习现代政治知识，摒弃无为思想、清官思想等不切实际的政治理念，加强对社会性弱势群体权利意识、法治意识和主体意识的宣传，提高他们的政治责任感和政治判断力，培养他们理性参政的能力，加强社会主义法律宣传，倡导和强化社会性弱势群体法律意识。同时，在实践中引导社会性弱势群体进行正确的价值选择。辩证唯物主义告诉我们：实践是检验真理的唯一标准。我们在加强理论修养的同时，要在实践中培养分辨是非的能力，加强对国家政治体制的认同感，积极而理性地参与政治活动。

第二，消除社会歧视，创建和谐政治参与氛围。针对社会性弱势群体的社会歧视主要包括文化歧视、性别歧视、文明歧视、政策歧视、健

---

[1] 林霞：《弱势群体的利益表达存在的问题及建议》，《经济与社会发展》2009 年第 9 期。

康歧视、地域歧视、人格歧视等，这些歧视不仅使社会性弱势群体合法权利受到损害，而且影响他们的心理健康、经济收入和社会地位。消除社会歧视应当正确维护社会性弱势群体的合法权益，建立健全相关法律法规，取消各种歧视性规定，建立和完善弱势群体权利救济机制和社会保障机制，改变社会性弱势群体的社会地位和经济状况。同时，加强宣传，树立和谐健康的文化意识，树立人人平等的观念，培养人们健康的心态，营造社会性弱势群体政治参与的良好氛围。

二　建立健全法律法规体系，积极开展法律援助

（一）加快社会性弱势群体保护立法，构筑多层次立体化的法律保护体系

在一个法治社会，完善的法律制度体系是社会性弱势群体保护和救助得以经常化、制度化的重要保障，也是社会性弱势群体权利得以保障的必要条件。构筑多层次立体化的法律保护体系，需要从以下几个方面着手。

第一，完善现有社会性弱势群体保护和救助的相关法律法规，废止不合时宜甚至带有歧视性的一些法律条文，增列必要的针对社会性弱势群体保护的法律条款。[①] 一方面，开展对现有法律法规及制度的清查，消除现有法律法规制度存在的户籍歧视、身份歧视、所有制歧视、性别歧视等现象，使全体社会成员都能享受到平等的国民待遇，保护基本人权。另一方面，要增加法律中对社会性弱势群体的特别保护条款。在西方，对于社会弱者是"平等保护"还是"特别保护"曾经引起了广泛的争论，但是法理上和国际上有关国家的实践证明，社会弱者需要"特别保护"。对社会性弱势群体的"特别保护"是实质法制的要求，是对实质不平等的纠正，是社会正义的体现。美国学者理查德·乔治说，"所谓公正，就是指给予每个人应得的权益，对可以等同的人或事物平等对待，对不可等同的人或事物区别对待"。[②] 从国际社会情况看，很多国际组织制定了一系列法案或公约，对社会弱势群体进行特别保护。

---

① 熊友华：《弱势群体的政治经济学分析》，中国社会科学出版社 2008 年版，第 297 页。
② ［美］理查德·乔治：《经济伦理学》，李布译，北京大学出版社 2002 年版，第 118 页。

如国际劳工组织在1985年通过了"关于消除就业和职业中的歧视"的公约和建议书，要求所有人都应享有机会均等和待遇平等。在美国，根据法律规定，政府必须为弱势群体提供积极的补偿。凡是以前在美国社会因种族和性别等原因遭受歧视的群体，在同等条件下有资格优先享有政策的福利，这些社会福利包括就业、入学、获得政府合同、享受政府津贴、争取奖（助）学金等。①

第二，加快社会性弱势群体保护立法，制定一般性法规和针对特殊群体的特别法。就一般性法规而言，我国当前要尽快完成人权保障法案的立法。在我国，没有专门的人权保障法案，有关公民基本权利的规定都是由宪法予以确认，但是宪法不能进入诉讼，这使得公民的权利常常没有保障。2005年新修改的《宪法》第24条规定，"国家尊重和保护人权"，但是却对人权保障主体、机构、程序及侵犯人权的责任等没有具体规定，因此需要制定一部人权特别法律，使宪法规定的公民权利和人权保障落到实处。② 有学者认为，"应制定《社会法总纲》作为弱势群体保护的基本法"③。另外，应该制定针对弱势群体保护的更为具体的法律，如《社会救助法》。社会救助的专门法律是国外大多数国家的通行做法，世界上已经有140多个国家制定了法律援助制度，我国虽然制定了《中华人民共和国妇女权益保护法》、《中华人民共和国未成年人保护法》、《中华人民共和国老年人权益保障法》、《中华人民共和国残疾人保障法》等一系列涉及生理性弱势群体的法律，但是针对社会性弱势群体的专门法律还比较缺乏，也没有一部统一的社会救助法律。因此，推动制定《社会救助法》和针对社会性弱势群体权利保障的法律十分必要。

第三，完善立法程序，增强社会性弱势群体保护立法的操作性。改革开放以来，我国在立法方面取得了令人瞩目的成就，但是重实体轻程序的现象尚未根本解决。一些关于社会性弱势群体的立法只是原则性的表述，缺乏实际的操作性。我国宪法规定公民的基本权利有十八项，其中有具体法律加以保障的有九项，其他九项则只是停留在宪法字面上。

① 余少祥：《弱者的权利——社会弱势群体保护的法理研究》，社会科学文献出版社2008年版，第311页。

② 同上书，第332页。

③ 覃有土、韩桂君：《略论对弱势群体的法律保护》，《法学评论》2004年第1期。

因此，有关立法部门要努力使宪法和法律规定的公民的基本权利落到实处。增强立法的操作性还要促进立法过程的民主化。社会性弱势群体保护的立法应该充分听取该群体的意见，使他们能够有机会参与规则的制定。[1] 要杜绝立法过程中的部门利益和强势群体利益，立法机关、执法机关和社会性弱势群体开展互动十分必要。

（二）完善社会性弱势群体权利救济机制，提供法律援助

第一，充分尊重社会性弱势群体的应有权利，增强司法和政府部门的法律责任意识。在我国，个体主义贫困观一直被广泛认同，在这种情况下，我们在保护社会性弱势群体时，往往只是一种"道义"行为，而并不是一种责任意识。这种责任意识的缺乏，是弱势群体状况未能得到有效遏制的重要认识根源。尤其是社会性弱势群体，他们并不同于生理性的弱势群体，他们具有劳动能力却深陷困境，社会上往往认为其弱势是因为他们能力的低下和个性的懒惰，因此对于他们的救助被地方政府和司法机关看作仅仅是道义上的善举。这样就造成了对该群体的保护行为缺乏制度约束，无法形成长效机制。因此，政府部门和司法机关要增强责任意识，采取各种措施把社会性弱势群体的权利保护好。

第二，完善社会性弱势群体的权利救助机制，重视建立法律保护长效机制。社会性弱势群体的保护，不仅要有法律的具体规定，还要有程序的保障，要建立有效的法律实施机制。一方面，司法行政机关依法加强对社会性弱势群体的保护；另一方面，司法行政机关必须确保程序正义，并且产生具体的效果。也就是说，要加大法律的执行力度，保障好的制度和法律真正起到保护社会性弱势群体的作用。因此，一是要建立完整的违宪审查制度，赋予社会性弱势群体保护可操作性的权威依据；二要强化法律法规的程序规范，细化对社会性弱势群体的保护条款；三是彻底改变权利救济的反向操作的现象，杜绝公检法机关利用公权力侵犯弱势群体利益。[2]

第三，积极开展法律援助，保证社会性弱势群体依法表达利益诉求。法律援助是公平观念不断发展的结果，其理论依据主要在于：（1）司法机关若要正常运转，为穷人提供有效援助必不可少；（2）从

---

① 熊友华：《弱势群体的政治经济学分析》，中国社会科学出版社 2008 年版，第 299 页。
② 同上书，第 301 页。

人道主义和慈善角度出发，要求这种服务；（3）在具有良好秩序的国家，所有公民都有获得法律信息、获得专门司法人员意见和服务的平等权利。① 因此，实施法律援助，对于实现法律面前人人平等、保障人权、发展社会公益事业方面具有重要意义，而法律援助实施于社会性弱势群体则具有更高的价值，因为它提供的不是一般意义上的福利，而是法治社会的一种权利——人民不因其贫困而被排斥在法律保障之外。现代社会，大多数国家都把法律援助看作政府应该对诉讼中的贫困当事人承担的国家责任。作为法治社会的人权保障，法律援助体现在许多国家的法律、宪法之中。在法国，法律援助已经写入宪法。在日本、德国、美国等国宪法中均有具体规定。不仅如此，法律援助还被写入国际文献中。如1996年通过的联合国《公民权利与政治权利国际公约》第14条规定：在司法利益有此需要的案件中，为他指定法律援助，而他没有足够能力偿付法律援助费用的案件，不要他自己付费。② 我国当前法律援助制度还存在一些缺陷，主要是法律援助立法滞后，没有专门的《法律援助法》；法律援助机构设置混乱；法律援助力量薄弱、范围过窄，社会性弱势群体接受法律援助在当前还比较困难；法律援助经费匮乏。针对这些问题，我们要加强对社会性弱势群体的法律援助工作，首先，要完善法律援助立法，应当根据现行《法律援助条例》，通过地方立法的方式，积极制定有关法律援助工作的法规规章。其次，要加强法律援助机构建设，严格按照《法律援助条例》的规定，积极办理法律援助案件，积极开展法律援助机构的建设，加强人员培养培训。最后，要建立多种援助主体并存的法律援助体系。作为一项特殊的公益事业，法律援助不仅要有国家司法部门主持的法律援助机构，而且需要社会的广泛参与，只有充分调动社会力量，才能扭转我国法律援助面临的资金短缺、人员不稳定的尴尬局面。③

第四，要在法律援助中真正实现程序的简化，通过开展经常性的义务法律咨询活动、适当减免收费等手段来进行法律援助。

---

① 余少祥：《弱者的权利——社会弱势群体保护的法理研究》，社会科学文献出版社2008年版，第419页。

② 江平主编：《中国司法大词典》，吉林人民出版社1991年版，第6页。

③ 傅思明：《弱势群体法律援助制度刍议》，《中共宁波市委党校学报》2009年第3期。

三　改革城乡分割的户籍制度

解决社会性弱势群体问题，统筹城乡发展是重要方面，必须要对城乡分割的二元户籍制度加大改革力度，切实纠正城市偏向的政策，给农民同等的国民待遇、完整的财产权利和自由的发展空间，使得城乡居民能够有同等的机会参与社会竞争。

我国的户籍制度始于 1958 年，至今已有五十余年。改革开放以来，我国对户籍制度有一定程度的放开，但是基本框架仍未根本改变，当前的户籍制度仍然是二元的等级制度。城乡二元户籍制度的弊端主要表现在：一是加重了农民负担。在同等条件下，农民承担的日常开支、生产投资、医疗及子女入学等有关费用要比城市居民沉重。十六大以来，中央陆续出台了一系列支农惠农政策，农民的处境有所改善，但是仍然不能弥补城乡之间的经济差距。调查显示："44.3% 的农村居民有过无法维持基本生活的情况，主要是由于子女上学支出过大、家中有人患重大疾病、收入来源单一。在农民的每年支出中，教育支出 5000 元以上的占 23.3%，在 10000 元以上的占 10%；医疗支出 1000 元以上的占 30%，5000 元以上的占 3.3%。"[①] 二是妨碍了迁徙自由，不利于经济发展。迁徙自由是一项基本人权，它受到宪法保障，为世界各国所广泛承认。但是在户籍制度的控制下，人们不能自由迁徙。人口流动国际研究表明，劳动力资源的优化配置需要以人口的自由迁徙为保证，资源配置只有在不断流动中才有生机、活力和效率。据有关统计，在美国，每年有近 1/5 的人口在搬迁，各类技术人才和大批年轻劳动力源源不断地自由流动，这是美国能够保持全球第一经济大国地位的重要原因；在日本，这个比例是 20%；法国、德国、瑞典等国每年的人口迁徙率也超过 10%，而中国至今只有 0.5%—3%。[②] 三是户籍制度损害了社会平等，增加了社会腐败因素，浪费了大量的人力、物力和财力资源。户籍制度产生于计划经济时代，是国家安排发展计划的重要手段，户籍制度以"农业"和"非农"户口的划分方法实际上确立了不平等的公民待

---

① 杜毅、肖云：《农村最低生活保障实施的问题与对策研究》，《西北人口》2009 年第 2 期。

② 余少祥：《弱者的权利——社会弱势群体保护的法理研究》，社会科学文献出版社 2008 年版，第 101 页。

遇。附着于户籍制度背后的劳动就业、社会福利、医疗保险、住房补贴、退休养老、高考招生等方面都在一定程度上存在城乡的不平等对待，农民在这种制度安排中处于弱势地位。四是户籍制度造成了城市化的滞后。现代化就是工业化和城市化，户籍制度使得农民只拥有在城市的"暂住"身份，农民在城市工作、安家等方面面临诸多限制，阻碍了城市化进程的发展，同时也是造成城乡贫富分化持续拉大的重要原因。

户籍制度已经成了现代化建设的一大瓶颈因素，更是严重损害社会公平，造成社会性弱势群体被"排斥"的重要因素。只有彻底清除这种不合理的户籍制度，才能真正给予农民同等的竞争机会，才能切实保障农民权益。但是，户籍制度改革牵涉面广，情况复杂。户籍制度改革实际上是利益关系的一场大调整，如果贸然打破可能导致利益关系的混乱，在我国人口众多城市化程度不高的情况下，户籍制度改革将给城市带来沉重的压力，因此户籍制度改革决不能一蹴而就，要处理好改革、发展、稳定的关系。

（一）户籍制度改革的原则

第一，把农民问题放在首位。全面的户籍改革，涉及全社会，内容繁多，任务艰巨，但重点和核心的问题是农民问题。新中国成立以来所确定的城乡分离的户籍制度在促进工业发展的同时却剥夺了农民应享受的利益，造成城乡发展的巨大差距。改革开放以来城乡差别虽有所改善，但是还没有得到根本解决。通过户籍制度的改革，促进农村经济和生产力发展，尽快改变农业结构，提高农民收入，促进农民的社会流动，加快变农民为市民的历史进程。

第二，公民一律平等原则。作为中华人民共和国的公民，在个人身份上应该一律平等。户籍只承担人口统计和管理职能，只限于登记个人身份，不能把个人身份固化。户口应该随着人口流动而转移，是人口流动决定户口，而不是相反。

第三，自由转移原则。迁徙权是国际公认的人的一项基本权利，人口流动同时也是推动经济社会发展的重要动力。在市场经济条件下，人口流动可以促进劳动力和生产资料的优化配置。从现实情况看，人口流动是人力资源实现城乡和区域有效配置的途径。因此，必须尊重人们的自由转移的意愿，保障人的自由迁徙权利。

　　第四，综合配套改革的原则。户籍制度改革涉及面广、影响巨大，户籍制度与劳动就业、教育医疗、社会保障等方面息息相关，因此户籍制度改革一定要与其他改革衔接配套，否则就会出现户籍制度改革得不到有效贯彻执行的问题。

　　第五，循序渐进原则。户籍制度改革社会呼声巨大，是大势所趋，但是应该看到，我国还处在社会主义初级阶段，我国城乡差距还很大，我国农村人口数额十分庞大，社会保障制度还不够健全，教育、医疗资源还十分短缺，二元经济结构还不能马上解决，改革不可能一步到位，要实事求是、因地制宜、循序渐进，要适时、适量、适度地前进，要周密规划，确保改革顺利进行。

　　（二）促进户籍制度改革的对策

　　第一，修改宪法，出台《户籍法》，实行一元户籍制度。宪法是国家的根本大法，它确定了一个国家公民的基本权利和义务。就我国目前宪法而言，它没有规定公民的迁徙自由和居住自由。这既不符合基本的国际法原则，也不符合我国社会发展和个人发展的基本趋势。因此要修改宪法，确立公民"居住和迁徙自由"的权利。明确公民的自由居住和迁徙权，恢复户口自由转移制度，取缔一切与宪法条文相悖的户籍政策。迁徙自由是社会、经济、政治发展的需要，也是保护社会性弱势群体的必要条件，是人类文明的重要成果。应尽快在《宪法》中增加公民转移自由、居住自由、择业自由、营业自由等条款，规定中华人民共和国公民无论户口、出身、出生地、居住地如何，所有人一律平等，一切职业包括政府部门任职资格向所有公民开放。

　　我国现行户籍管理的法律依据是 1958 年实施的《中华人民共和国户口登记条例》，缺点在于以行政部门的管理为出发点，对公民的权利有所压制。我国的户籍管理多以政策调节为主，而依法治理不足，这带来了政府功能的泛化。我国要建立完善的法律法规体系，必须要抓紧制定《户籍法》，建立全国统一的户籍登记制度。[①] 取消农业户口、非农业户口两种户口类型，实行全国城乡统一的中华人民共和国户口，切断社会待遇与户籍之间的联系，恢复户籍的本来面目，实行户口与自由转

---

　　① 乔伟伟：《现行城乡二元户籍制度的弊端与改革思路》，《法制与社会》2009 年 6 月（上）。

移理念相适应的、开放性的、城乡统一的、以居民身份证为准的一元户籍制度配套政策改革，建立由国家依法对公民户口进行登记管理，确认公民身份，使户籍制度恢复其国家对人口资源的统计和对社会实施有效管理功能的本来面目，最终实现"一证走天下"的目标。

第二，改革户籍转移制度。根据各地的实际情况建立起健全的迁入地准入制度，各地区可根据自己的实际情况，制定准入条件，以公民的教育程度、所学专业、技术职称、有无住房和稳定职业、收入来源、居住年限等为条件，达到有计划地控制人口的增长。各类城镇从实际经济发展水平和吸纳不同劳动就业的潜力出发，并考虑就业压力，设置高低不同的门槛，适度打开城门，办理流动人口的暂住户口和常住户口，实现流动人口的合理、有序、适度转移。一般来说，规模大的城镇的准入标准要比规模小的城镇的准入标准高，要在准入条件办理人口转移时体现以下精神：对有关调动、招工、学生、军人及随迁家属准予落户；对城镇安家并已是事实上的城镇居民以及城镇户待定人员及生活困难的投靠亲属人员的户口问题，要优先解决。

第三，完善户口登记制度，逐步实现以人为主的动态管理。[①] 要打破原有的农业户口与非农业户口的登记办法，建立以居住地为标准的户口登记制度。根据中国国情实行以人为主和人户兼顾的管理方法，即户口管理和人口管理相结合的管理方法。逐步以"居住地人口管理模式"取代"户籍属地管理模式"，不再将户籍人口和流动人口置于不同的管理体系，以本地所有居民为服务对象，逐步取消城乡二元体制下的人口管理办法。政府应该从宏观上制定户籍改革的总体方案和时间表，鼓励各地政府在落实总体方案的同时，积极探索符合自身实际的改革措施。可以首先确定"合法固定住所"条件，允许农民以较低条件获得居住地户籍。要在大中小城市及小城镇试点，取得经验逐步推广。

第四，进行多种同步配套改革，把户籍制度与其他制度脱钩。一是进行税收制度改革。政府应继续推进农村税费改革，统一城乡税制，按照简税制、宽税基、低税率、严征管的原则改革税收政策。[②] 二是教育

---

① 陈刚：《论中国户籍制度的完善》，博士学位论文，黑龙江大学，2004 年。
② 乔伟伟：《现行城乡二元户籍制度的弊端与改革思路》，《法制与社会》2009 年 6 月（上）。

投资制度改革。政府部门要努力促进教育公平，促进教育投资的城乡、地区平衡，重点向教育薄弱地区倾斜。保障农村教师基本工资收入，逐步提高农村教育基础设施。三是社会保障制度的完善。建立城乡一体化的社会保障体系，把农民纳入社会保障范围。当前重点解决农村最低生活保障和新型农村合作医疗，扩大覆盖面，提高保障水平。

第五，加强户籍证件、户籍簿册管理，建构人口信息网络，适应动态人口管理的需要。居民身份证是世界各国普遍采用的对成年人颁发的证明其公民身份的法定证件。针对流动人口的增加，以及居民身份证使用中暴露出的问题，个人化身份证件的管理需要强化和改进，如严格身份证件的申领、换证、补证及签发各个环节、增加居民身份证信息量、提高防伪技术等。在社会上推行出生证和身份证，以两证为个人身份的基本证明。在扩大居民身份证应用范围的同时，调整户口簿的社会功能。户口簿等级家庭中的人员概况，在居民跨县市迁徙时，由公安机关进行迁徙记录，并纳入新居住地管理。使户口簿由证明公民身份转变为证明公民的婚姻家庭关系，记载公民的迁徙状况。同时，加强身份证、户口簿全国联网的计算机化管理，建立灵敏高效、便于查询的人口信息网络。

综上所述，户籍制度的改革必须是在稳定社会的基础上逐步进行改革，与社会的经济发展水平相适应、与人口和资源相协调。改革二元户籍制度对于促进农村居民获得公平的竞争机会意义重大。

四 强化社会性弱势群体的媒介话语权

后现代思想家福柯指出，人类的一切知识都是通过"话语"而获得的，任何脱离"话语"的事物都是不存在的，人与世界的关系是一种话语关系。所谓话语权，是指公民运用媒体对其关心的国家事务与社会事务及各种社会现象提出建议和发表意见的权利。[①] 我国的社会性弱势群体在媒体上的"失语"状态是不争的事实，维护该群体的媒介话语权是构建权利公平网的重要条件，是构建和谐社会的题中之意。

社会性弱势群体只有把自己的声音表达出来才能最终影响社会行为，但是近年来，我国的大众传媒传播的信息无论是在内容还是形式

---

① 高榕：《试论弱势群体媒介话语权的维护》，《安阳师范学院学报》2005 年第 6 期。

上，绝大部分都是选择城市人群，尤其是精英人群之视角进行制作，宣扬的大多是一种精英化的生活方式。在媒体中即使出现一些社会性弱势群体，也是"被表达"，社会性弱势群体的发言权被剥夺、被转述、被描述，甚至是被利用。①

社会性弱势群体媒介"失语"的原因在于：首先，大众传媒的产业化、商业化导致其有意规避来自底层的声音。随着舆论宣传体制改革的推进，大量媒体被推向市场，为了生存，大众传媒受利益驱动，把注意力转向"强势人群"，对社会性弱势群体却越来越缺乏关注和热情。社会强势群体拥有媒介的控制权，拥有主要的话语权。② 产业化和商业化还导致大众传媒带有都市化倾向，农村社会性弱势群体的关注成为盲点。其次，社会性弱势群体的媒介素养普遍偏低。媒介素养是指人们对大众传媒的认识、利用和参与方面的素养，包括具有利用传媒的技能。社会性弱势群体的媒介素养普遍偏低，无力发出自己清晰理性的声音。

权利公平网的建构需要强化社会性弱势群体的媒介话语权。而大众媒体之所以存在的根本理由在于其对社会弱者的关注。媒体存在的理由不是保护社会强势群体，强势群体即使没有传媒手段也能发出自己的声音，建立民主制度和建立大众传媒的关键是让社会弱者发出声音。因此，作为大众传媒，现在要迫切找到自己的方向，需要加强社会性弱势群体的媒介话语权，提高社会性弱势群体的意识表达能力和意识表达的自主性。③ 我们可以尝试三个方面的努力。

第一，强化社会各界对社会性弱势群体的舆论关照意识，增强对社会性弱势群体意识表达的代言力度和准确性。④ 新闻媒体在社会生活的各个方面都发挥着重要的舆论导向作用，媒介传播是一项"权力"，具有巨大的影响力。对政府而言，要加大社会性弱势群体密集区域的信息基础设施建设的投入力度，方便社会性弱势群体获得信息资源。同时，要制定法律法规和有关制度，切实保护他们平等获得公共文化资源的权利。对于媒体来说，应该主动关心社会性弱势群体的生存状态，深入了

---

① 高榕：《试论弱势群体媒介话语权的维护》，《安阳师范学院学报》2005 年第 6 期。
② 周春霞：《论农村弱势群体的媒介话语权》，《安徽大学学报》（哲学社会科学版）2005 年第 5 期。
③ 熊友华：《弱势群体的政治经济学分析》，中国社会科学出版社 2008 年版，第 303 页。
④ 同上书，第 306 页。

解社会性弱势群体的生活现状，通过开辟专栏、热线、访谈等方式为他们提供利益诉求表达的机会和空间，引导社会广泛关注和支持社会性弱势群体，创造良好的社会氛围。[①] 媒体要发挥舆论监督的作用，揭露侵犯社会性弱势群体合法权利的行为，为政府决策提供了解社会性弱势群体生活状况的渠道，呼吁社会伸出援助之手，促进社会性弱势群体问题的解决。

第二，强化社会性弱势群体的话语权，提升他们的表达能力。社会性弱势群体权利状况的改善，不仅需要社会舆论的关注，更需要社会性弱势群体发挥主体性，要改变他们表达失语和表达纷乱的状况，该群体要主动提升表达能力和争夺媒体话语权。制度的设置往往是以一种"静态"或者"动态"的方式存在着，利益表达者只有通过寻求制度渠道来维护自己的利益才能体现制度存在的积极价值。为了提高社会性弱势群体的表达能力，一要细化现有的法律法规，明确规定社会性弱势群体的话语权问题，明确表达的路径，实现社会性弱势群体的"言论自由"；二要增强新闻舆论机构的公益性，新闻舆论机构首先要追求其社会效益，在此基础上，追求其经济效益，为社会性弱势群体的表达提供载体和空间；三要对社会性弱势群体进行一定的引导和培训，增强他们的自信心，培养他们主动争取媒介话语权的意识。

第三，要注意发挥网络通信媒体的舆论监督作用。舆论监督是社会民主的基本内容，舆论监督不仅是新闻媒体的重要内容，随着通信手段的普及和互联网时代的到来，通信网络已经成为社会性弱势群体媒介表达的重要阵地。例如：2006 年发生于广州的"许霆案"曾引起社会的广泛关注，披露首次判决结果的文章在被新浪等各大网站登载的首日，网友评论就超过了 10 万条，新闻点击率更是超过了百万。从这个案件我们可以发现，民众通过网络参政议政已经成为当前政治领域的一个重要现象。民意不可违，当便捷且具有群众性基础的通信手段和媒体网络在逐渐成为民意表达的一种大众性工具和平台时，来自通信手段和媒体网络对社会问题关注的民意正不断浮出水面，发挥着越来越重要的舆论监督作用。从传统的电视媒体如《焦点访谈》、《今日观察》等新闻栏目到手机短信、互联网络等新型媒体通信平台对社会事务、社会矛盾的

[①]　李叶叶：《全面关注弱势群体，促进社会四大公平》，《湘潮》2007 年 7 月。

跟踪与参与，从推动政府信息公开制度和政府问责制度的产生，到一些民生政策出台前的民众意见收集与讨论，媒体，尤其是网络媒体发挥了重要作用。近几年来，每逢"两会"，全国各大网站纷纷开通了为两会进言、议政和关注的节目，新华网开通了两会互动专栏，包括"我为总理献一策"、"我有问题问总理"等板块，同时开通了人大代表博客和短信互动平台。通过网络将人大代表和基层群众紧密地联系起来，为基层民众创造了一个说话的传话筒和交流平台。要使网络通信媒体为社会性弱势群体所用，我们需要在以下几个方面努力。其一，要充分发挥信息网络技术优势，使现代化利益表达手段为社会性弱势群体所用，使网络通信技术的发展为社会性弱势群体提供简便易行的利益表达渠道。随着经济的发展和人民生活水平的提高，现代信息技术已经逐渐为社会性弱势群体所拥有和掌握，成为他们利益表达的有力渠道。随着手机、网络实名制的推进，通过手机和网络进行投票已经成为社会性弱势群体利益表达的重要方式。其二，政府应积极推动电子政务的发展，通过设立政府邮箱、民众网上论坛、博客等多种方式搭建社会性弱势群体意见表达网上平台，并专人负责，定期公开处理结果，形成制度化、常规化的网上交流机制。

第二节　机会公平网

一　大力发展教育，促进教育公平

社会性弱势群体中有相当一部分是由于体力差、专业素质和文化素质偏低而被淘汰的。这些人有一定的工作能力，但是人力资本存量偏低。因为接受的教育培训时间短、效果差，该群体中文盲半文盲率很高，其掌握先进生产技能的能力差，缺乏一技之长，进而影响到人力资本的再投资，并影响到该群体的心理和文化观念。弱势的关键因素不是别的，而是人，改善人口质量，可以显著地提高社会性弱势群体的发展前途和福利。

在社会性弱势群体及其子女中大力发展教育不仅可以解决就业、经济增长质量以及人本身的发展问题。同时，可以把我国的人口包袱变为人力资本优势。只有加大人力资本投资，才能提高人力资本存量，进而改善我国经济和社会发展的结构，促进经济社会良性发展，创造更多的社会机会，可以吸收更多的社会性弱势群体就业，从而在就业中获得财富、获得技能、获得自尊自信、获得再发展的能力，只有这样，社会性弱势群体的彻底脱困才是可能的。

（一）政府要切实保障弱势群体子女接受义务教育

教育公平是人类永恒的追求和理想，从孔子的"有教无类"到现代社会的立法保证，教育公平寄予了数代人的不懈追求。义务教育是公共产品，每一个现代公民必须接受义务教育。教育既是社会进步的强力工具，又是人力资源投资的重要方面。因此，要充分保障社会性弱势群体的受教育权利，尤其是其子女的受教育权利。促进义务教育均衡发展，实现教育公平正成为我国广大社会性弱势群体日益迫切和强烈的呼声。

第一，在指导原则上，要体现宏观公平、差别对待原则，有效利用现有资源，重视社会性弱势群体子女的教育。从国情来看，我国人口多的基本国情决定了我国人均教育资源短缺，尤其是优质教育资源短缺。除了教育资源总量的短缺外，我国还面临着结构的不合理，城乡之间、区域之间、校际之间存在着严重的教育资源配置的差别，中心校、重点校、示范校人满为患、师资雄厚、财力充足、设备先进，而农村校、贫困地区学校、非重点校师资短缺、办学经费紧张、设备短缺，这种情况严重损害了教育公平。因此，我们要大力推进学校的标准化建设，教育资源实现相对均衡配置，全面考虑弱势群体子女的教育问题。建构公立学校内平等、无差别、无歧视的教育环境，消除流动儿童进入公立学校的心理门槛。

第二，在政策制定上，政府要适当调整宏观政策，建立财政转移支付制度，教育资源重点向弱势地区倾斜，并配以相应的政策法规，保障社会性弱势群体子女享受最低限度的义务教育。当务之急是义务教育投入重心上移，强化中央和省级政府在教育投入中的责任和地位，要大力扶持农村和落后地区、民族地区、偏远地区的经济发展，继续加大力度促进义务教育阶段免学杂费工作的落实。[1] 要建立财政转移支付制度，明确政府义务教育的投资主体地位，有效减缓地方财政的压力，尤其是为农民工子女免费就近入学制定相应的政策法规。除了经费上的投入，

---

[1]　丁飞、周华：《公平视角下的义务教育均衡发展研究》，《现代中小学教育》2009 年 1 月。

政府还要保障薄弱学校的优良师资的引进，实行教师"轮岗制"，促进教师在区域内合理流动，以防止社会性弱势群体的规模扩张和代际遗传。

第三，重视农民工子女的教育，使"新生代农民工"能顺利实现市民化。《国务院关于基础教育改革与发展的决定》强调指出："要重视解决流动少年儿童接受义务教育的问题，以流入地区政府管理为主，以全日制公办中小学为主，采取多种形式，依法保障流动少年儿童接受义务教育的权利。"[①] 农民工子女作为"第二代移民"，是未来城市化的重要力量，但是农民工子女却面临上学难的严峻形势。我国目前有 1.3 亿—1.5 亿农民工，据专家分析，随父母进城的农民工子女有近 2000 万。他们当中，失学率高达 9.3%。[②] 新生代农民工在教育升学机会、受教育条件等方面都面临困难。教育在少年儿童成长过程中具有决定性意义，他们所受的教育是他们能否良好地融入城市社会生活的保障。农民工子女的教育既关系到其科学文化素质，也关系到他们摆脱在城市的边缘角色，这两方面对其人力资本的形成十分重要。农民工子女入学是一种"教育移民"，这种教育移民不仅能够使新生代农民工融入城市，同时也对农民工自身产生积极影响，使他们为了子女的教育、未来而融入城市生活。当前政府要把提高农民工子女入学率作为重要工作，为农民工子女及其他弱势群体子女入学创造平等、宽松的教育环境。一要落实 2003 年 9 月国务院办公厅转发的教育部《关于进一步做好进城务工就业农民子女义务教育工作的意见》，各地制定出实施细则，挖掘现有的公办学校教育资源，兴办专门招收农民工子女的公办学校；二要将农民工子女纳入义务教育招生计划，政府加大对农民工子女教育的专项投资力度，同时允许民间资本投入教育事业，实施农民工子女入学关爱行动。要建立社会性弱势群体子女教育助学基金，为家庭贫困失学的儿童提供救助，提供"富有爱心"的平等教育，保证农民工子女"进得来、留得住、学得好"；三要改革户籍制度，破除城乡二元分割，清理各种名目繁多的"择校费"、"赞助费"，允许农民工子女免费就近入学；四

① 教育部门户网站：（http://www.moe.edu.cn/edoas/website18/level3.jsp?tablename=825&infoid=7335）。

② 黄烨：《弱势群体子女教育权利的现状及制度完善》，《学理论》2009 年第 11 期。

要营造健康、平等的社会氛围，让农民工子女感觉到城市的温暖，消除各种社会歧视。

第四，加大政府教育投入力度，促进义务教育免费工作。与一般的投资相比，教育投资周期长，教育的成效一般需要 15 年才能显现。因此要摒弃短期行为，要立足长远。教育是公共产品，以社会服务和促进社会公平为其首要目的，因此必须有充足的财力支持。要尽可能地加大对弱势区域、弱势学校和弱势群体的扶助。从国际经验看，第二次世界大战后西方发达国家的经济发展，离不开全体国民素质的普遍提高。我国在提高国民素质方面，一定要有紧迫感。近几年来，我国综合财力明显增强，因此教育投入力度明显加大，义务教育全部免费工作进展顺利，并逐渐向职业教育、高中阶段教育延伸，这对于社会性弱势群体接受义务教育、实现全社会教育公平无疑是十分有利的。

第五，促进民办教育发展。由于公共经费的短缺，促使教育的民营化和办学体制多元化成为一种国际趋势。民办教育是公办教育的重要补充，中国的教育事业，如果只靠政府这一个"轮子"推动，发展速度总是有限的。如果再加上另一个"轮子"——民办教育的推动，一定会发展得更快、更好。对于民办教育的发展，要制定相应的优惠政策，政府要按照《民办教育促进法》的要求，采取各种有力的措施，既要严格资质审查，源头把关，又要放手让民办教育大力发展，共同服务于社会。

（二）政府要切实帮助社会性弱势群体子女接受高中阶段教育和高等教育

在九年制义务教育之外，高中阶段教育和高等教育无疑是十分重要的。接受高中教育和高等教育不仅意味着能学习到更多的知识，锻炼了更好的能力，更重要的是在当前城乡二元体制继续存在的状况下，社会性弱势群体可以借助高等教育改变自己的身份，通过社会的垂直流动而实现巨大的改变。接受高中教育和高等教育，是人力资本、社会资本和个人自信充分跃升的重要一步。同时，社会性弱势群体子女接受高等教育能够促进整个家庭观念的改变和家庭成员的脱困。

但是，当前社会性弱势群体接受高中教育和高等教育面临许多问题：一是中考、高考制度不够公平。当前，我国高中学校和高等院校因办学经费的地方投入而使其出现了地方化的倾向，从而有悖于教育公平的价值取向，城乡之间、区域之间存在着巨大的差别，教育资源的极度不平衡，由此导致了招生制度的不平等。高中教育、高等教育已经不属于义务教育阶段，各地的办学经费参差不齐，因此地方政府和中央各个部门依据城乡有别、地区有别的原则制定保护性的政策，越是富裕的地区、中心地区、城市地区的高等教育、高中教育越发达，而社会性弱势群体一般远离中心，他们是社会政策的代价群体，受到高中教育和高等教育的排斥。二是社会性弱势群体子女难以适应中考、高考制度改革。中考、高考改革的措施强调能力的考查，加大了应用型和能力型题目的分量，加大了对全面素质的考察，比如，英语增加听力和口语，物理加强动手能力，艺术特长享受加分。而且一些著名高校试行自主招生制度，这些制度有利于选拔优秀人才，但是，社会性弱势群体子女接受的教育往往缺乏必要的教学设备和优秀的师资，他们更加不适应高考、中考的改革。三是高昂的学费超出了社会性弱势群体的承受能力。据统计，全国高校生均学费已经从 1995 年的 800 元左右上涨到 2004 年的 5000 元左右。在短短十年间，大学学费飞涨 750%，住宿费从 1995 年的 270 元左右，上涨到了 2004 年的 1000—1200 元。加上吃饭、穿衣等平常花费，每个大学生每年的总费用在 1 万元左右。而与此同时，2004 年我国城镇居民和农村居民平均收入分别为 9422 元和 2936 元，由此可以看出，高校学费和生活费已经远远超出了农村家庭的承受能力。① 一些农村和贫困家庭等社会性弱势群体由于高昂的学费而放弃了接受高等教育的机会。

针对社会性弱势群体在高中阶段和高等教育中存在的问题，应该采取以下措施。

第一，完善中考、高考制度，保障招生公平。中考、高考制度要尽可能地兼顾公平，为了使更多的农村学生和贫困学生接受高等教育，要根据各地的考生人数确定相同的录取比例，避免录取比例的过分地区差距，要明确规定具体的收费标准，禁止把学费与考试分数相挂钩，高中阶段要避免重点校掠夺有限的教育资源，促进高中教育资源的平等分配，以使社会性弱势群体尽可能接受公平的教育。加大对高中招生的监

---

① 吴伟：《经济弱势群体高等教育个人需求的系统性困境》，《现代教育管理》2009 年第 11 期。

督、检查，严格高中阶段办学，设立举报信箱、举报热线，接受社会的监督。

第二，完善高等、中等教育资助体系。由于经济差异，个别家庭经济状况差异等原因，相当一部分社会性弱势群体家庭学生没有能力缴纳学费。统计资料显示，全国高校共 1900 万大学生中，有 380 万人家庭经济贫困。高等学校和中等教育要采取各种措施，保障没有一个学生因为经济困难而上不起学。要给予困难学生助学贷款的优惠，扩大放贷范围，简化操作流程，设立各种奖学金、助学贷款，给予贫困生勤工助学机会，给予一定的困难补助和减免学费。

第三，政府加大对高中、高等教育投入力度，努力促进高中阶段教育的普及化，努力促进高中、高等教育快速发展，这是促进社会性弱势群体接受高等教育的重要条件，也是人力资本投入的重要方面。我国城乡之间接受高中阶段教育存在巨大的不平衡，城市是农村接受高中教育机会的三倍左右，这也直接造成了城乡之间接受高等教育严重失衡的局面。要改变这种现状，除了对社会性弱势群体进行关怀外，促进高中教育的普及是根本的措施。

第四，加强对社会性弱势群体子女的人文关怀，进行必要的心理辅导。中学生、大学生正处于发展的特殊时期，他们的思想及价值观念很不稳定，正是人生观价值观形成的阶段，他们对外界的眼光极为敏感，社会上的思想观念、价值观念的变化都对他们产生着深刻的影响。作为社会性弱势群体的贫困生受此情况影响更为突出。物质上的匮乏往往不是致命的，而诱发的各种心理问题却是严重的。学校要针对普遍的心理问题开设有关心理健康的课程，应该把它作为一门必修基础课，对社会性弱势群体家庭学生渗透心理健康教育，开展日常的心理咨询活动。

（三）加强技能培训和发展职业教育

黄炎培先生曾经说过，职业教育是"使无业者有业，有业者乐业"、"为己谋生，为群服务"。[①] 我国职业教育自开创以来，历经百余年发展，有过兴旺时期，也经历过低谷时期。改革开放以来，我国职业教育步入了快速发展期，职业教育获得了难得的发展机遇。2005 年国

---

① 蒋作斌：《对职业教育特色问题的认识》，2003 年 3 月，中国职业教育网（http: // www. edu. cn/20030306/3079150. shtml）。

务院出台了《关于大力发展职业教育的决定》，确立了职业教育在我国社会经济发展中的重要地位。党的十七大对发展职业教育高度重视。温家宝总理在 2009 年十一届人大二次会议所作的《政府工作报告》中重点指出，要推进中等职业学校免学杂费工作。西方发达国家的实践证明，发展职业教育，对于普通劳动者素质的提高，对于社会性弱势群体人力资本价值的提升具有重要的意义。发展职业教育是经济振兴的必由之路，也是实现教育公平的重要方式。

第一，政府要加大实施知识富民力度，使社会性弱势群体能够真正享受到免费的职业教育，围绕农业结构调整，加强实用技术培训。积极推进劳动预备制度，严格就业准入制度，促进职业教育和劳动就业紧密结合。对农村劳动力进行工业有关技术培训，加强对失业农民工的实用技术培训，大力实施广播电视村村通工程，创新培训形式，进行基础教育、基本卫生和基本电信服务的普及化。要通过充分利用现有的劳动力市场信息系统，指导培训机构依据社会性弱势群体的特点开展职业培训，从根本上提高职业培训的实效。

第二，开展乡镇职工、返乡农民工和农村富余劳动力职业培训，提高他们的知识水平、社会文明素质和专业技能。政府要促进培训方式多样化，可针对需求制订专门的培训计划。利用卫星电视、网络等现代化教学手段，弥补农村偏远落后地区办学条件的不足，提高教育质量和效益，构建中国特色的弱势群体终身教育体系。加强农村文化技术学校、远程教育建设，以乡镇为重点培养文化技术骨干，建立实用性、开放性的文化教育培训体系。

第三，加强下岗职工和返乡农民工的创业培训，提高就业能力。政府在关注劳动者职业教育的同时，也要关注他们的终身教育，要鼓励他们转变观念，充分认识提升人力资本的意义，政府为弱势群体创业提供税收、信贷、市场准入、技术培训、管理培训、信息咨询等有关服务，直接为下岗职工和失业人员开发、创造就业机会和就业岗位。政府要增加对社会性弱势群体的就业培训支出，通过发放"培训券"等多种方式进行免费培训无业人员。要注意创业过程中自我创业与扶持相结合，在培训过程中要向学员灌输"以自我创业为主，扶持帮助为辅"的思想，解决学员的思想认识问题。政府采取灵活的激励机制对培训单位或机构实行补贴，提高其职业培训质量。

第四，建立职业教育贫困生助学制度。为建立职业教育贫困生助学制度，国务院于 2007 年颁布了《国务院关于建立健全普通本科高校、高等职业学校和中等职业学校家庭经济困难学生资助政策体系的意见》（国发［2007］13 号）。同年 7 月，财政部、教育部印发《中等职业学校国家助学金管理暂行办法》。《办法》规定，中央和地方政府共同出资设立助学金，资助学生的生活费开支。凡根据国家有关规定批准设立并备案，实施中等学历教育的各类职业学校，具有中等职业学校全日制正式学籍的在校一、二年级所有农村户籍的学生和县镇非农户口的学生以及城市家庭经济困难的学生，每生每年获得政府资助 1500 元。该《办法》的推出，切实保证了家庭经济困难的弱势群体学生继续他们的职业教育，保证了他们职业教育权的实现。2008 年 3 月召开的全国人民代表大会会上，政府承诺拿出 160 亿元用于职业教育的基础建设。这表明，国家在职业教育中的主要投资者地位被进一步确立，职业教育发展走入了快车道。

二　促进社会性弱势群体就业

社会性弱势群体就业具有极大的重要性。其一，就业有利于该群体获得稳定的收入，有利于解决该群体的生活问题。其二，获得就业和进行工作的过程同时也是对社会性弱势群体最好的培训过程，是提高他们素质的最重要平台。其三，获得就业同时也是社会性弱势群体保持心理健康的重要舞台。其四，获得就业有利于切断社会性弱势群体代际遗传的循环，为真正实现弱势群体脱困积累条件。

（一）社会性弱势群体就业的困境

社会性弱势群体就业困境与所处的经济社会发展阶段和制度结构具有直接关系。

第一，劳动力市场供需结构失调。我国是一个劳动力资源丰富而资本相对稀缺的国家，人均资本占有量很低，在一定的生产力条件下，资本对劳动力的吸纳能力有限。非人力资本劳动力严重过剩是我国就业市场的基本特征。由于我国人口众多，加之经济社会正处于转型磨合阶段，强势群体就业都存在困难，社会性弱势群体就业困难更是自然的。[1] 我国社会性

---

[1]　汤建光、李江、庄士诚：《就业弱势群体就业问题探索》，《当代财经》2006 年第 11 期。

弱势群体的就业困难将维持很长一段时间。另一方面，在传统计划经济体制下，农村剩余劳动力以隐性失业的形式被束缚在土地上，改革开放以后，隐性失业的矛盾暴露出来了，表现为农村劳动力大量剩余。① 农村剩余劳动力向城市转移，劳动力素质偏低，数额庞大，有一部分不能适应城市要求，同时也增加了城镇的就业压力。

第二，经济体制与经济增长方式转型，资本替代劳动的效应强化。随着经济体制由计划经济体制向市场经济体制的转变，企业出于效益和效率的需要，势必对人力资本情况进行必要的调整，"下岗分流，减员增效"成为必然。② 在市场经济条件下，企业更愿意雇佣技能水平高、工作经验丰富的劳动者，而社会性弱势群体素质、技能水平偏低，因此被市场竞争所淘汰。尤其是城镇弱势群体面临农民工进城带来的"就业替代"效应和技术革新带来的"机器替代"双重压力，就业空间日益缩小。

第三，社会性弱势群体人力资本存量不足及结构不合理，其素质缺陷被放大。由于全社会资本的稀缺性，有限的资本在竞争中被配置给人力资本素质较好的"强势群体"，而社会性弱势群体的人力资本投入不足，他们的技能、体质、知识和潜能没有得到充分的开发。③ 社会性弱势群体中的下岗、失业人员多数年龄偏大、文化程度不高、缺乏专长，知识技术结构老化，其劳动可替代性太高，既受到进城农民工的竞争影响，又受到高校毕业生的冲击，处于竞争劣势地位。

第四，劳动力市场不完善，就业扩大存在体制性障碍。目前，我国劳动力市场不完善，是再就业难以解决的主要问题之一。主要表现在：一是劳动力市场的信息流动不畅，信息网络作用尚未发挥；二是劳动力市场专业化服务人才缺乏，服务水平不高；三是劳动力市场的职业指导功能弱化；④ 四是行业垄断和投融资体制改革滞后，阻碍了就业岗位的开发；五是教育改革和发展滞后，增大了低素质劳动力的

---

① 李成禹：《当前我国弱势群体就业问题探析》，《北华大学学报》（社会科学版）2006 年第 1 期。

② 同上。

③ 侯志阳、高磊：《转型期就业弱势群体的困境与出路》，《山东工商学院学报》2003 年第 5 期。

④ 张卫：《21 世纪初我国弱势群体社区就业战略对策研究》，《学海》2002 年第 5 期。

供给压力。

（二）促进就业的措施

促进社会性弱势群体就业需要多管齐下，既要加大就业岗位的供给，尤其是加大适合社会性弱势群体水平的就业岗位供给，又要加强对社会性弱势群体就业的扶助，同时辅之以社会保障和法律保障。

第一，积极发展第三产业。第三产业发展符合产业结构调整的方向，适合社会性弱势群体的水平，有利于提高就业弹性。我国第三产业发展方兴未艾，特别是其中的社会服务业具有劳动密集型的特点，适合社会性弱势群体就业。同时，第三产业就业弹性相对较高，有利于增加就业岗位。[①] 据胡鞍钢对国内三次产业就业弹性的测算，得出的结论是：1980—1989 年，我国经济增长的总体就业弹性为 0.323，其中第一产业为 0.242，第二产业为 0.526，第三产业为 0.569。1990—1995 年，经济增长的就业弹性大幅度下降，总体就业弹性降为 0.109，其中第一产业为 −0.366，即不仅不能吸收新的劳动力，而且开始排斥劳动力；第二产业为 0.156，下降幅度也较大，说明我国在工业化进程中出现了较为严重的资本替代劳动的现象；只有第三产业就业弹性提高为 0.737，成为这一时期吸纳劳动力就业的主渠道。[②] 第三产业是就业增加最快、吸纳就业最多的产业。研究资料表明，国民经济发展每增加一个百分点，就可安置就业岗位 80 万个，第三产业每增加 1%，就可以安置就业岗位 130 万个。[③] 第三产业在吸纳就业中有巨大潜力。从近年来我国的产业发展情况看，第三产业的增速远远高于第一产业和第二产业，第三产业具有极大的发展空间。但是我国第三产业发展目前不够充分，从业人员比例偏低。一般发展中国家第三产业的就业比重占 40% 左右，发达国家为 70%，而我国目前第三产业的从业人员仍仅占全国从业人员的 27.7%。[④] 第三产业从业人员的结构不尽合理，传统服务业从业人员多，新兴服务业从业人员比例低。服务业市场准入限制过多，尤其文化、贸易、中介服务等行业的资质认可方面卡得过死，限制了服务业就业人数的大量快速增长。

---

① 宋其超：《失业及其治理》，中国财政经济出版社 2004 年版，第 233 页。
② 胡鞍钢：《中国就业状况分析》，《管理世界》1997 年第 3 期。
③ 张国、林善浪：《中国发展问题报告》，中国社会科学出版社 2001 年版，第 340 页。
④ 李成禹：《当前我国弱势群体就业问题探析》，《北华大学学报》2006 年第 2 期。

第三产业发展水平不高是造成我国就业岗位少、就业困难的重要原因，必须要采取措施推动第三产业发展：首先，调整第三产业内部结构，处理好第三产业中劳动密集型和资本技术密集型产业的关系。我国是人口大国，安置就业任务特别繁重，资本技术密集型第三产业吸收就业有限，对从业人员素质要求较高，不适合社会性弱势群体进入，但是资本技术密集型服务业能够拉动经济发展，为其他产业注入活力，有利于整个就业市场的提升，因此需要大力发展。同时，劳动密集型服务业符合我国资源禀赋特征和比较优势原则，尤其对从业人员素质要求不高，适合社会性弱势群体的特点，需要优先发展。应重点发展与科技进步相关的新兴产业，如咨询业、信息产业和各类技术服务业；发展就业容量大、与经济发展和居民生活密切相关的金融保险业、房地产业、仓储业等；发展对经济发展具有全局性、先导性影响的交通运输业、邮电通信业等基础性行业。[1] 应特别注意发展商业零售、交通运输、各种信息咨询、社会服务、物业管理、家庭服务业等投资少、见效快、就业潜力大的第三产业。[2] 其次，降低准入门槛，减少行业发展限制。我国第三产业行业垄断和市场门槛太高，如金融保险、交通、电信、教育、卫生等，就业弹性大，但却存在许多限制，缺乏有效竞争，服务价格居高不下，影响了产业发展。最后，要从财税政策和货币信贷政策上为第三产业创造良好的环境。对社会急需而又发展滞后的第三产业，可以适当减免税收，增加对第三产业的投资，对接收下岗职工较多的第三产业，国家在税收、利润分配和社会保障方面给予更多优惠。根据实际情况，对第三产业给予适当的信贷政策倾斜，鼓励发展社区服务业。[3]

第二，加快发展中小企业。中小企业是指独立经营和核算，生产规模小，在行业领域不占支配地位的企业。随着经济体制改革的深化，加快中小企业发展既可以创造社会财富，又有利于为社会性弱势群体创造新的就业机会。在我国已登记注册的企业中，中小企业占绝大多数，达到99%，中小企业吸纳就业劳动力占总数的75%以上，是我国社会性弱势群体就业的主要方向。我国各级政府在"抓大"的同时，不应忽

---

① 宋其超：《失业及其治理》，中国财政经济出版社2004年版，第236页。

② 张再生：《城市弱势群体就业促进及其公共政策支持系统研究》，《西北人口》2006年第2期。

③ 宋其超：《失业及其治理》，中国财政经济出版社2004年版，第237页。

视中小企业的发展，应加大对中小企业的扶持，落实各项政策，帮助中小企业解决面临的各种问题，使中小企业健康快速发展。[①] 小企业单位投资容纳的劳动力和单位产值使用劳动力都高于大型企业。中小企业大部分是劳动密集型企业，对劳动技能和素质要求比较低，而且中小企业大多资本有机构成低，这就决定了它在吸收大量劳动力减轻就业压力方面具有明显优势。中小企业是劳动就业的主要承担者，同时也是就业增长的主要源泉。实践证明，凡是中小企业多而且发展比较好的地方，就业压力就小；凡是中小企业少而大企业多的地方，就业压力就大。[②] 在一个国家内，决定就业增长的因素在相当程度上在于企业增量加大和存量扩大。与大企业相比，中小企业就业增长速度要快得多。中小企业比大企业更具灵活性和流动性，能够迅速进入和退出市场，能快速地适应市场变化。不仅在经济繁荣时期，而且在经济衰退时期中小企业也能保持较高的就业增长，而大企业无法做到这点。

发展中小企业，吸纳社会性弱势群体就业，需要采取以下措施：一是切实加强对中小企业的重视，创造有利的制度环境。市场经济是法制经济，中小企业健康发展离不开法律制度的规范和支持。政府要依法行政，简化审批和办事程序，改革企业注册登记办法，放宽企业准入门槛，构筑较为完善的扶持体系。将微型企业和一般小企业分开，并对微型企业实行非登记企业制度，开业后税务部门按照营业征收有关税项。二是培养高素质中小企业主群体。加强对现有中小企业主的培训工作，培养他们的现代企业管理能力，鼓励中小企业产权创新和技术创新，提升中小企业的发展能力，同时鼓励大学毕业生创办各类企业。三是对中小企业发展进行必要的扶持。政府应设立专门的中小企业管理机构，从税收优惠、经济补贴、融资担保、管理指导等方面鼓励中小企业发展。对达到一定规模的中小企业，政府可以减轻其税收负担，政府可对申请中小企业提供一次性启动资金，发展为中小企业融资服务的股份制和地方商业银行，建立中小企业投资风险基金和贷款担保基金，建立高科技中小企业融资平台，发展创业板股市。四是完善社会化服务体系，将社

---

① 李成禹：《当前我国弱势群体就业问题探析》，《北华大学学报》（社会科学版）2006年第1期。

② 宋其超：《失业及其治理》，中国财政经济出版社2004年版，第238页。

会保障覆盖到中小企业。健全行业机构，为中小企业管理人员提供培训和咨询服务，支持小型研究机构，设立专门针对中小企业的政府管理机构，发展自律性行业协会。实行更加灵活的中小企业社会保障政策，实行城乡同等的养老、医疗、失业、工伤、生育保险待遇，解决中小企业的后顾之忧。

在扶持中小企业发展的同时，要加大力度保护社会性弱势群体的合法权利，通过工会组织或工人小型社团维护他们的权利，要严格杜绝中小企业雇佣童工、恶性压低工人工资、拖欠工资、拖欠社会保障投入等行为，加强对社会性弱势群体的法律援助，维护他们的利益。

第三，发展非正规部门就业。所谓非正规部门是指在依法设立的独立法人单位（企事业、政府机构和社会组织、社会团体）之外的规模很小的经营单位，包括由个人、家庭或合伙自办的微型经营实体，如个体经营户、家庭手工业户、个体工商户、机动劳动者等，以社区、非政府组织为依托，以创造就业和收入为主要经营目标的生产自救性和公益性劳动组织。① 非正规就业有别于传统典型的就业形式，具有行业广泛、门类众多、大多采用劳动密集型的适用性技术、劳动技能不需要正规学习获得等优点。

发展非正规就业是符合我国国情的一种选择。我国在农村多余劳动力和国有企业体制性冗员大量排出的巨大压力下，就业问题十分尖锐。而第二产业就业弹性不断降低，要有效缓解就业压力，非正规就业就是一个较好的选择。统计显示，2000—2004 年，我国城镇国有和集体经济的从业人数由 9325 万人减少为 7289 万人，净减少 2036 万人，减幅为 21.83%。与此同时，我国城镇个体经济就业人数增加了 385 万人，增幅为 18.30%，私营企业就业人数增加了 1726 万人，增幅达到96.07%。到 2004 年年末，在我国城镇非正规部门就业的从业人数（仅指在私营企业和个体经济中的从业人员）已达到 5515 万人，而当年我国城镇就业总人数为 26476 万人。② 非正规就业的灵活性和多样性为社会性弱势群体提供了就业空间和创业空间。社会性弱势群体具有一定的劳动能力和劳动技能，只是素质技能较低而已。非正规就业在雇佣形式

① 王东升：《我省非正规部门就业存在的障碍及对策》，《山东劳动保障》2005 年 10 月。
② 中华人民共和国统计局：《中国统计年鉴 2005》，中国统计出版社 2005 年版。

和工资价格制定方面具有灵活性，对消费市场的多样性和个性化能够快速反应，增加了劳动力市场的弹性，具有巨大的发展潜能。从国际经验看，非正规部门就业极大地缓解了发展中国家的就业压力。在贫穷国家（1993年人均年收入在695美元以下的国家），22%的劳动力在农村从事非农业活动以及在城市的非正规部门就业；在中等收入国家（1993年人均年收入在695美元和8626美元之间的国家），18%的劳动力在农村和城镇从事非正规部门的活动。①

　　发展非正规就业，需要采取以下措施：一是加快非正规就业的法律和制度建设步伐，加快建立《促进非正规部门就业法》，通过法制保护非正规就业者的合法权利，要提高对非正规就业的认识。制定系统而长远的规划，将发展非正规部门就业作为政府解决就业问题的重要措施。② 二是要寻求合理、高效、灵活的社会保障体系。完善的社会保障是市场化就业的"安全网"，如果缺少社会保障，则城镇下岗职工顾虑重重，对非正规就业存有偏见。我国当前的社会保障体系大多是适应正规就业的模式，在非正规就业下无法适用。针对这种情况，我们必须要创新社会保障模式，变单位保障为社会保障，重点保障工伤和大病医疗，同时兼顾失业保险和养老保险。三是对非正规就业部门给予必要的财政援助和提供税收优惠。如提供免费的非正规就业信息咨询、技能培训，设立劳动争议仲裁机构、小额信贷等。国有金融机构在融资、结算、资本运营等方面给予平等服务。行政管理部门要简化办事程序和审批手续，使各项工作公开化、透明化，条件成熟的地方可改注册制为登记制。③ 四是为非正规就业提供必要的中介服务和技术培训。五是建立必要的准入制度，保障妇女儿童的权利。④

　　第四，就业指导和就业培训，强化就业信息服务，建立人力投资机制。人力投资作为促进社会性弱势群体就业的一项措施，可以使该群体增加劳动技能，提供劳动机会，减少人力资源的浪费。政府要加大社会性弱势群体人力资本投资，改善我国人力资本存量偏低的状况，加强对

---

① 黄乾、原新：《非正规部门就业：效应与对策》，《财经研究》2002年2月。

② 廖建华：《我国非正规部门就业存在的障碍及对策》，《社会科学家》2008年4月。

③ 李黎旭：《非正规就业——破解我国就业难题》，《经济师》2003年12月。

④ 张东梅：《非正规就业——弱势群体就业的有效途径》，《中共郑州市委党校学报》2008年第5期。

社会性弱势群体的培训，提高人力资本在经济增长中的贡献率，培训工作要以市场为导向，要注重培训的效果，允许社会性弱势群体自主选择培训项目。① 要加强在求职登记、就业指导培训、鉴定申报、职业介绍、社会保险接续等就业服务。为帮助社会性弱势群体实现就业，帮助其转变就业观念，增强就业能力，政府应向弱势群体提供免费的就业服务，向用人单位提供的基本就业服务也应该免费。② 有关部门为社会性弱势群体提供上门咨询和政策援助、就业信息和岗位援助，加强劳动力市场网络信息建设，做好岗位的收集整理，公共职业介绍机构为他们介绍目前就业的方针政策，帮助他们分析自身条件，确定合适从事的职业等。

第三节　分配公平网

一　加强收入分配调节

（一）要建立平等竞争的收入分配秩序

在社会主义市场经济条件下，市场体系越严密，经济的市场化程度越高，则合法的收入比例就越高，非法活动的空间就越小。建立和完善社会主义市场经济体制，建立平等竞争的收入分配秩序是保障社会公平的重要措施。当前，完善市场经济体制，首先要打破行业垄断，解决行业间的收入差距问题。国家对新兴产业进行保护和扶持是必要的，但是要注意放开市场、消除壁垒，排除各种人为的干扰。行业间收入差距主要是垄断企业作怪，因此要采取各种措施打破垄断，要政企分开、政事分开、营利性和非营利性分开，国家在保证对关系国计民生重要行业和企业控制力的同时，有条件地放开市场，消除社会资本进入垄断行业的体制障碍。推进垄断行业投融资体制改革，实现投资主体多元化，依靠市场竞争的力量优化结构、提高服务质量、降低成本。"在垄断行业中引入竞争机制，要把其中的自然垄断性业务与竞争性业务放开。"③ "在

---

① 袁志刚、龚玉泉：《上海经济增长与就业、失业演变的实证分析：1978—1999》，《上海经济》2001 年第 2 期。

② 李成禹：《当前我国弱势群体就业问题探析》，《北华大学学报》（社会科学版）2006 年第 1 期。

③ 谢自强：《垄断行业深化改革思考》，《求实》2004 年第 4 期。

具有自然垄断特征的业务环节，也要引入特许投标竞争，区域间的比较竞争等竞争机制。"① 加强对垄断的管制，制定和实施反垄断法，成立专门反垄断机构，明确界定垄断的形式，加强对垄断行为的惩处，使反垄断机构可以依法行使反垄断的权力。

（二）规范权力运行，打击权力寻租

公权力的运行不能脱离监督，权力寻租是公权力异化的结果，公共权力不能成为个人或团体谋取私利的工具。权力寻租的后果是严重的，不仅败坏了社会风气，损害了党和政府在人民群众间的威信，阻碍了经济的健康发展，而且会出现强势集团剥夺社会弱者的恶果，会使社会财富陷入急剧分化的境地，造成贫困的大规模传播和社会的不稳定。因此，解决社会性弱势群体问题，一定要打击权力寻租行为，规范权力运行。规范权力的运行，既要依靠制度，也要依靠人，两方面不能偏废，而且要紧密结合。所谓依靠制度，一是指公务员的选拔过程要贯彻程序正义，依靠严密的制度选拔出优秀的公务人员。二是指官员行使权力的全过程必须要全程监督，要有法可依、有法必依，发生违规行为要严肃惩戒。制度的优点在于不偏不倚，能够维护社会公正，但是制度的落实离不开人，越是复杂的工作，越需要人的创造性活动的参与，因此，权力的运行离不开人。所谓依靠人，一是指官员的德行操守是一名官员的重要条件，一个官员的所言所行制度不可能完全规定，因此继承我国的传统文化和中国共产党的优良传统，加强官员思想道德修养十分重要。二是权力的行使是一个非常复杂的过程，官员行为的评价如果没有人的介入，没有人的主观意见是很难准确衡量的。

我国当前权力运行中，一方面出现了权力缺乏制度约束、公权力滥用问题；另一方面也出现了官员评价制度"唯 GDP"的问题，这是一种僵化的评价方式。之所以出现这些问题，原因就在于权力运行中人与制度没有实现良好的结合。具体来说，规范权力运行，打击违法致富需要注意以下几个方面：一是完善官员选聘制度，把德才兼备的人选拔上来，并加强教育，使他们树立宗旨意识、责任意识、服务意识、法律意识和程序意识。由于公职人员掌握着神圣的权力，权力容易腐蚀人的心智，只有德才兼备的优秀人才才能胜任。要建立能上能下、能进能出的

---

① 谢自强：《垄断行业深化改革思考》，《求实》2004 年第 4 期。

用人制度，对于不称职的官员坚决淘汰，坚决避免"带病上岗"，严格执行官员离任审计制度、质询制度、重大事故责任追究制度、引咎辞职制度等，根据德、能、勤、绩诸方面的表现，充分收集和尊重群众意见，完成对在职官员的考核甄别。二是建立健全法制，规范权力运行，避免权力插手微观经济行为，打破权钱交易利益链。我国政府要尽快制定和完善各种经济法规，使一切经济活动有法可依。要尽量减少自由裁量权的活动空间，减少权力寻租的机会，坚决没收黑色富有阶层的非法收入，坚决取缔各种形式的权力经济、犯罪经济。加强对招标投标、政府采购、项目审批、大型建设等容易滋生贪污腐败的重点领域的检查监督，发现问题严肃惩处。三是强化舆论监督，促进权力在阳光下运行。阳光是最好的防腐剂，网络、电视、广播、报刊等传媒舆论部门是对公权力的重要监督力量，被称为与立法、行政、司法并列的"第四权"。新闻媒体力量强大、影响广泛，能够有效弥补权力运行中信息不对称的问题。新闻舆论部门要对社会不公问题、腐败问题坚决曝光。同时，政府部门要进一步促进信息公开，信息要网络公开，建立政府新闻发言人制度，创造条件让人民群众监督政府，充分保障社会的知情权、参与权、表达权和监督权。

（三）强化再分配环节的调节，尤其是税收调节

再分配环节是保障社会公平的重要环节，对于保护社会性弱势群体、弥补初次分配环节造成的收入差距具有重要作用。再分配制度必须充分重视公平，要强化税收制度对贫富分化的调节：一是要完善个人所得税制，加强对个人收入的调节。我国个人所得税存在不少问题，个人所得税起征点较低，虽然经历了几次调整，但当前的个人所得税起征点为2000元，这个起征点在一些城市基本是中等收入水平，造成了个人所得税大部分收取普通中间阶层，而高收入阶层因各种投资收入没有纳入税收范围而逃脱。在工资表以外发放的各种补贴未按规定计入工薪收入一并纳税，单位报销应由个人负担的费用未按规定计入纳税。征税方式存在不足，现行的个税征收是按"人"征收、代收代缴的方式。这种方式造成了工薪阶层负担较重，而真正的高收入阶层如娱乐界人士、律师、商务中介人士、注册会计师、体育明星、私人业主等因为各种经营性、财产性收入无法统计而逃脱纳税。因此，要对个人所得税进行改革，建立个人所得税纳税申报制度。推动个人所得税自行申报，建立个

人财产申报登记制度，税务部门对高收入人群重点监控，强化对个人所得税的征管，要严肃追究偷税漏税行为的法律责任，对偷税漏税行为要公开曝光。要修改个人所得税法，实行分类与综合相结合的个人所得税制。采取相应的技术手段，加快个人所得税征管手段现代化，每个公民设立专门账号，堵住逃税漏洞。改革个人所得发放办法，推行金融实名制，杜绝账外资金和小金库，工资报酬通过银行支付，控制现金流通量，加强企业现金收支管理。二要尽快开征遗产税、赠予税和财产税。遗产税和赠予税是对财产转让、继承环节实施有效调节的手段，财产税是对不动产课征税收，这三种税种是财产课税体系的重要税种。征收遗产税是调节贫富分化较为合理的途径，符合社会的整体利益和大多数人的利益，也有利于促使富人把财富投入社会公益事业，如建学校、修路、设立教育基金等。西方国家的实践业已证明，征收高额累进的遗产税和赠予税，对于调节贫富分化具有重要作用，因此应该借鉴西方国家成熟经验，创造条件尽快开征遗产税和赠予税。遗产税和赠予税的征收需要严密的财务制度、税收征管制度和对高收入群体的有效监控。因此，要制定和完善遗产税有关法律条文，对继承遗产的程序作出明确规定，只有缴纳遗产税才能办理遗产继承。要严格财产评估制度，对被继承人的财产状况进行权威的评估。要各部门联动，形成遗产税征收有效监管链。另外，遗产税和赠予税必须配套征收，否则遗产税形同虚设。三要尽快开征社会保障税。社会保障税有利于筹措资金加强对弱势群体的社会保障，经过多年的探索实践，社会保障税的纳税要素已经成形，开征条件已经基本具备，国家应把握时机，促成社会保障税的尽早开征，以增强社会保障经费筹集的刚性和透明度，稳定地组织社会保障资金，以法律有效规范社会保障资金。

二　建立社会保障体系

社会性弱势群体所面临的首要问题是生活的贫困和再发展的困难，社会性弱势群体依靠自身的力量很难摆脱困境，因此，逐步建立完善的社会保障体系是解决社会性弱势群体生存问题的基础，是促进社会性弱势群体再发展的关键。社会保障是国家和社会依法对社会成员基本生活给予保障的社会安全制度。从世界范围看，社会保障体系是国家和社会为了预防和解决贫困等问题对社会成员基本生活危机而采取的安全保护措施。联合国《世界人权宣言》第二十五条指出："人人有权享受为维持本人和家属的健康和福利所需的生活水准，包括食物、衣着、住房、医疗和必要的社会服务；在遭到失业、疾病、残废、守寡、衰老或在其他不能控制的情况下丧失谋生能力时，有权享受保障。"① 目前，我国的社会保障基本上还只是城市保障，还没有完全覆盖到农村，保障范围狭窄，立法滞后，社会保障资金投入不足，城乡之间的收入差距因社会保障的城乡差距进一步放大，因此我国新时期社会保障制度改革，应该结合中国现实国情，逐步覆盖城乡全体公民，尤其是积极推进农村社会保障工作。② 我国的社会保障体系一般包括社会保险、社会福利、社会救助和优抚安置四个方面，而社会保险是社会保障体系的核心。

（一）完善社会保险制度

我国不宜实行"福利模式"，实行以保险为主、社会救助为辅的模式应该是合理的选择。我国正处于并将长期处于社会主义初级阶段，社会保险制度应该是今后我国社会保障制度的重点。目前我国要着力完善社会保险三大制度。

一是养老保险制度，提高养老保险的统筹层次，增加养老保险投入，改变养老保险拖欠的状况，完善筹资模式，多渠道筹集资金，可以通过开征面向高收入阶层的税种，发行特种国债和社会保障彩票等形式筹集资金。③ 扎实推进新型养老保险制度的建立，提高养老保险的统筹层次，以社会统筹与个人账户及单位补充养老保险结合为原则，统一制度与法规，尽快提高养老保险基金统筹管理层次，当前尽快实行省级统筹，增大全国统筹份额，补贴落后地区统筹不足。④ 积累基本养老保险基金，加大财政投入，拓宽养老保险基金投资范围，实现保值增值。扩大养老保险覆盖面，提高收缴率。推进农村养老保险制度，不断强化和提高农村五保户供养，设立专项基金，充实农村基础养老金。

二是失业保险制度。失业保险具有强制性、互济性、社会性，对于

① 《世界人权宣言》，新华网（http://news.xinhuanet.com/ziliao/2003—01/20/content_698168.html）。

② 郭华红：《关于构建和谐社会中的弱势群体问题》，《政治与公共管理》2005年第4期。

③ 冯曦明：《对我国养老保险改革的思考》，《财会研究》2009年第24期。

④ 唐海凤、杜文光：《新时期弱势群体的社会保障问题分析》，《当代经济》2009年2月（下）。

社会性弱势群体的生存保障具有重大意义。要适时提高失业保险统筹层次，加大省级调剂力度，建立失业保险中央调剂金，提高失业保险给付水平，各地应把保险给付金额定在当地工资的 1/3 为宜，要使下岗失业工人真正得到保障，要努力使股份制企业、乡镇企业、个体企业与国有企业职工一样，享受同等的失业保险制度。[1] 建立差别费率和浮动费率相结合的费率调整机制。随着下岗职工基本生活保障向失业保险并轨，失业保险需要增强抗风险能力。[2] 要下岗和失业并轨，逐步实现失业保险对象一体化，打破不同所有制企业职工之间的身份界限，加强财政预算调度，千方百计增加资金投入，努力扩大失业保险救助覆盖面。完善失业指标体系，健全季度和月度失业统计制度，加强对失业保险金的管理。

三是医疗保险制度，注意医疗保险向弱势群体倾斜，发挥医疗保险对社会性弱势群体的保护作用。我国现在的医疗保险制度存在的问题是：医疗保险水平不高，个人负担重，所规定的起付标准偏高，而最高支付限额又偏低；医疗费用上涨过快，据调查，2000 年全国城镇职工医疗保险基金支出为 124.5 亿元，2007 年达到了 1152.2 亿元，增长了将近 10 倍；医疗资源配置不合理、效率低下。[3] 因此，国家应继续深化医疗机构改革进程，对医疗单位的乱收费行为严加管制，适当降低药价，由政府出资和个人出资相结合的办法将大部分社会性弱势群体纳入医疗保险覆盖范围，必须建立城乡统筹的医疗保险制度，使全体城乡劳动者能够得到基本医疗保障，城乡个人必须承担适当的经济责任，建立医疗保险个人账户，强制个人支付医疗费用。基本医疗保险费用筹集要社会化。[4]

（二）尽快建立城镇社会救助系统

社会救助是指由政府和社会向各种弱势群体提供的以家计或收入调查为基础的各种形式的扶助，以使弱势群体的生活得以为继，生活质量

---

[1]　李静静、李建伟：《我国失业保险制度存在的主要问题及相关对策》，《价值工程》2009 年第 11 期。

[2]　唐海凤、杜文光：《新时期弱势群体的社会保障问题分析》，《当代经济》2009 年 2 月（下）。

[3]　申瑜：《关于城镇医疗保险制度改革问题探析》，《改革与开放》2009 年 12 月。

[4]　陈建华：《对社会"弱势"群体社会保障的探析》，《特区经济》2005 年 10 月。

得以改善。在社会保障体系中，社会救助是最后一道安全网，具有重要意义。[①] 社会救助制度是面向城镇弱势群体的最低生活保障制度，这种保障制度只能满足最低营养需求，需要建立一个综合性的社会救助体系。其中针对社会性弱势群体的疾病医疗救助和教育救助是解决该问题的突破口。

一要实行常规经济救助，通过完善的社会保障制度，保障社会性弱势群体基本的生存需要，对他们提供最低生活保障，通过各级政府、社会团体及社区从资金、物质和服务等多个方面对社会性弱势群体进行救助，继续扩展救助方式，在合适的领域引入代用券方式。

二要实行专项救助制度。借鉴国际经验，完善统一的社会救助体系信息网络平台，建立社会救助专项基金，从我国国情出发，社会救助专项基金坚持以政府预算为主，以福利彩票、民间捐助和国际救援为辅。具体包括以下几项制度：其一是自然灾害救助制度。洪水、干旱、地震、冰冻等自然灾害不以人的意志为转移，我们应建立自然灾害救助制度，包括实物救助、现金救助、以工代赈等方式。其二是医疗救助制度。医疗救助是政府在就医费用方面直接资助社会性弱势群体，当前主要是对没有参与医疗保险的人群，采取措施减免他们的医疗费用。[②] 其三是就业救助制度。主要是为社会性弱势群体提供免费职业技能培训，尽力为他们提供就业自救的机会。其四是法律救助制度。通过规范政府部门和用人单位的行为，保证社会性弱势群体的合法权益。如在劳动者求职、工作过程中，对有关部门、单位违反规定收取的保证金、风险金等行为，加大法律保护和制裁力度。[③]

（三）重点推进农村社会保障制度建设

目前我国农村社会基本实行以"土地养人，子女养老"为基本的社会保障形式。[④] 对农村社会保障的缺失，是改革开放以来我国社会政策的一大重要问题。城乡居民收入差距的拉大和农民地位的弱势，

① 方小愈：《我国社会救助的主要方式及其反思》，《特区经济》2010 年 1 月。

② 王丽英、刘后平：《我国弱势群体的社会保障问题探索》，《山西财经大学学报》2003 年 8 月。

③ 陈建华：《社会弱势群体社会保障问题探析》，《江西财经大学学报》2006 年 3 月。

④ 刘晓明：《建立健全农村社会保障体系的对策建议》，《中共济南市委党校学报》2009 年 4 月。

显示了农民社会风险和生活风险的积累已经到了危险的程度。近年来，虽然社会保障制度开始向农村延伸，但是总体来说，我国农村社会保障还是缝缝补补的非规范化、非系统化阶段。① 要切实解决社会性弱势群体中的农民弱势群体问题，根本的制度依托在于农村社会保障体系的建立和完善。一是建立城乡统一的社会保障基本制度，通过立法手段将社会保障制度全面覆盖农村，惠及全体农民，推动制定《中华人民共和国社会保障基本法》，明确规定我国社会保障法律制度，做到有法可依。二是进一步做好对贫困农民的基本生活保障工作，因地制宜，积极探索建立农村最低生活保障制度。各地在探索特困户救助、农村五保供养等制度的基础上，建立统一的农村最低生活保障制度。② 三是加快推进农村新型合作医疗建设。创新体制机制，增加农民对新型合作医疗制度设计与运行的参与和监督，以体现合作性。将新型合作医疗制度和农村医疗救助制度整合，降低制度运行成本，提高运行效率。逐步扩大新型合作医疗的覆盖面，提高医疗保障水平。③ 四是逐步建立农村养老保险制度。坚持低标准、广覆盖，以个人缴纳为主，集体补助为辅的原则，实行个人账户与社会统筹相结合的养老保险制度。确保农民参与的主动性，防止强迫命令，完善参与办法，简化参与手续，继续做好复员退伍军人、失地农民、村社干部、进城农民工等有固定收入的人群参保工作，带动广大农民参保。五是解决进城农民工和失地农民社会保障问题，统筹城乡社会保障工作。建立适应农民工特点的养老保险制度，解决养老保险接续难、标准低等问题，把被征地农民的社会保障基金纳入公共财政服务范围，保障被征地农民长远生计。④ 六是要明确政府对农民社会保障制度建设和基本账户筹资的责任，中央财政和地方财政要明确农村社会基金的出资比例，开征社会保障税，使社会基金获得稳定的来源。从国际经验看，在农村建立社会保障制度的国家，政府财政为农民提供资金

---

① 刘晓明：《建立健全农村社会保障体系的对策建议》，《中共济南市委党校学报》2009 年 4 月。

② 傅东方：《关于完善我国农村社会保障体系的思考》，《聊城大学学报》（社会科学版）2008 年 10 月。

③ 朱常柏：《新农村新保障：构建农村保障新体系》，《扬州大学学报》2006 年 10 月。

④ 纪宁：《我国农村社会保障改革与发展的思考》，《宏观经济管理》2007 年 10 月。

支持是通行的做法，如日本国民年金的33.3%来自中央政府，德国农民养老保险的75%、奥地利的67.4%、芬兰的70%、波兰的94%均来自政府基金。中国是发展中国家，目前政府的财力有限，但应随着经济、社会发展增加投入，让农民分享经济高速发展的成果。①

---

① 郭月菊：《论新农村建设的农村社会保障制度》，《沈阳农业大学学报》（社会科学版）2009年11月。

结　语

社会性弱势群体可能如肥皂泡一般寂然碎裂，也可能如炸弹一般轰然爆裂，这两种状况都是社会的悲剧。

社会性弱势群体是这么一群人，他们看起来能力不高，甚至有点愚昧，但是他们有劳动能力，他们中间的大多数人勤劳、朴实，他们甘于和乐于通过自己的努力而改善自己的处境，使家人过上好的生活，但是他们却挣扎于生存线上，他们发展乏力、举步维艰。对于这样一群人，我们不能指责他们的能力低下，他们的能力低下或许是事实，但这可能是被排斥状态下而造就的事实。无论如何，作为人类社会的一员，人是社会发展的目的，社会性弱势群体的幸福是我们社会发展的目的本身。同时，社会性弱势群体这样一群勤勤恳恳的劳动者，他们应该过上幸福的生活，他们不仅是社会发展的目的，而且是社会发展的动力。

要解决社会性弱势群体问题，需要做到"三个结合"。

第一，在总体方略上，提高社会性弱势群体人力资本与消除社会排斥相结合。社会性弱势群体的发展困境是该群体的人力资本存量偏低和遭到"社会排斥"所致，因此，要解决该问题，必须把提高人力资本和消除社会排斥相结合，两方面不可偏废。一方面，提高社会性弱势群体人力资本，一是参与社会竞争的需要，人力资本作为发展的重要手段必须要随着经济社会的发展而不断提高，否则就会遭到淘汰；二是人的发展需要，社会性弱势群体的全面发展是社会发展的目的所在，人不仅是工具，而且是目的。另一方面，社会性弱势群体遭受到严重的社会排斥，他们不仅缺少发展的能力，更主要的是缺乏发展的机会。消除社会排斥一是解决社会性弱势群体问题的需要，二是保障社会公平的需要。提高人力资本和消除社会排斥这两方面的结合实际上是能力与机会的结合，能力与机会互为因果、互相促进，共同推动社会性弱势群体问题的解决。

第二，在动力主体上，政府、社会和个人三者相结合。解决社会性弱势群体问题，必须要政府发挥主导作用，只有政府强有力的主导，解决该问题才能够有明确的方向。同时，在动力主体方面，仅有政府是不够的，政府应该与社会的力量、个人的努力相结合，政府与社会的力量必须要通过社会性弱势群体个体发挥作用，绝不能越俎代庖。

第三，在制度设计上，形式公平与实质公平相结合。形式公平包括权利公平、机会公平、规则公平，这些公平旨在保障社会性弱势群体能够享受到与其他社会群体一样的公平的对待，一般来说，如果形式公平能够得到保障，则其产生的结果也是可以接受的。但是，情况往往比较复杂。从理论上说，即使完全保障了形式公平，产生的结果也可能会出现"马太效应"，从以人为本的理念看来，对由完全的形式公平所导致的社会弱者漠然置之也是不人道的。从现实来看，人的出生总是无法选择的，人一生下来，人的家庭出身、财产状况、智力水平、身体健康状况、遗传性情等情况往往是固定的，人不可能做到完全在同一起跑线上竞争。同时，完全的形式公平也不是一朝一夕可以做到的，社会总是历史进程中的社会，因此，在现实状态下产生的结果可能是不那么公平的结果。基于理论与现实两方面的因素，因此，在解决社会性弱势群体方面，首要的是要保障形式公平，其次要保障实质的公平，要给予社会性弱势群体以差别补偿。只有做到这两方面的结合，制度设计才是比较合理的。

社会性弱势群体问题折射出我们发展之弊端、制度之缺陷，它促使我们反思，它在拷问着我们全社会的理性和良心。

用社会性弱势群体的勤劳浇灌出幸福之花，这个目标可以达到，也应该达到。人应该生活得有尊严，人应该有尊严地生活。

参考资料

一　经典文献

［1］《马克思恩格斯全集》（第1卷），人民出版社1995年版。

［2］《马克思恩格斯全集》（第30卷），人民出版社1995年版。

［3］《马克思恩格斯选集》（第1—4卷），人民出版社1995年版。

［4］《毛泽东选集》（第1—4卷），人民出版社1991年版。

［5］《毛泽东文集》（第6—8卷），人民出版社1999年版。

［6］《建国以来毛泽东文稿》（6—7册），中央文献出版社1992年版。

［7］《邓小平文选》（第1—2卷），人民出版社1994年版。

［8］《邓小平文选》（第3卷），人民出版社1993年版。

［9］《十四大以来重要文献选编》，人民出版社1997年版。

［10］《十五大以来重要文献选编》（上），人民出版社2000年版。

［11］《十五大以来重要文献选编》（中），人民出版社2003年版。

［12］《十五大以来重要文献选编》（下），人民出版社2003年版。

［13］《十六大以来重要文献选编》（上），中央文献出版社2005年版。

［14］《十六大以来重要文献选编》（中），中央文献出版社2006年版。

［15］《十六大以来重要文献选编》（下），中央文献出版社2008年版。

［16］《十七大以来重要文献选编》（上），中央文献出版社2009年版。

［17］《江泽民文选》（第1—3卷），人民出版社2006年版。

［18］江泽民：《江泽民论有中国特色社会主义（专题摘编）》，中央文献出版社2002年版。

［19］《保持共产党员先进性教育读本》，党建读物出版社2004年版。

［20］《科学发展观学习读本》，学习出版社2006年版。

［21］胡锦涛：《高举中国特色社会主义伟大旗帜，为夺取全面建设小

康社会新胜利而奋斗——在中国共产党第十七次全国代表大会上的报告》，人民出版社 2007 年版。

二　统计资料

［1］国家统计局统计公报网站：http：//www. stats. gov. cn/tjgb/。

［2］《中国劳动和社会保障年鉴》（2001—2008 年），中国劳动社会保障出版社 2001—2008 年版。

［3］《中国统计摘要》（2000—2008 年），中国统计出版社 2000—2008年版。

［4］《中国经济年鉴》，中国经济出版社 2003 年版。

［5］《中国社会保险年鉴》，劳动和社会保障部社会保险事业管理中心2002 年版。

［6］《中国劳动统计年鉴》（2008 年），中国统计出版社 2009 年版。

［7］《中国农村统计年鉴》（2006—2008 年），中国统计出版社 2006—2008 年版。

［8］《中国统计年鉴》（2005—2008 年），中国统计出版社 2005—2008年版。

三　学术著作

［1］万鄂湘主编：《社会弱者权利论》，武汉大学出版社 1995 年版。

［2］袁贵仁：《马克思的人学思想》，北京师范大学出版社 1996 年版。

［3］郑杭生等：《转型中的中国社会和中国社会的转型》，中国人民大学出版社 1996 年版。

［4］张道根：《中国收入分配制度变迁》，江苏人民出版社 1999 年版。

［5］陈成文：《社会弱者论》，时事出版社 2000 年版。

［6］汪太贤：《西方法治主义的源与流》，法律出版社 2000 年版。

［7］李培林、张翼、赵延东：《就业与制度变迁——两个特殊群体的求职过程》，浙江人民出版社 2000 年版。

［8］和春雷：《社会保障制度的国际比较》，法律出版社 2001 年版。

［9］刘燕生：《社会保障的起源、发展和道路选择》，法律出版社 2001

年版。

[10] 王益英：《外国劳动法和社会保障法》，中国人民大学出版社 2001 年版。

[11] 夏勇：《人权概念的起源——权利的历史哲学》，中国政法大学出版社 2001 年版。

[12] 陆学艺主编：《当代中国社会阶层研究报告》，社会科学文献出版社 2002 年版。

[13] 曾湘泉、郑功成主编：《收入分配与社会保障》，中国劳动社会保障出版社 2002 年版。

[14] 程连升：《中国反失业政策研究（1950—2000）》，社会科学文献出版社 2002 年版。

[15] 郑杭生主编：《中国人民大学中国社会发展研究报告 2002：弱势群体与社会支持》，中国人民大学出版社 2003 年版。

[16] 卢嘉瑞等：《中国现阶段收入分配差距问题研究》，人民出版社 2003 年版。

[17] 秦晖著：《农民中国——历史反思与现实选择》，河南人民出版社 2003 年版。

[18] 袁贵仁、韩庆祥：《论人的全面发展》，广西人民出版社 2003 年版。

[19] 张敏杰：《中国弱势群体研究》，长春出版社 2003 年版。

[20] 徐显明：《人权研究》（第三卷），山东人民出版社 2003 年版。

[21] 郭士征主编：《社会保障学》，上海财经大学出版社 2004 年版。

[22] 陆学艺：《当代中国社会流动》，社会科学文献出版社 2004 年版。

[23] 周晓虹：《中国社会与中国研究》，社会科学文献出版社 2004 年版。

[24] 陈波：《马克思主义视野中的人权》，中国社会科学出版社 2004 年版。

[25] 沈立人：《中国农民工》，民主与建设出版社 2005 年版。

[26] 沈立人：《中国弱势群体》，民主与建设出版社 2005 年版。

[27] 蔡昉：《民生经济学——"三农"问题与就业问题的解析》，社会科学文献出版社 2005 年版。

[28] 周长明：《中国城市弱势群体思想意识研究》，四川大学出版社

2005 年版。

［29］张桂琳、彭润金等：《七国社会保障制度研究——兼论我国社会保障制度建设》，中国政法大学出版社 2005 年版。

［30］齐延平：《社会弱势群体的权利保护》，山东人民出版社 2006 年版。

［31］孙立平：《博弈——断裂社会的利益冲突与和谐》，社会科学文献出版社 2006 年版。

［32］杨信礼：《科学发展观研究》，人民出版社 2007 年版。

［33］熊友华：《弱势群体的政治经济学分析》，中国社会科学出版社 2008 年版。

［34］余少祥：《弱者的权利——社会弱势群体保护的法理研究》，社会科学文献出版社 2008 年版。

［35］［美］米尔顿·弗里得曼：《自由选择》，胡骑等译，商务印书馆 1982 年版。

［36］［美］阿瑟·奥肯：《平等与效率》，王奔洲等译，华夏出版社 1987 年版。

［37］［美］罗尔斯：《正义论》，何怀宏译，中国社会科学出版社 1988 年版。

［38］［美］彼得·伊龙斯：《为权益而战》，周敦仁等译，上海译文出版社 1997 年版。

［39］［美］罗纳德·德沃金：《认真对待权利》，信春鹰、吴玉章译，中国大百科全书出版社 1998 年版。

［40］［英］冯·哈耶克：《法律、立法与自由》，邓正来等译，中国大百科全书出版社 2000 年版。

［41］［美］理查德·乔治：《经济伦理学》，李布译，北京大学出版社 2002 年版。

四　期刊论文

［1］朱力：《脆弱群体与社会支持》，《江苏社会科学》1995 年第 6 期。

［2］陈成文：《社会学视野中的社会弱者》，《湖南师范大学社会科学学报》1999 年第 2 期。

［3］吴忠民：《中国现阶段贫富差距扩大问题分析》，《科学社会主义》2001 年第 4 期。

［4］吴忠民：《公正新论》，《中国社会科学》2001 年第 4 期。

［5］刘书林：《注重做好弱势群体的思想政治工作》，《前线》2001 年第 5 期。

［6］张友琴：《社会支持与社会支持网——弱势群体社会支持的工作模式初探》，《厦门大学学报》2002 年第 3 期。

［7］李斌：《市场推进下的中国城市弱势群体及其利益受损分析》，《求实》2002 年第 5 期。

［8］钱再见：《中国社会弱势群体及其社会支持政策》，《江海学刊》2002 年第 3 期。

［9］吴忠民：《论共享社会发展成果》，《中国党政干部论坛》2002 年第 4 期。

［10］张富良：《构建对弱势群体的社会关怀新探》，《求实》2002 年 10 月。

［11］郑杭生、李迎生：《全面建设小康社会与弱势群体的社会救助》，《中国人民大学学报》2003 年第 1 期。

［12］张敏杰：《社会经济发展中的弱势群体及其社会支持》，《浙江学刊》2003 年第 3 期。

［13］李欣欣：《我国城镇失业人员的现状、原因、趋势、影响及对策》，《经济研究参考》2003 年第 4 期。

［14］钱再见、高晓霞：《弱势群体社会保护中政府责任的理论求证》，《社会学》2003 年第 3 期。

［15］吴忠民：《关于公正、公平、平等的差异之辨析》，《中共中央党校学报》2003 年第 11 期。

［16］韩庆祥：《"以人为本"的科学内涵及其理性实践》，《河北学刊》2004 年 5 月。

［17］冯书泉：《构建社会主义和谐社会必须解决弱势群体问题》，《宁夏党校学报》2005 年第 5 期。

［18］孔祥利、李冬梅：《我国弱势群体诱发的危机类型与政府治理》，《陕西师范大学学报》（哲学社会科学版）2006 年第 1 期。

五 学位论文

[1] 李俊：《劣势群体的利益诉求：50 封联名上访信的解析》，南京大学 2003 年未刊博士论文。

[2] 王桂艳：《制度正义研究》，南开大学 2004 年未刊博士论文。

[3] 吴成钢：《经济高速增长地区弱势群体伦理生态与伦理关怀研究：以珠三角地区为例》，中山大学 2004 年未刊博士论文。

[4] 吴宁：《社会弱势群体权利保护的法理》，吉林大学 2005 年未刊博士论文。

[5] 许向东：《社会转型期弱势群体新闻报道研究》，中国人民大学 2005 年未刊博士论文。

[6] 翟波：《转型期弱势群体政治参与问题研究》，吉林大学 2006 年未刊博士论文。

[7] 杨洪：《印度弱势群体教育发展与政策的研究》，北京师范大学 2006 年未刊博士论文。

[8] 于建星：《自由与权力：弱势群体权利保护研究》，南京师范大学 2007 年未刊博士论文。

[9] 徐建：《社会排斥视角的城市更新与弱势群体》，复旦大学 2008 年未刊博士论文。

[10] 潘洪阳：《转型期中国弱势群体保护中的政府责任研究》，吉林大学 2008 年未刊博士论文。